U0529513

西南少数民族经济古籍文献研究

陈海玉 著

中国社会科学出版社

图书在版编目（CIP）数据

西南少数民族经济古籍文献研究/陈海玉著. —北京：中国社会科学出版社，2017.6

ISBN 978-7-5203-0571-6

Ⅰ.①西… Ⅱ.①陈… Ⅲ.①民族经济学—古籍研究—西南地区 Ⅳ.①G256.1

中国版本图书馆 CIP 数据核字（2017）第 129969 号

出 版 人	赵剑英
责任编辑	孔继萍
责任校对	王佳玉
责任印制	李寡寡

出　　版	中国社会科学出版社
社　　址	北京鼓楼西大街甲 158 号
邮　　编	100720
网　　址	http://www.csspw.cn
发 行 部	010-84083685
门 市 部	010-84029450
经　　销	新华书店及其他书店

印刷装订	北京市兴怀印刷厂
版　　次	2017 年 6 月第 1 版
印　　次	2017 年 6 月第 1 次印刷

开　　本	710×1000　1/16
印　　张	19
插　　页	2
字　　数	321 千字
定　　价	78.00 元

凡购买中国社会科学出版社图书，如有质量问题请与本社营销中心联系调换
电话：010-84083683
版权所有　侵权必究

目　　录

绪　论 …………………………………………………………（1）

第一章　西南少数民族经济古籍文献 ……………………（4）
　第一节　西南少数民族经济古籍文献的构成 ……………（5）
　第二节　西南少数民族经济古籍文献的定级标准 ………（10）

第二章　西南少数民族经济古籍文献整理与研究 ………（23）
　第一节　原始记事类经济古籍文献 ………………………（23）
　第二节　书籍类经济古籍文献 ……………………………（33）
　第三节　铭刻类经济古籍文献 ……………………………（55）
　第四节　文书类经济古籍文献 ……………………………（80）

第三章　西南少数民族经济古籍文献的特点与价值 ……（233）
　第一节　少数民族经济古籍文献特点 ……………………（233）
　第二节　少数民族经济古籍文献价值 ……………………（250）

第四章　西南少数民族经济古籍文献资源的开发利用 …（254）
　第一节　西南少数民族经济古籍文献的编纂与研究 ……（254）
　第二节　西南少数民族经济古籍文献资源的利用 ………（269）
　第三节　西南少数民族经济古籍文献的检索 ……………（284）

参考文献 ……………………………………………………（298）

绪　　论

按习惯的说法，中国的西南地区有广义与狭义之分。狭义的"中国西南"相当于今天的四川省、重庆市、云南省、贵州省，而广义的"中国西南"则还包含西藏和广西两个民族自治区。方国瑜先生从历史学的角度提出："西南地区的范围，即在云南全省，又四川省大渡河以南，贵州省贵阳以西，这是自汉至元代我国的一个重要政治区域——西汉为西南夷，魏晋为南中，南朝为宁州，唐为云南安抚司，沿到元代为云南行省——各时期疆界虽有出入，而大体相同。"[①] 当然，由于四川、云南、贵州分别与西藏、广西相邻，故在具体的研究中对西藏、广西也有涉及。在本书中，选取广义的西南地区作为研究地域。

我国西南地区自古就是世界上不同种源、不同族源、多民族荟萃最为集中的地区之一。西南地区除汉族外，还居住有壮族、彝族、苗族、瑶族、回族、藏族、白族、哈尼族、土家族、傣族、傈僳族、拉祜族、佤族、纳西族、羌族、景颇族、布依族、侗族、水族、仡佬族、布朗族、毛南族、普米族、怒族、独龙族、阿昌族、德昂族、基诺族、蒙古族等三十多个少数民族，形成了大杂居、小聚居的格局。不同历史文化、不同社会经济发展背景、不同语言文字、不同习俗的民族聚集生活在同一地域的不同海拔、不同生态环境中，以不同的方式适应和改造自然。

他们创造的灿烂原始文化、农耕文化等民族文化，对中华民族大文化的形成和发展产生了极其深刻的影响。延续千年之久的丝绸之路、茶马古道、博南古道等，形成四通八达的交通网络，沟通了西南地区与国内外的经济文化交流，使西南地区成为中国与东南亚地区经济文化的交融地带。

[①] 方国瑜：《中国西南历史地理考释·略例》，中华书局1987年版，第1页。

在漫长的社会生产实践中，西南少数民族形成了独特的民族经济文化，成为我国经济文化中很有特色的一个部分。

西南地区是中华文明的发祥地之一，历史悠久，典籍丰富，文献产生与发展源远流长。历史上，一些少数民族创造并使用过自己的文字，如藏文、彝文、傣文、纳西文、方块白文、古壮字等。他们用各种少数民族文字撰写和用汉文著述、翻译的各种载体形式的民族文献资源，可谓琳琅满目，博大精深。从现已发现的古籍文献遗存来看，有藏文古籍60万函，彝文古籍万余种，傣文古籍数万种，古壮字文献数万种，纳西族的《东巴经》2万余册。就西南地区的云南省而言，现已初步查明有各民族古籍达10万余册（卷）。散存于民间的尚有彝族古籍18000册（卷），傣族古籍23000册（卷），纳西族古籍4000多册（卷），藏族古籍8000多册（卷），瑶族古籍3000多册（卷），壮族古籍800多册（卷），白族古籍100多册（卷）。这些卷帙浩繁的少数民族古籍，是各少数民族在新中国成立以前的长期历史发展过程中形成的，内容包括历史、政治、经济、哲学、法律、军事、文学、艺术、宗教、天文、历算、地理、医药、语言文字、生产技术等，它们都是中华民族灿烂文化宝库的重要组成部分。其中，经济类古籍是少数民族古籍的重要组成部分，它的产生与发展有其内在的规律，即随着社会政治、经济、文化和科学技术的不断发展，从少到多，从低级向高级的规律发展。经济古籍文献与其他文献一样，也是随着文字及其载体的产生而产生，随着它的发展而发展。

反映西南地区少数民族经济活动的古籍文献最早起源于何时，由于历史久远，资料有限，无法确切考证。但据目前的文献遗存证明，西南地区少数民族经济文献的产生具有悠久历史。在没有创造出记录语言的符号文字前，各民族先民需要把重要的经济活动和互相共同认可的事情记下来，于是出现了简单地以物记事的方法，即结绳记事、刻木记事、图画记事等方法。意大利旅行家马可·波罗在《马可·波罗游记》中记述了傣族刻木记录经济活动的情况："彼等无字母，亦无文字，斯亦不足为异。土人缔约，取一木杖，或方或圆，中分为二，各刻划二、三符记于上，每方各执一片，负债人偿还债务后则将债权人手中所执之半收回。"其他少数民族如瑶族、佤族、基诺族、景颇族、普米族等，在新中国成立前，特别是从原始社会向阶级社会过渡时期，也产生形成了大量刻木、结绳、图画记事的经济文献。西南少数民族进入阶级社会以后，经济活动很活跃，许多少数民族都以本民族文字形成了反映各个民族土官、贵族、僧侣和群众经济活动的文献史料，在留存至今的各个时期的史志、博物志、方志、笔记、契约和有关经济专书中，都详略不等地记载了西南少数民族经济活动状况，为我们研究西南地区古代少数民族经济文化提供了宝贵资料。

第一章

西南少数民族经济古籍文献

恩格斯指出:"正如达尔文发现有机界的发展规律一样,马克思发现了人类历史的发展规律,即历来为繁芜丛杂的意识形态所掩盖着的一个简单事实:人们首先必须吃、喝、住、穿,然后才能从事政治、科学、艺术、宗教等等;所以,直接的物质的生活资料的生产,从而一个民族或一个时代的一定的经济发展阶段,便构成基础,人们的国家设施、法的观点、艺术以至宗教观念,就是从这个基础上发展起来的,因而,也必须由这个基础来解释,而不是像过去那样做得相反。"[①] 民族经济是一个民族在一定的空间条件下赖以生存和发展的物质基础,经济活动是族类共同体最基本的实践活动。因此,民族经济是民族社会的基础,在民族生存发展过程中起决定性的作用,直接影响到这个民族的上层建筑及全部社会结构。

"少数民族经济"的概念最早是由毛泽东提出来的。1954 年,毛泽东同志在《关于中华人民共和国宪章》草案中提出了"少数民族经济特点"的概念;1955 年,毛泽东同志又在《农业合作化的一场辩论和当前的阶级斗争》一文中,进一步明确指出"我们的国民经济没有少数民族的经济是不行的"。从 20 世纪 50 年代起,"少数民族经济"一直是我国政府制定政策法规和国家领导人正式讲话中,特指国内少数民族经济问题时的规范用语。针对"少数民族经济"的研究范围,著名经济学家于光远曾发表过专门的论述。其主要观点为:少数民族经济是同少数民族地区经济不一样的概念,少数民族经济研究的范围、对象是少数民族人民的生活状

---

① 《马克思恩格斯选集》第 3 卷,人民出版社 1995 年版,第 776 页。

况、生活特点、生活习惯、文化传统、文化水平以及它们对包括生产、分配、交换、消费等经济生活的影响的一个领域。[①]

经济历来是经世济民之首要、治国安邦之根本，在当代社会也极受重视。少数民族经济文献是各民族经济活动的产物。由于各民族的社会交往和物质、经济活动的需要，各民族先民在口语交流的基础上，从最早使用结绳记事，运用刻划绘写方式，直到创造文字，进而产生了大量的各种载体的经济文献。通过研究、分析各民族经济发展史，可以展现民族经济文献产生发展的背景基础；同时研究、开发和利用民族经济文献资源，可以全面反映各民族经济发展的脉络，充分利用各民族经济文献资源促进民族经济发展的作用，加速文化资源向经济优势的转化。

第一节　西南少数民族经济古籍文献的构成

一　西南少数民族语言文字与古籍文献的产生

西南少数民族有悠久的历史和古朴的民族文化，部分少数民族在历史上还创制形成了本民族文字，并用本民族古文字和汉文记录下本民族的社会历史发展状况，产生了大量极具鲜明民族特色的西南少数民族古籍文献。西南少数民族在历史上创制形成的少数民族文字很多，其中传世至今的有藏文、彝文、傣文、东巴文、白文、壮文和水书等。以下简要阐述西南少数民族的语言文字文化与古籍文献的产生。

（一）藏族语言文字与古籍文献的产生

藏语属汉藏语系缅语族藏语支，分安多、康、拉萨等多个方言。藏文是7世纪上半叶图弥三菩扎参照当时梵文创制的，属拼音文字，由30个表示辅音的字母和4个表示元音的符号构成。自藏文创制之后，藏族人民用藏文写下了大量记录经济、天文、历算、医药、宗教、文化方面的著作。藏文成为藏族地区千百年来的重要交流工具，在藏族人民的政治、经济、文化生活中起了很大作用。

藏族古籍文献书写格式为自左至右横写，阳面开头都有云头，留两三

[①] 李竹青：《中国少数民族经济概论》（新编本），中央民族大学出版社1998年版，第70页。

个空格，阴面开头不留空，也有云头。藏文有楷书、草书、狂草、行书、美术体等多种书法，其中用得最多的是"粗玛"体。

(二)彝族语言文字与古籍文献的产生

彝语属汉藏语系藏缅语族彝语支，共有6种方言，各方言又可细分为若干方言和土语。彝族文字史称"爨文""倮文"或"韪书"等，是一种音节文字，形成于13世纪。彝语原有一种音节文字，称为老彝文，现在仅存1万多个，现留存的彝文典籍和彝文金石铭刻等文献，内容包括政治、军事、历史、文学、经济、宗教等，是研究彝族历史和文化的宝贵资料。

(三)纳西族的语言文字与古籍文献的产生

纳西族属汉藏语族的彝语支，以金沙江为界，纳西语可大致分为东西两个方言区，它是纳西族人民在社会生活中不可缺少的重要交际工具。早期纳西族创制了象形表意文字——东巴文和音节文字——哥巴文，新中国成立后又创制了一种以拉丁字母为基础的拼音文字。纳西族先民在社会生活中产生形成了卷帙浩繁的古籍文献，内容涵盖政治经济、天文地理、风土人情等方面，是纳西族古代文化的结晶，也是我们了解纳西族古代社会的珍贵资料。

(四)傣族的语言文字与古籍文献的产生

傣语属汉藏语系壮侗语族傣语支。傣语分傣泐和傣那两种方言，是傣族人民重要的交际工具。傣族有自己的拼音文字，但各地不尽相同，共有4种文字。通行在西双版纳地区的称为傣泐文，通行于德宏等地的叫傣那文，还有金平地区的金平傣文和耿马等地的傣绷文。傣文最初是记载佛经、传播佛教所使用的，随着傣文的普及，傣族人民用傣文广泛记载傣族的文学历史、医药卫生、自然常识、天文历法、经济活动等社会生活，对继承和发展傣族文化起了重要作用。

(五)壮族的语言文字与古籍文献的产生

壮族自己的语言称为壮语，属汉藏语系壮侗语族壮傣语支，是壮族人民的主要交际和信息传播工具，也是我国使用人口最多的一种少数民族语言。壮族有自己的文字，其文字有古壮字和状语拼音文字。古壮字也叫土俗字，产生于唐代，盛行于明清时期，是壮族一些文人（包括巫师）借助汉字或汉字的偏旁部首创造的。壮族民间普遍用古壮字来记录或书写神话、故事、传说、歌谣、谚语、剧本、楹联、碑刻、药方、家谱、契约、诉讼、记财、经文等，因此留下来的古籍文献非常丰富。

总之，随着汉文在少数民族地区的普及使用，特别是本民族文字如藏文、彝文、傣文、东巴文、壮文等西南少数民族文字创制发明后，随即被用作记事和传递社会信息的主要手段和工具，并产生形成了大量的书籍、文牍、账簿、契约、谱牒、碑刻、摩崖石刻、金文、印信、竹简等古籍文献，为我们了解西南少数民族在社会经济历史发展方面的状况提供了极为丰富的史料。

二　西南少数民族经济古籍文献的分类

（一）少数民族古籍文献的分类

新中国成立后，民族古籍工作得到了国家的高度重视。1981年，中共中央在《关于整理我国古籍的指示》中指出："整理古籍，把祖国宝贵的文化遗产继承下来，是一项十分重要的、关系到子孙后代的工作。"国务院在1984年转发《国家民委关于抢救、整理少数民族古籍的请示》的通知中也指出："少数民族古籍是祖国宝贵文化遗产的一部分，抢救、整理少数民族古籍，是一项十分重要的工作。"同年7月，国家民委成立了全国少数民族古籍整理出版规划小组，"组织、联络、协调、指导"全国少数民族古籍抢救、收集、整理、出版和研究工作。在此基础上，民族古籍工作在全国范围内开展起来，民族古籍的机构也逐步建立和健全。目前，全国有25个省、自治区、直辖市建立了相应的少数民族古籍机构。2002年，文化部、财政部联合启动了"中华再造善本工程"。2005年文化部、财政部又联合启动了"中华古籍特藏保护计划"。是年，少数民族古籍保护工作列入《国务院实施〈中华人民共和国民族区域自治法〉若干规定》和《中共中央国务院关于加强民族工作加快少数民族和民族地区经济社会发展的决定》中。2006年，文化部为推动"中华古籍特藏保护计划"的实施，出台了《古籍定级标准》等若干部颁标准。是年，《中国少数民族古籍总目提要》被列入《国家"十一五"时期文化发展规划纲要》。

古籍的分类在我国有着悠久的历史。在少数民族族群中很早就开始用符号、图画和文字记载社会历史活动，特别是当文字载体聚积到一定数量时，便产生了对它们分其异而类其同的需要。我国最早的典籍分类法萌芽于上古至春秋前期，这时处在自发"聚类"的原始状态。春秋后期，以"六艺"为首的专门性典籍分类法开始确立。战国至秦代，综合性典籍分类法开始孕育。到西汉时期刘向、刘歆的《七略》分类法的问世，标志着中国古代典籍分类法进入成熟时期。《七略》奠定了我国古代分类法体系的基础。随着社会的发展，图书分类也在不断变化发展。魏晋以来，典籍越来越丰富，《七略》所设部类已难概括。到了荀勖《中经新簿》开始将七类改为甲、乙、丙、丁四部，这就是四部分类法的诞生。实际上四部分类法仍然源于《七略》，后经南北朝时期宋王俭《七志》，至《隋书·经籍志》确定了经、史、子、集四部的名称和顺序。"四部法"经《崇文总目》把佛经、道经两个附类编入子部之内后基本定型，到清朝《四库总目》"四部法"日臻完备。近代以来，我国先后又有《仿杜威书目十类法》《世界图书分类法》《中国十进分类法》《中国图书分类法》等。新中国成立后，我国又有《中国人民大学图书馆图书分类法》《中国科学院图书馆图书分类法》《中国图书馆图书分类法》等。

　　各地图书馆对于少数民族古籍类别的划分不尽相同，但无论使用什么分类法都有各自的依据。总的来说，对少数民族古籍类别的划分需要把握以下几个方面：一是对分类的少数民族古籍有所了解，包括了解少数民族古籍的编纂体裁和具体内容，同时也要对传统分类法的体系和各类目的含义及收书范围有所了解。二是在分类过程中，要重点了解图书内容，应抓住内容重点，而不为一些枝节内容所拘束，为了使归类准确无误，应用层层深入的分析方法。三是类分少数民族古籍，不必要全部进行细分，造成类号过于冗长，给使用带来不便。对于有代表性的重点少数民族古籍可考虑细分。关于粗分和细分的界限，应结合图书馆类型、服务对象、藏书的数量和结构等因素进行考虑。少数民族古籍一般都有很广泛的内容，古籍所研究的问题也极为广泛。一部著作有时虽有重点部分，但旁涉其他学科的内容也不少，为了充分揭示少数民族古籍的内容，某些书除了给以基本分类外，可适当地给以完全分类，这样做可以扩大少数民族古籍的使用范围，充分发挥少数民族古籍的作用。[①]

[①] 何丽：《中国少数民族古籍管理研究》，辽宁民族出版社2005年版，第79—81页。

(二) 西南少数民族经济古籍文献的分类

西南少数民族经济古籍文献种类众多，数量丰富，载体多样，可以根据少数民族经济古籍文献的内容性质和形式特征，将其分为原始记事类经济古籍文献、书籍类经济古籍文献、铭刻类经济古籍文献、文书类经济古籍文献等。

原始记事类经济古籍文献是古籍文献中较为特殊的一种形式，它是指各民族历史上以实物、结绳、刻木、符号、图画等原始记事表意方式形成的记事材料，内容包括债权债务、买卖、借贷等经济活动，是考察早期西南少数民族地区经济法律制度的原始凭证。原始记事类经济古籍文献在许多民族的历史进程中都存在过，但人们对它没有给予足够重视，但它所传递的经济文化信息是不可小觑的。

书籍类经济古籍文献是指用汉文和各种少数民族文字记载的古籍文献。这类古籍文献的特征一是载体形式多种多样，如纸质文书、贝叶文书、竹木文书、铭刻文书等。二是散存情况严重，有一些经济古籍文献保存于国内，还有一些被国外机构收藏，有些不仅存于图书馆、档案馆、博物馆、寺院寺庙等专门的保管机构中，在民间也有大量收藏。三是少数民族经济古籍文献专著并不多见，有关经济的内容大多散存于史志、方志、笔记等书籍中，需要后人从上述书籍中辑录、整理、汇编成册。四是历史上缺少整理、保护，残缺破损严重。

铭刻类经济古籍文献是西南少数民族在历史上遗留下来的用汉文或少数民族文字书写或镂刻在金石器物上的各种文献，其种类包括钱币、钟鼎、碑刻、摩崖、墓碑、题记等。这是一种特殊的记录少数民族经济活动的信息载体，内容一般记载田地买卖、土地租佃、钱粮税务、赋税徭役、设街贸易等，是我们今天了解西南少数民族社会经济生活和法律法规的重要参考资料。

文书类经济古籍文献是古代西南少数民族社会进入封建经济发展时期，西南少数民族土官和民众在经济事务管理活动中产生的文书。其类型包括合同、当约、领约、田契、房契、卖约、借约、账簿等多种文书类别，这些契约、账簿等文书对了解西南少数民族经济发展状况和社会经济形态有着极高的查考利用价值。

第二节　西南少数民族经济古籍文献的定级标准

制定实施我国少数民族文字古籍定级标准是一项非常重要的标准化工作，它对推动我国少数民族文字古籍管理工作不断走向科学化、规范化、法制化道路具有现实而深远的意义。2006年8月5日，国家文化部颁发了适用于汉文的《古籍定级标准》（WH/T 20—2006），其适用范围明确为："全国各级各类型图书馆、博物馆等单位的古籍保护、整理和利用工作，同时供出版、教学、科研及国内外相关业务单位使用。"这为制定我国少数民族文字古籍定级标准提供了可借鉴的文本和经验。但是，由于各少数民族之间在社会发展历史进程中客观存在的不平衡性及受到本民族传统文化、宗教习俗和居住地域环境等因素影响，各少数民族文字古籍在产生、流传及版本特征等方面呈现出不同的情况。所以，我们在制定少数民族文字古籍定级标准时，不能简单地从汉文古籍定级标准直接进行移植，而要在总体思路和指导原则上，尽可能多地考虑民族因素，在制定细则时充分反映和突出民族特点，使制定出来的标准既能够符合我国少数民族文字古籍的实际状况，又能够确切体现标准的可控性、适应性、一致性等特定内涵。

一　制订定级标准的总体思路及指导原则

制订少数民族文字古籍文献定级标准的总体思路是"坚持一个基本，贯穿一条主线"。

坚持一个基本就是坚持以标准化的核心内涵为基本设计理念，统一标准框架，合理区分等级，科学界定条款，适度放宽准绳。所谓标准化即"在经济、技术、科学及管理等社会实践中，对重复性事物和概念，通过制定、分布和实施标准，达到统一，以获得最佳秩序和社会效益"。（［GB/T 3951—83］）根据标准化的定义，在制订实施少数民族文字古籍文献分级管理中，对大批量不同文种和不同历史时期的少数民族文字古籍定级是一种重复性活动，其中依据的概念、方法被反复应用，而这些重复性事物和概念，只有通过制定、发布和实施标准，才能达到统一，使业界获得共同遵守的古籍等级管理最佳秩序和由此分享同等政策保护带来的社会效益。

　　少数民族文字古籍定级标准化的核心内涵体现在一致性。即同一属性的事物用统一尺度进行衡量。这说明少数民族文字古籍和汉文古籍二者本质属性相同，都是古籍，所以定级标准无论在指导原则还是细则上要基本趋于一致，同时，不因强调少数民族文字古籍的特殊性而各不相同。这两个一致，体现了事物共性与个性共存又不失特点的协调统一。标准化的核心内涵要体现适应性。也就是要体现少数民族文字古籍定级标准细则的兼容和互换特点，使各少数民族文字古籍在定级标准中，依据相同细则，彼此不会产生矛盾；同时又能使不同少数民族文字古籍特点在定级标准细则中都得到满足。标准化核心内涵的另一体现是可控性。即少数民族文字古籍定级标准细则中的各个条款能够适宜各少数民族文字古籍等级区分的最佳选择，能够充分反映各少数民族文字古籍的特点和流传情况。最后，标准化核心内涵还要体现可操作性。即少数民族文字古籍定级标准细则应简约明了，解释清晰，不生歧义，使各少数民族文字古籍能够比较容易且准确地归入相应等级中。

　　贯穿一条主线就是要把高效管理、科学保护、妥善修复及合理利用少数民族文字古籍始终作为制订定级标准的出发点和落脚点。无论在制订定级标准中遇到什么问题和困难，都要以该主线为其制订标准的尺度。同时，还要谨慎处理好普遍遵循的标准尺度与少数民族文字古籍特殊情况之间的关系，努力解决各少数民族文字古籍版本识别等困难因素造成的障碍。

　　制订少数民族文字古籍定级标准应遵循一定的指导原则。汉文古籍定级标准提出三性原则，即用历史文物性、学术资料性和艺术代表性来划分古籍定级，同时又提出不唯时限性、等次上靠、等次下调等原则对等级进行调控。这些原则无疑同样也适用于少数民族文字古籍定级标准的制订，只是在具体应用时要根据少数民族文字古籍特点加以灵活处理。（1）历史文物性原则。即以侧重于古籍传本产生的时代为衡量尺度，它包含两层含义，一是指其版印、抄写时代较早，具有珍藏价值；二是指其可作为历史人物、历史事件实物见证，具有物证价值。（2）学术资料性原则。即以侧重古籍反映的学科内容为衡量尺度。其价值体现在精校细勘，文字讹误较少，注疏缜密，同时学术见解独到，有学派特点，系统归纳众说，或在反映某一时期、某一领域、某一人物、某一事件方面，资料比较集中、完善或稀见。（3）艺术代表性原则，侧重以国际版本具有的印刷技术和装帧艺术特征为衡量尺度，价值体现在能够反映古代各种印刷技术的发明、发展和成熟水平，能够反映国际各种装帧形制的演变，包括用纸、印刷的变化，能够反映古代造纸工艺的进步和印刷技术水平的提高。三性原则实际上归纳了善本古籍的特点。（4）不唯时限性原则。即以侧重古籍的实际价值为衡量尺度，反映了人们在辩证处理古籍产生时限与实际价值之间的关系时，试图做出最佳选择。（5）民族平等性原则。即以侧重平等看待各少数民族文字古籍产生、流传情况为衡量尺度，强调各少数民族文字古籍在定级时应享受平等待遇。

二 少数民族文字古籍定级细则构想

• 一级古籍定级标准

具有特别重要的历史、学术、艺术价值的代表性古籍。

（一）元代及其以前（包括辽、西夏、金、蒙古时期）以各少数民族文字（如佉卢文、焉耆—龟兹文、粟特文、突厥文、回鹘文、契丹文、女真文、西夏文、八思巴文、古藏文、老蒙古文、老傣文等）刻印、抄写保存较为完整的书籍。

（二）明代及其以前刊刻、抄写保存较为完整的彝文书籍。

（三）明代及其以前用特殊纸张印刷，具有特殊装帧形式的代表性书籍。

（四）清顺治以前刊印、抄写保存较为完整的满文书籍。

（五）清乾隆以前刊印、抄写保存较为完整，规模宏大，对后世有深远影响的各少数民族文字书籍。

（六）清代及其以前以古壮文、东巴文、哥巴文、水书、白文、尔苏沙巴文刻印、抄写的孤本书籍。

• 二级古籍定级标准

具有重要的历史、学术、艺术价值的古籍。

（一）元代及其以前（包括辽、西夏、金、蒙古时期）以各少数民族文字（如佉卢文、焉耆—龟兹文、粟特文、突厥文、回鹘文、契丹文、女真文、西夏文、八思巴文、古藏文、老蒙古文、老傣文等）刻印、抄写的残本或残页。

（二）明代至清乾隆时期以各少数民族文字刊刻、抄写的书籍。如察合台文写本、抄本；明永乐年间的女真文书籍；八思巴文抄本；回鹘式蒙古文书籍；托忒式蒙古文写抄本；满文印抄本；藏文印抄本；傣文贝叶经写本；古壮文、东巴文、哥巴文、水书、白文、尔苏沙巴文刻印、抄写较早时期的残本或残页。

● 三级古籍定级标准

具有比较重要的历史、学术、艺术价值的古籍。

（一）清嘉庆至清宣统三年的各少数民族文字抄本、印本。

（二）难以断代，但推定或公认年代早于民国，且具有少数民族社会、历史、传统文化价值的各少数民族文字书籍。

● 四级古籍定级标准

（一）1912—1949 年，以各少数民族文字刻印、抄写，具有研究少数民族社会、历史、传统文化价值的珍稀书籍。

（二）1949 年以后，抄写或影录已亡佚的少数民族文字珍稀书籍。[①]

三 少数民族文字古籍定级细则构想说明

● 关于一级的划分

唐五代以前（10 世纪上半叶前）产生的少数民族文字书籍主要为考古发现，大多流失国外，国内保存凤毛麟角。北宋至元代（10 世纪下半叶至 14 世纪下半叶）产生、刊印抄写的少数民族文字书籍，是我国现存最重要的少数民族文化遗产，故应定为一级。

元至明代刊印抄写保存较为完整的藏文书籍；元至明代的八思巴文刻本；明代及其以前刊刻、抄写保存较为完整的彝文书籍；明代抄写较为完整的老傣文书籍；清顺治十八年（1661）以前刊印、抄写保存较为完整的满文书籍。清乾隆六十年（1795）以前刊印、抄写的各少数民族文字鸿篇巨制书籍；清代及其以前印抄写的古壮文、东巴文、哥巴文、水书、白文、尔苏沙巴文的孤本书籍；明代及其以前用特殊纸张印刷，具有特殊

---

① 杨长虹：《中国少数民族文字古籍定级标准之我见》，《图书馆理论与实践》2008 年第 5 期。

装帧形式和代表性的少数民族文字书籍。这些古籍的文物性、学术性、艺术性价值都很高，且传世稀少。根据三性原则、不唯时限性原则及民族平等性原则，均应定为一级。

• 关于二级的划分

根据不唯时限性等次下调原则，将元代及其以前（包括辽、西夏、金、蒙古时期）以各少数民族文字（如佉卢文、焉耆—龟兹文、粟特文、突厥文、回鹘文、契丹文、女真文、西夏文、八思巴文、古藏文、老蒙古文、老傣文等）刻印、抄写的残本或残页，定为二级。

明代至清乾隆六十年（1368—1795）刊刻、抄写的少数民族文字书籍，在存量上同一级古籍相比有较为显著的增加，但仍为稀世罕见，且年代相对久远，传承今世，实属不易，故应定为二级。当然，已经上靠一级的明代至乾隆六十年的少数民族文字书籍除外。

• 关于三级的划分

清嘉庆至宣统三年（1911）是我国封建社会最后一段时期，这一时期少数民族文字古籍总量要超过清乾隆以前的总和，但是与汉文古籍相比存量仍然很小，可流传至今所能见到的古籍却是不可多得。故而将此时期产生的少数民族文字古籍划定为三级。

难以断代，但公认早于1911年以前，且具有少数民族社会、历史、传统文化价值和保持传统印装、抄写特征的各少数民族文字古籍，应定为三级。其原因，一是古籍定级首要遵循的标准应是以成书年代为尺度进行衡量，但是少数民族文字古籍中不注成书年代的书籍非常多，所以必须有所变通，否则无法操作；二是这一变通不能随意为之，如果不加限制，肆意分级，势必会违反定级的基本法则。所以，面对不注年代的书籍应尽量根据内容加以辨别，推定其大致年份，划入相应等级。对于实在无法推定，但专家公认早于民国，且是孤本、稀见珍本的可划入一级；传世较少、残缺较多的划入二级；其他应划入三级。这样可尽量避免古籍错划级别，又能使珍本民族文字古籍受到应有重视。

• 关于四级的划分

划入四级的少数民族文字古籍为普通古籍，其下限定在1949年以前，这反映了少数民族文字古籍发展的实际情况。主要原因，一是流传至今的少数民族文字古籍中写抄本很多，大于印本的数量，它反映了少数民族书籍的传承特点和文化传统。也就是说，1912—1949年抄写的少数民族文字古籍，以三性原则判断，未必不是最具代表性且今世所存较为古老的少数民族文字传本。二是少数民族大多地处边疆，社会发展相对滞缓，所以，以传统方式产生传统书籍这种情况延续比内地及沿海地区时间要长一些，故这一时期刻印、抄写的具有少数民族社会、历史、传统文化价值的少数民族文字古籍，均应定为四级，以便妥善保护。

有些少数民族文字古籍是1949年以后抄写或影录的，大多属已亡佚的少数民族文字珍稀书籍。按三性原则及不唯时限性原则，也应定为四级。但是，这一情况不能随意延伸。[①]

四　少数民族经济古籍的定级标准

古籍属于不可再生的文化资源，少数民族经济古籍对各民族经济文化的发展更具有不可替代的学术和实用价值，如果不能及时抢救，科学整理，分级妥善保存，则必然会随着岁月历史而最终湮灭，这将是民族和社会精神财富的巨大损失。对各民族经济古籍文献的科学定级，是少数民族经济古籍抢救、保护、研究的基础性工作，是对古籍进行开发利用的前提和保障。

在设计少数民族经济古籍的定级标准前，首先要综合少数民族经济古籍的特点进行版本鉴定。（1）一部分经济古籍在首页或末页写有抄写时间，如某年某月某日某人抄写，凡是写有这种日期的古籍，只要时间在民国时期或民国以前，就是比较珍贵的本子。（2）经济古籍纸张陈旧，字体古朴，内容为早期历史材料，应是比较珍贵的本子。（3）字体整齐古朴，装帧特别优美，或以特殊工艺制作的，也属珍贵藏本。如傣族有少部分古籍是用傣纸剪裁成贝叶经开本状，用牛血蒸泡晒干后又刷上若干层树胶，最后用银粉或金粉写成。这种制作工艺现已失传，存本也很少见。（4）有特殊纪念意义的抄本或刻本，应属珍贵藏本。

由于少数民族经济古籍的特殊性，因此对少数民族经济古籍的定级十分复杂。必须参照以上谈到的方面来综合确定。其大体原则为：

---

① 杨长虹：《中国少数民族文字古籍定级标准之我见》，《图书馆理论与实践》2008年第5期。

一级古籍：具有特别重要历史、学术价值的代表性古籍。

1. 清乾隆以前（包括乾隆时期，即 1795 年以前）的写本和刻本。

2. 特殊工艺制作的早期写本和刻本（一般来说，特殊工艺制作的本子都是较早期的本子）。

3. 有特殊历史意义的精致抄本、写本和刻本。

4. 从形式和内容经鉴定都可确定的早期写本和刻本。

二级古籍：具有重要历史、学术价值的代表性古籍。

1. 清乾隆以后至民国初期流传甚少的抄本和刻本。

2. 字体工整，装帧优美，流传甚少，有一定艺术价值的抄本和刻本。

3. 有较大历史意义的精致抄本、写本和刻本。

4. 从形式和内容鉴定都可确定为清乾隆以后至民国初期写本和刻本。

三级古籍：具有比较重要的历史、学术价值的代表性古籍。

1. 民国至新中国成立后的精致抄本、写本和刻本。

2. 有艺术品价值的民国时期的抄本、写本和刻本。

3. 有一定历史意义的抄本、写本和刻本。

四级古籍：具有一定历史、学术价值的代表性古籍。

1. 民国后期至新中国成立后的精致抄本、写本和刻本。

2. 有艺术品价值的新中国成立后的抄本、写本和刻本。

3. 有某些历史意义的抄本、写本和刻本。

五级古籍：具有某些历史、学术价值的代表性古籍。

1. 民国后期至新中国成立后的一般抄本、写本和刻本。

2. 有一定艺术品价值的新中国成立后的抄本、写本和刻本。

3. 有某些历史意义的，比较精致的新抄本、写本和刻本。

以上的定级标准还需经各地少数民族古籍相关部门在实际操作过程中不断修改和完善。

五　少数民族经济古籍文献的著录

少数民族经济古籍文献的著录是以款目的编制方法为主要内容，通常包括著录原则、适用范围、著录项目、著录格式、著录来源、著录文字、标识符号，以及各个项目的具体细则规定。著录的款目是按一定的方法和规则，对某一具体文献的内容和形式特征，所做的一条记录，是反映文献内容和形式特征的著录项目的组合。

按照古籍著录的一般法则，每类目录排列顺序可以少数民族文字的声母、韵母、声调顺序排列。每本书依次按分类书写材质、文字、语言、著作年代、抄写年代、册数、全书页数、抄写情况、残损情况、显微照相、收藏者、调查人员、调查时间、文献内容、备注等项目进行著录。

（一）著录项目

少数民族经济古籍特征的著录项目是指用于揭示古籍内容和形式特征的记录事项，是根据少数民族经济古籍自身的客观实际，结合读者查检目录的客观规律确定的。少数民族经济古籍特征的著录项目可以初步确定为以下六个大项目，并在大项目下面又相应地设置小项目。如：

1. 题名与责任者项

（1）正书名

①并列书名

②副书名及说明题名文字

（2）其他书名信息

①第一责任者

②其他责任者

2. 版本项

①版本类型

②版本类型补充说明

3. 抄刻项

①抄刻地、抄刻时间、抄刻者

②藏书者、藏书地

4. 古籍形态项

①数量级特定古籍类型标识

②图表

③书型

④附件

5. 附注项

①附注

②题要

③装订与获得方式

a. 装订形式

b. 获得方式

（二）著录信息源

由于少数民族经济古籍形式多样，因此记载其著录信息源的随意性很大。少数民族文字经济古籍著录各项信息源为记载于古籍全书卷端和卷末，某段开始和结尾，以及在相当于书名页和版权页等的信息的位置上，总之无论在古籍的什么地方记载的著录信息，都可以作为著录信息源。若古籍本身信息源提供不足，可查考有关资料信息著录，并在附注项说明。如果古籍本身信息源提供不足，有关资料也没有可靠信息可以综合分析和鉴别考证，则可以自行拟定著录内容，非古籍本身的著录信息应置于方括号"[ ]"内，并在附注项中加以说明。

（三）著录用的标识符号

1. 项目标识符"—"用于除题名与责任说明项以外的各项之前。

2. 等号"="用于并列书名。

3. 方括号"[ ]"用于非傣文古籍本身著录信息，自拟著录内容。

4. 斜线"/"用于第一责任者之前。

5. 冒号":"用于副书名和说明题名文字、图、古籍出处、获得方式之前。

6. 分号";"用于不同著作方式责任说明、页面尺寸、属于同一责任者的合订本古籍的第二、第三个题名之前。

7. 逗号","用于相同著作方式的第二、第三个责任者，写书年代、分段页码的第二、第三段等页码之前。

8. 加号"+"用于载体形态项的附件之前。

9. 乘号"×"用于载体形态项的古籍的宽或长之前。

10. 问号"?"用于不能确定的著录内容，例如推测著录的年代等，并与方括号"[ ]"结合使用。

（四）著录文字

1. 除了汉文的翻译书名和页面尺寸，书名用国际音标注音作为并列书名外，其余的项目全用傣文著录。

2. 页面尺寸数字，用阿拉伯数字著录；厘米用英文字母"cm"

著录。

3. 古籍本身的文字出现谬误、遗漏、省略，后两种内容不同的书，若书名相同，则依然照录，同时将考证所得正确文字在其后加方括号"［］"校正。

（五）著录格式

1. 分段著录格式

正题名＝并列题名：副题名及说明题名文字/第一责任者；其他责任者．—版本说明．—出版地：出版者，出版日期。

页数或卷册数：图；尺寸＋附件．—（丛编项）

附注项

（装帧）：获得方式

2. 连续著录格式

正题名＝并列题名：副题名及说明题名文字/第一责任者；其他责任者．—版本说明．—出版地：出版者，出版日期．—页数或卷册数：图；尺寸＋附件．—（丛编项）．—附注项．—（装帧）：获得方式。

（六）少数民族经济古籍特征、著录项目及其说明

少数民族经济古籍文献的信息源如书名、著者、年代、版本等记载都不规范，有的在书名页、版权页、某一种书的卷端或末端记载的，大多数书名在正文卷端，有甚者在每一段文字首端或末端，在某种书首页的天头记载等。记载在古籍本身任何地方都可作为著录信息源。

1. 正书名与责任者项说明

正书名是古籍的主要书名，包括单纯书名、分卷（册）次、交替书名、合订书名。

①分卷次属于正书名的组成部分。

②内容相同的几部少数民族经济古籍，有两个或两个以上不同书名交替使用者，在著录时作为交替书名著录。

③副书名或称解释书名，是解释或从属正书名的另一书名（含分卷册书名），说明书名文字是对古籍内容范围、用途等的说明文字。

列书名是书名用两种以上的语言文字相互并列、对照的书名。如傣文有四种地方性变体，傣泐文流行于西双版纳及孟连等地，傣那文流行于德宏及耿马地区，傣端文流行于红河哈尼族彝族自治州金平县，傣绷文流行

于德宏傣族景颇族自治州瑞丽县，四种方言文字在形体上有很大差别，无法相互阅读。纳西族的文字也比较复杂，一方面有传统文字东巴文、哥巴文、玛丽玛萨文、阮可文，另一方面又有新中国成立后创制的拉丁字母拼音的纳西文。目前能读懂少数民族文字的人越来越少，这对保存利用少数民族文字经济古籍极其不利，因此，为了让更多的人了解、读懂、查阅、利用所需傣文经济古籍，在著录时少数民族文字书名后加注国际音标，作为并列书名，其间用"＝"号。

书名或书名残的著作。书中未提供书名，通过其他资料查考而得出或未见之于其他资料，由编目者根据书中内容，拟订书名著录的，用方括号起，并在附注项加以说明。如：［潘内瑶族卖田契约］［转卖田契存照］［杜绝加添盖字地契］等等，大量的经济文献中未题名称，故代拟之。

2. 责任者说明

责任者是对古籍中的内容进行创造、整理，负有直接责任的个体或团体。著作方式是表示著作的形成过程和责任者对著作负有何种责任。目前少数民族经济古籍只有撰写者、抄写者、抄刻者，其责任者和著作方式表述有以下特征：

少数民族经济古籍多数为写本、抄本，在有关责任者表述的著作方式时写和抄不分。因此，著录责任者只能按少数民族经济古籍提供的信息客观著录，然后在版本项著录为抄本。古籍所提供的对责任者的补充说明著录在附注项。

少数民族经济古籍未提供责任者，而由其他资料考察得出，依据考察结果的责任者著录，用方括号括起，并在附注项说明来源。若少数民族经济古籍未提供责任方式，则按古籍情况予以补充，并用方括号括起。

3. 版本项说明

版本具有特殊制作和出版的规格、样式、工艺、时间、地点等各种特征。版本类型依据书中有关版本类型的文字记载，结合对版本类型特征所做的鉴定结论著录。目前少数民族经济古籍文献版本类型有稿本、写本、抄本、刻本。稿本指作者亲笔所写或亲笔修改的作品原件。写本指手写文献。抄本是依据某一底本手工抄写而成的本子。刻本是雕版印刷而成的本子。版本类型的补充说明，著录于版本类型之后，其前用逗号标示。著录刻本中以一种彩色颜料印刷或多种颜料套印而成的本子，依据颜色和套印次数的不同，对版本类型作补充说明。书中所题（或记录）较有价值的批点、题词、跋语等，可作为版本类型的说明，扼要著录。书中具有抄写刻印过程形成的某些鉴别特征，可作为版本类型的补充说明，扼要著录。

4. 抄刻项说明

著录稿本时，抄刻地是指著作者所在地，抄刻者指著作者，抄刻年指书稿写成时间。著录写本时，抄刻地指缮写者所在地，抄刻者指写书者，抄刻年指全书写成时间。著录抄本时，抄刻地指抄书者所在地，抄刻者指抄书者，抄刻年指全书抄成时间。著录刻本时，抄刻地指主持刻书者所在地，抄刻者指主持刻书者，抄刻年指书版刻成时间。

古籍文献中如未提供抄刻地和抄刻者，可查考有关资料，所得结果著录于方括号内，并在附注项说明来源；若无从查考，可以分析考证，所得结果著录于方括号内；若著录内容存疑，其后用问号，并置于方括号内；若无从考证，可著录为"抄书地不详""抄书者不详""刻书地不详""刻书者不详"等字样，均用方括号括起。

古籍文献中未提供抄刻年，可综合分析各种情况，确定大致抄刻时间。若著录内容存疑，其后用问号，并置于方括号内。

5. 古籍载体形态项说明

①标识符

分段著录：此项前不用项目标识符。

连续著录：此项前用项目标识符。图及其他形态细节前用冒号，尺寸前用分号"；"，附件前用加号"＋"。

结构形式为：.—页（或册、函）数：图；书型（尺寸）＋附件（数量）。

规定信息源：全书。傣文古籍大多没有页码，著录页数，需由编目者清点页数后实录。

②数量、图表、尺寸、附件

数量：线装、经折装等，独立成册或成套，而合订本的古籍，著录实有册数。卷轴装并独立成卷的古籍，著录实有卷数，配有纸质函套或木匣，并独立成册或成套的古籍，著录在册数后，补充说明实有函数或匣数，用圆括号括起来。

图表：少数民族经济古籍中有冠图、彩图、附图、插图等均如实著录，其前用冒号；上图下文的古籍可著录为：上图下文；书名已反映书中图者，可省略著录。

书型（尺寸）：著录古籍自身的长、宽，其前均用分号。书型著录以cm（厘米）为单位，不足1cm的余数以1cm计算，长和宽中间用乘号"×"。

附件：著录附件，即著录古籍中必须与古籍主体配合使用的附属部分，其前用加号。附件名称后应著录实物数量，置于圆括号内。

6. 题要项和附注项说明

①提要项：著录时撰写古籍内容提要者，应在提要前用项目标识符。

②附注项：附注项是对古籍形式特征进行描述，是著录正文所作的补充说明，其范围涉及书名与责任者、版本、年代等，是在著录正文内未被反映的材料。少数民族经济古籍文献著录附注项的内容有书名的译名、版本、书名及著者的补充和说明。少数民族经济古籍文献的残损情况、书写好坏、断句与否，都有在附注项著录。在分段著录时，此项前不用项目标识符。若连续著录时，此项前用项目标识符，并在每一附注前用逗号标示。

7. 装订与获得方式说明

①装订依古籍实际情况著录。如卷轴装、线装等。

②获得方式前用冒号。有关专家、学者等收藏者以购买或赠送形式收藏的，在著录时如实著录购买或赠送。

第 二 章

西南少数民族经济古籍文献整理与研究

第一节 原始记事类经济古籍文献

一 我国古代记账方法的起源

中国古代的"记账方法"是指将客观发生的经济事项，登记到会计账簿上去所采用的方法。一般包括会计记录符号在反映经济事项性质和记录方向方面的运用；对于经济事项基本内容的反映方式和"记账"规则以及对每笔经济记录的基本内容在会计账簿中的排列顺序等。

人类最为古老的记账方法并不像我们今天所运用的会计记账方法这样具有自己鲜明的专业特性，它具有史前文化的基本特点，即会计记账方法在其产生之初，兼具人类原始的语言、文字、绘画、数学及统计等各方面的内容。

旧石器时代由于生产力水平的提高和生产剩余物品的出现，人类自身的生产发展得到了相对充足的物质保障，原始部落里的经济关系随之复杂起来。这时单凭头脑记数、记事及其默算已无法组织生产活动与合理地分配、储备物品。客观现实迫使人们不得不在头脑之外的自然界去寻找帮助进行记事的载体，以及进行计量、记录的方法。

人类在旧石器时代的中晚期所采用的计量、记录方式与方法一般有两种，一是简单刻记方式或方法，二是直观绘图记数、记事方式或方法。

简单刻记是原始人最初采用的一种计量、记录方法。他们通常以坚硬的石器作为刻划的工具，在石片、骨片等载体之上刻划出一排排单线条的浅纹道，或者是在树木或木板上刻出若干重复的缺口，形成通常只有刻划者自己可以体会出来的代表一定数量的标记，或是记载某种事物的标记。

在中国山西峙峪人（距今约 28000 年）遗址，发现几百件有刻纹的骨片，有的刻着直道，数目多寡不一，历史学家认为那可能是用来表示数目的。而在同一时期的甘肃刘家岔遗址、北京山顶洞人遗址都发现有"刻纹的鹿角"。大量的考古发现已经证实，大多数刻划线条与所刻缺口都含有一种具体数的概念。

而直观绘图记数、记事方式则是与简单刻记并存的一种计量、记录方法。原始人的抽象思维活动能力还较为低级，他们在绘图表现方式上反映出一种顽固忠实于自然原型的写实性。通常他们面对所要表现的事物，绘形绘色，不厌其烦，一丝不苟，力尽其详。如果一个部落的原始人当天捉住了四头牛，便会在手边可以取得的骨片或穴居的山洞的岩壁上尽其所能、仔细地绘画出四头牛的完整图形。在中国山西峙峪人遗址中，就发现既有反映人们捕获羚羊的绘图骨片，也有反映人们捕获落网的鸵鸟的绘图骨片。

随着生产力的发展，人类在进入新石器时代（距今大约 10000 年）之后，经济关系日渐复杂，原始的计量、记录方法也有了新的发展。考古发现在新石器时代早期有相当一部分刻划符号在一个较大的地域范围内具有普遍性，其中一部分作为计量、记录符号较以往进步明显。到新石器时代中晚期，母系氏族社会经济高度发展，人们开始创造并广泛采用成套的刻划符号。现今考古发现最具代表性、较为完整的成套刻划符号，是西安半坡村人（距今 6000 年左右）与临潼姜寨村人所应用的刻划符号。

新石器时代还出现了刻木记事。考古发现中最早的刻木记事类型文物是青海乐都柳湾马厂类型墓葬（距今 4500—3500 年）遗址中的骨片，这些相对而言易于保存的骨片是新石器时代中期的产物，距今约有 4000 年的历史。这些骨片上的刻记大体上有一定规格，缺口大都刻在骨片中部的两边，在 40 片骨片上所刻下的缺口数量都在一至三之间。类似的刻骨在西宁朱家寨考古发掘中也曾有过，都是为记数与记事所用，这些发现都证实了中国历史上的"刻木为契"南方边远地带一些少数民族采用刻木记事的事实。在中国近代，云南的独龙族、怒族、基诺族、布朗族、佤族和景颇族都曾用过刻木或刻竹记事方法，他们中的一部分人用于记数、记事的木片或竹片，其方式与柳湾出土的刻骨类同。如独龙族用刻木的办法登记借贷账目，凡借钱于人，按所借钱数的多少，在木片上刻上相应的缺口；归还多少，便削去多少缺口。此外，四川木里县的摩梭人进行刻木记数、记事所采用的刻划符号看起来同我国新石器时代的仰韶人、柳湾人的数字符号及刻写方法如出一辙。

绘图计量、记录法是在旧石器时代中晚期人们所应用的直观绘图记事法的基础上产生的，这种方法的历史性进步在于为了计量、记录的简便易行与易懂便认，将复杂具体事物的形象抽象为简明扼要的图画符号，并最终以图画符号表现经济事项的数量关系，显示计量、记录的结果。

在原始社会末期，人类原始的经济记录方法的发展有了质的飞跃。结绳计量、记录法是原始人通过结绳记数的方式对经济事项进行计量、记录的一种方法，它是人类会计计量起源的重要标志之一。

我国结绳记事法应用的历史十分悠久。《周易正义》中讲"事大，大结其绳；事小，小结其绳，结之多少，随物众寡"，即要记录重要的事情，便在绳子上打一个较大的绳结，如果记录不重要的事情，则在绳子上打一个较小的绳结，绳结的多少依据所要记录事情的多少而定。南宋《路史》一书中也有类似记载。

史书上有大量关于中国古代结绳记事、记数法应用的事实记载。《唐会要》记载：吐蕃人"无文字，刻木结绳为约"，即是说吐蕃人在文字发明之前通过刻木记事和结绳记事方法订立契约。宋代大儒朱熹也在文中记有类似的史实，"结绳者，溪峒各蛮，犹各有之。又有刻板者，凡年月日时，以及人民粮草之属，刻板为记，都不相乱"。此外，在宋代，"鞑靼人调动军马，或结绳为约，或刻木为契"，其结绳刻木之法达到应用自如状态。明清时代顾炎武关于"遵义军俗以射猎伐山为业，凡交易，刻木为书契，结绳以为数"的文字，也说明了遵义地区以打猎为生的原住居民借助结绳记数、记事方法记录日常交易货物数量的事实。从以上史书不绝记载的情形可见，结绳与刻木记事、记数之法一直为我国边远地区少数民族所用，并已成为一种具有通用价值的传统方法。近百余年来，我国的一些少数民族依旧采用结绳计量、记录法。1949年以前苗族、怒族、佤族、独龙族、高山族、傈僳族以及西双版纳的基诺人，都曾采用过结绳计量、记录法。[①]

[①] 康均：《中国古代记账方法的发展——史前时期的原始计量、记录方法》，《财会学习》2007年第2期，第73页。

与远古时代一脉相承的结绳计量、记录法，在近代、现代社会边远地带的少数民族中坚持实行这种情况表明，结绳计量、记录法是人类在史前时期所创造出来的帮助人们记忆的一种特殊方法，它的简便易行使它得到广泛应用，并在世界上落后的经济区域一直被递演继承下来。结绳已表现出后世账簿记录的原理，它大体上明确了表现某种"账目"的几个要素，如记录对象、应记数量、数量发生变化之后的表现方式，以及在这一"账目"结束之时的最终结果。正是从这一点出发，会计史学家认为结绳计量、记录法不仅是人类在史前阶段具有创造性的成果之一，而且也是其后人类会计思想、会计实践演进、发展之基础。同时，由于结绳记事、记数方法又同时具备了数学、统计及文字表意等功能，所以也被认为是数学、统计及文字的起源。

二 西南少数民族原始记事类经济古籍

文字产生之前，人们总是用一种特殊的实物或符号帮助自己记事表意，这些被赋予特殊语言含义的"实物"或"符号"称为原始记事古籍。少数民族原始记事古籍是指各少数民族历史上以实物、结绳、刻木、符号、图画等原始记事表意方式形成的记事材料。原始记事古籍不仅是少数民族所特有的，而且它的表达方式和实物所代表的内容也具有强烈的民族性和原生性，其载体的形式也是多种多样的。

在各民族的社会发展进程中，无论是有文字的民族还是无文字的民族，都曾先后经历过使用原始记事表意方式来传承本民族文化、记忆历史以及传递各种信息的阶段，并遗留下了大量有关物件记事、结绳记事、刻木记事、图画记事等生动翔实的原始记事古籍文献。这些丰富的原始记事古籍文献同其他类型的古籍文献一样，也是具有书史记事性质的原始历史记录，至今仍是研究各少数民族历史文化不可或缺的活化石。由于历史的原因，西南地区许多少数民族直到20世纪五六十年代还保留有原始记事的习俗，这为我们的研究提供了生动的材料。具体说来有以下几种。

（一）物件记事

物件记事是以实物来记录数字，或表达意见和感情，其中大量的内容反映了早期先民的经济活动。这类记事方法在较原始的社会中是大量存在的。它们对其他记事方法和以后文字的发明都有一定的影响。物件记事可以采取原物的一部分，也可借助他物，取其形状、颜色、含意或声音与原物有关的。例如，云南红河地区哈尼族典当土地，典出者收到银价若干两，则以同样重量的鹅卵石一块付给对方，作为凭据。以后赎还时按石块重量付还典金。这种鹅卵石称为"可粒"，即从普通鹅卵石中选用，但要用火烧过。因烧过以后石色变黑，与银子颜色类似，用以象征银子，易于记忆。云南盈江景颇族也有类似记忆债务的方法。1927年左右，铜壁关刀弄寨杨某娶浪速寨一女子为妻，聘礼是五头牛、缅币一百元、铓锣五个、铜炮枪一支、红绸子三块、花布五块。结婚不久，新娘嫌新郎年老丑陋而逃走。男女双方遂发生纠纷，最后通过"讲事"解决，决定女方要赔付给男方一部分聘礼，即赔还三头牛、三个铓锣、一支铜炮枪、二块红绸子、三块花布。女方一时无力付出这些东西，遂出具"欠条"。这个"欠条"不是用文字写的，而是用三小片牛角（代表三头牛）、三枚铜钱（代表三个铓锣）、二根红绸条（代表二块红绸子）、三根花布条（代表三块花布）以及一根刻成枪形的木片（代表一支铜炮枪）所组成。把这些物件用一根麻绳拴成一串交给男方，男方郑重其事地一直保存到新中国成立之初，后因人民政府号召废除债务才拿出销毁，表示愿取消这笔债务。①

（二）结绳记事

结绳记事就是在绳索上打起许多大小不同的结来表示事情的大小和事物的数量特征。用绳子打结以记事，是文字产生以前和文字使用不普遍的情况下的一种原始的记事方法，绳结由此记录数目和事件，以表示和传递某种信息。通过这一方式赋予绳结一定的信息内容后，绳结可以帮助人们记忆和表意，成为记忆在物质载体上的延伸。这样人们即使不通过语言，对方也能从绳结上了解所要表达的含义。

少数民族结绳记事的历史古老而漫长，许多历史上未产生过文字的民族直到新中国成立初期还使用这种原始的记事方法。历史文献中对此也有大量反映。严如煌在《苗疆风俗考》中记载："苗民不知文字，性善记，惧有忘，则结于绳。"李调元在《南越笔记》中说："黎长不以文字为约，有借贷以绳作结，可以左券。如不能偿，即百十年后，子孙皆可持绳结而

---

① 汪宁生：《从原始记事到文字发明》，《考古学报》1981年第1期，第3—4页。

问之，负者子孙不敢逭也。"可见结绳记事是各古代民族普遍用来帮助记忆的。近现代，我国的苗族、瑶族、哈尼族、佤族、纳西族、傈僳族、普米族、怒族、独龙族等民族在进行买卖、借贷等经济事务时，常借助结绳来帮助记忆，不同程度地使用结绳以记账目、作凭证、传信息，形成了特殊的结绳经济文献。

如云南元阳一带的哈尼族，过去在买卖土地时也用不同大小、不同数量的绳结表示田价。用同样长短的两根打结麻绳作"账目"，田价有多少两银子就在绳子上打多少个结，每个结代表一两银子，结与结之间的距离相等，即表示单位相同，若两结之间的距离只有以上两结距离的一半，则表示半两。两根绳结按田价打好后，买卖双方各执一根。若哈尼族人借债，则用同样长的两根绳子打同样的结，各执一根作为凭证。

佤族人应用结绳处理债权债务。佤族人把一根绳索高挂于墙上，用于记载与清算债权、债务账目。他们将一根用来记数或记事的绳索分为三个区间，绳结"账目"不仅标出债务款额，还标出利息和借贷时间。有一根佤族的债务结绳是这样的：绳的上端有3个大结，中间有1个大结和1个小结，下端又有3个大结。上端的3个大结表示借出3元滇币，中间的1各大结和1个小结表示半年的利息是1元半滇币，下端的3个大结表示借出的时间已有3个半年。

基诺族人以结绳记录征收物品。基诺人为举行公共祭祀活动，统一规定以全族的个体家庭为缴纳单位，每户应缴纳两只鸡、三筒米，这一活动由酋长委派负责公共收支的"纳俄罗"（即原始部落中的兼职会计人员）监督执行。征收之前"纳俄罗"先向每户户主取一根绳，并当面将应交纳的实物如数打结反映，一个双重结表示两只鸡，三个单结表示三筒米。如某户先交一只鸡，"纳俄罗"便把原来的双重结解开变为单结，表明尚欠一只鸡。如两只鸡与三筒米全部交完，"纳俄罗"便会全把绳结全部解开，把绳子烧毁，以此表示此户已交清全部物品。

云南省盈江县的景颇族若发生债务，借债人须向债主出具带有附加物的绳结，表明所借钱财的种类与数额。若绳上结一片黄牛角，表示借了一头黄牛；若结一片水牛角，表示借了一头水牛；如果绳上结一把由木头或竹子削的猎枪模型，表示借了一支猎枪；如果结的是一根稻草，就表明借了一箩谷物。

（三）刻契记事

刻契记事比结绳进了一步。所谓刻契，即在木片、竹片、骨片、陶片或玉片上刻上符号以记事。古文献中专称刻木为"契"。因此，所刻之木也称契，原因可能是在刻契的材料中以木为最普遍。西南少数民族刻木记事的历史悠久，史籍多有载录。如《隋书·地理志下》载：隋代岭南俚人（今壮族的先民）"刻木以为符契，言誓则至死不改"。《旧唐书·东谢蛮传》载：唐代今贵州的"东谢蛮""俗无文字，刻木为契"。《新唐书·南蛮传下》说唐代西南的牂牁蛮"刻木为契"。《云南志略》说宋末元初云南的金齿百夷"记识无文字，刻木为约"。《云南腾越州志》提到："夷有风俗，一切借贷赊用、通财期约诸事，不知文字，唯以木刻为符，各执其半，如约酬偿，毫发无爽。"朱辅《溪蛮丛笑》载："刻木以为符契，长短大小不同，穴其傍多至十数，各志其事，持之出验，名曰木契。"元代《马可·波罗游记》中叙述了滇西傣族等少数民族的借贷缔约情况："当土人彼此进行交易，为着债务或信用而必须履行某种契约时，他们的头目就取来一块四方木，分为两半。在上面各划一些刀痕，表示所商议的数目。两半的标记一样，每方各持其一。这种方法和我们的符木一样。期满时，债务者如数还清，债权者便缴出所执的一半木块，双方都感到满意。"① 李思聪《百夷传》中提到："百夷即麓川平缅也。无中国文字，小事则刻竹木为契，大事则书缅字为檄，无文案可稽。"《景东府》中说："百夷不通汉书，惟用缅字，凡与其同类交易借贷等项，则以缅字书日期约而刻多寡于竹上以为信，其行移官府则译之而后通其意。"周去非《岭外代答》记述宋代广西瑶族以刻木为契约的情况时说："瑶人无文字，其要约，以木契板而刻之，人执其一，守之甚信。"彝族地区的借贷和买卖都很发达，通过木刻立契约的现象在西南很多有关彝族史志中都有很多相同的记载。如景泰《云南图经志书》卷二"马龙州"载：明代当地的彝族"不识文字，凡有交易借贷，辄以片木刻其物品、日期、多寡之数于上，斫而分之，彼此各藏一半以取信"。《永昌府志》记载清代永昌（今云南保山地区）的彝族等少数民族"凡借贷、通财、期约诸事，

---

① ［意］马可·波罗：《马可·波罗游记》，陈开俊等译，福建科学技术出版社1981年版，第149页。

不用文字，但用刻木为符，各执其半，如约以偿"。雍正《临安府志》记载彝族契约为："木刻，夷民不知文诰，官长有所征发，则用木刻，其制锲木似鱼形，而书其事，民奉行惟谨。所有贸易，亦用木刻书爨字于上，要誓于神，故不叛。"道光《云南通志》上有黑罗罗"称货无书契，刻木析之，各其半，澄江府及他郡州皆有之"。《宣威府志》中记载："契、券用木刻，书爨字于后。"贵州地区《黔书》中记载："居平远、大定、黔西、威宁者，为黑罗罗……期会交质无书，契用木刻"，同在这些地区的白罗罗也是"不通文字，结绳刻木为信"。康熙《楚雄府志》中记载："交易用木刻记数"。有关彝族的木刻契约，描述最详细的文献是民国《马关县志》："彼族无书契文字，凡贷借，蒂欠悉以木刻记之。其法系用木一块，刻数目于上，数大则大刻，数小则小刻，中刻而为二，各存其一，虽逾百年，合刻验收，无丝毫错误。"《云龙州志》说云南云龙州的傈僳族"借贷刻木为契"。清俞樾在《茶香室丛钞》卷十中说："瑶人无文字，其要约，以木契投牒，州县也用木契。余尝摄灵川县，有瑶人赴县投木契，乃一片之板，长尺余，左边刻一大痕，乃数十小痕于其下，又刻一大痕于其上，而于右边刻一大痕，牵一线道合于右大痕，又于正面刻为箭形，乃以火烧为痕，而钻板为十余个窍，各穿以短稻穟，而封结绉焉，殊不晓所谓。译者曰：'左下一大痕及数十小痕指所论仇人将带徒党数人以攻我也。左上一大痕，词主也。右一大痕，县官也。牵一线道者，词主投县官也。刻为箭形，言仇人以箭射我也。火烧为痕，乞官司火急施行也。板数十窍，而穿草结绉，欲仇人以牛十余头，备偿我也。'"诸匡鼎《瑶壮传》："刻木为齿，与人交易，谓之打木格。"

历史上，随着私有制的出现和商品经济的发展，在少数民族社会生活中经常发生买卖、借贷、典当、抵押、租赁等经济活动，但由于没有本民族文字，因此通常使用木刻来制作"合同""凭据"和"契约"，双方当事人在木片或竹片上刻划他们熟知的符号，记录他们产生的各类经济行为。这些记录由丰富经济信息的竹、木片或交公证人保管，或双方各自保管，到约定的时间就拿出来作为证据使用。

彝族支系俚倮人没有文字，历史上曾用竹片钻孔记事。比如俚倮人凡遇起房盖屋或犁田种地等，有相互帮工、换工等情况，甲方为乙方做了4个工日，乙方便给甲方4个工日的"欠条"，此欠条即用竹片钻孔作记号，钻一个孔即代表一个工日，待甲方有事需要帮忙时，乙方便给甲方做工，做完4个工日，甲方便将"欠条"退给乙方，表示已"还工"。

佤族的借贷刻木一边刻三个大缺口，其中一个缺口代表借债人，中间的缺口代表公证人，另一缺口代表债主。另一边刻若干小缺口，小缺口所代表的款项由当事人面议，若以元为单位，则每个小缺口表示1元，也有以5元或10元为单位的，由借贷双方约定。刻好后一剖为二，双方各执其一。

拉祜族的借贷契约用竹片刻成，大多长17厘米、厚7厘米，方柱形，两端用火烙成两个圆圈图案。刻木制成后，借债人与债主当面将竹片直剖为二，双方各持一半作为凭证。当借债者将债务还清后，双方便拿出竹片当面销毁。如借债人在约定时间无力偿还，需继续再借，双方便取出原竹片，将其合拢，添上新的口子，然后再分开保存。如发生债务纠纷，当事人就拿着各自的半块找村寨头人裁决，看竹片上的刻口是否吻合，辨别真伪，判断是非。

独龙族债约木刻是在木板两边刻同样数字的缺口，例如借几升米，就在竹片上刻几个缺口，从中剖为两半，债主和借债人各执一半，还清时当场销毁。如果是借牛或借猪，要根据牲畜的大小，有几拳（"拳"是他们度量牲畜胸围的单位）就在竹片的两边各刻几个口子，然后一劈为二，借债人与债主各执一半。有时，独龙族人借钱给他人后，便在竹片上刻缺口，借出多少钱刻多少缺口，日后还了多少就削去多少个缺口。如果一方木刻遗失或毁坏，往往会发生争执。

新中国成立前，基诺族的一种借贷刻木还能表现出本和利的区别。这种刻木长约70厘米，厚五六厘米，左上方刻的缺口表示借贷的数字，右下方的口子表示利息。每个缺口的单位是"十"或者"百"，由双方商定。借贷期满，借方还本付息，便将双方保存的木片当场销毁。如果借方只能付息不能还本，则将刻木两片合拢，用刀把右下方的口子削平，表示第一年的利息已付清，第二年的利息是多少，经商定后又在削平的左边刻出口子。如果借方不能付息，那么这第一年欠下的利息就变成本，在左上方再加刻缺口。

哈尼族典当土地的契约木刻更为复杂，除了一般缺口和刻道外，还出现了各种符号。目前收集到的一件哈尼族契约木刻是这样的：一根圆形木棒长约 20 厘米，正面刻"＊"形符号代表百元，"×"形符号代表 50 元，两个"｜"形符号各代表 10 元，五个"．"点各代表一元，表示典价共为滇币 175 元。另外两侧各刻三个圆点，代表双方中证人三人。木棒从中一剖为二，典当土地的当事人双方各执其一。

傈僳族人向别人借牛，先用篾绳量牛的胸围，然后用"拳"（傈僳族的一种计量单位）量篾绳长度，量好后将牛的胸围长度刻在借户门上。一般一头牛的利息是每年一"拳"，来年归还的牛应比所借时牛胸围大一"拳"，如果不足，则可以用粮食弥补。

新中国成立前，广西的一些瑶族在买卖土地和房屋时，要在一块长约 17 厘米、宽约 7 厘米的木板上切割大小不一的缺口，大口代表大数，小口代表小数，在每道缺口上涂一层黑漆，然后一刀剖为两半，双方各执一半，作为凭据。

旧时黎族若有借贷耕牛或现金的活动发生，便在竹片上刻线，一般较深的横线表示牛，较浅的横线表示钱币，线条数代表牛的头数和现金的数额。刻好后纵向剖开，借贷双方各执一半。如果是买卖土地之类的重要刻木，一般永久收藏，传子传孙；如果是借贷刻木，只要账目还清，双方便将其当面烧毁了事。

标记记事就是在物件上作出一些符号标记，以此来表达思想和记录事情。标记是利用物件作出的记事和表意，这使它的功能和物件记事不同，而与结绳和契刻记事相类似。少数民族中常用手印，作为一种经济凭证的标记符号。如云南省西双版纳傣族每逢盖房子，要向土司交纳一定的钱物，然后由土司在小块白布上按一手印，交给盖房者，表示盖房一事已经过"批准"。云南省红河地区哈尼族买卖或典当土地时，卖出或典出的一方，也在白布上用手蘸墨盖印，交对方收存。这些手印就等于今天的签名。哈尼族买卖土地，有时由买卖双方和中人各在白布上盖上指印。显然，指印就是手印的简化和演变。这和汉人订立契约时按指印的意义是一致的，只是他们的契约只有手印或指印而无文字。

（四）图画记事

图画记事是以摹绘事物的形象，来记录事情或表达某种意思和愿望。当然，不是所有的图画都属于图画记事，大部分图画主要是具有装饰功能，这就需要认真分析区分。图画记事材料中最为典型的是云南石寨山滇人墓葬群中发现的一块铜片。铜片残长42厘米，宽12.5厘米，厚0.1厘米，共分五栏，每栏刻满图形，有牛头、马头、豹头、虎头、羊头、孔雀、箩筐、牛角、贝壳、人戴枷者、人被拷者、人头，等等。图形之下，又缀以圆圈和短线条两种计数符号。各种图形所表现的都是重要财富或滇人视为重要财富的东西。如，各种家畜的头代表家畜本身，人戴枷者或被拷者代表奴隶，箩筐代表粮食，牛角代表酒，贝壳代表货币，野生动物的头代表获猎物，人头代表猎来的人头等等。

第二节 书籍类经济古籍文献

书籍是用文字、图画和其他符号，在一定材料上记录各种知识，清楚地表达思想，并且制装成卷册的著作物，为传播各种知识和思想，积累人类文化的重要工具。它随着历史的发展，在书写方式、所使用的材料和装帧形式以及形态方面，也在不断变化与变更。

一 历代食货志

"食货志"是中国纪传体史书中专述经济史的篇名，语出《尚书·洪范》"八政：一曰食、二曰货。食谓农殖嘉谷可食之物；货谓布帛可衣，及金刀龟贝所以分财布利通有无者也。二者，生民之本，兴自神农之世"。《史记·平准书》开"食货志"先河，《汉书》始称"食货志"。以后各史"食货志"篇章渐多，共撰成十五种，如《宋史》《明史》食货志有二十余种子目。历代形成的食货志共同汇成了一部中国经济专史，它是我国古代经济文献中的主体。

"食货志"分别记述了田制、户口、赋役、漕运、仓库、钱法、盐法、杂税、矿冶、市籴、会计（国家预算）等制度，为了解历代政府的经济政策和当时社会经济状况提供了重要史料。其中的内容详细记载了我国历代的人口数量，耕地面积，粮食总产和单产数量等统计数据，为研究我国经济发展历程和方向，提供了基础数据；记述了我国封建土地私有制的形成过程，以及与此相关的财政赋税制度的演变；也记述了我国赋税形态从劳役经实物到货币化的演变轨迹。对于中国历史上非常突出的农业与工商业的关系问题，封建统治者"农本工商末"的对策，以及与此相关的专卖制度，都可从"食货志"中找到来龙去脉。反映了我国古代劳动人民智慧的先进耕作技术，比如区田法、代田法等"食货志"中也都有详细记载。就思想成果来说，管仲、商鞅、桑弘羊、刘晏、王安石、张居正的经济思想，以及他们改革赋税制度以适应经济发展的思想和实践，在"食货志"的记述中也都历历在目。

我国有着注重修史的历史传统，历代史官推崇秉笔直书的职业精神。因此，历代正史中的"食货志"有着极高的史料价值，是研究我国经济财政历史发展轨迹的基本史料。《汉书·食货志》为后代修史树立了一个典范。在中国二十五史中，继《汉书》之后，《晋书》《魏书》《隋书》《旧唐书》《新唐书》《旧五代史》《宋史》《辽史》《金史》《旧元史》《新元史》《明史》，以及《清史稿》中，均仿《汉书》而专辟《食货志》，且篇章增多，以反映历代农业生产、副业生产及商品货币经济的发展和变化。其中《宋史》《明史》中的《食货志》尤为详尽，子目多至20余种。另外，唐杜佑所撰《通典》，也首列"食货"，专门论述上溯唐虞、下迄唐天宝间的经济问题。《文献通考》全书二十四考，有关经济方面的资料就占了1/3，即田赋考、钱币考、户口考、职役考、征考、市考、土贡考、国用考，也是以《汉书·食货志》为范本，将食货问题扩大为八考来进行阐述的。

有关西南地区少数民族历代的经济史料，上述"食货志"中记载颇丰，是后人研究少数民族经济史不可或缺的参考。以《道光云南通志·食货志》为例。该书由清阮元等修，始纂于道光六年（1826），成稿于道光十五年（1835），全书体例整赡，详略适当。其内容包括《户口》（卷五十五至五十六）、《田赋》（卷五十七至六十）、《积贮》（卷六十一）、《课程》（卷六十二）、《经费》（卷六十三至六十六）、《物产》（卷六十七至七十）、《盐法》（卷七十一至七十二）、《矿厂》（卷七十三至七十七）、《蠲恤》（卷七十八）九目，举凡"关于民食国用者，悉萃于是"。例如：

户口

《汉书·地理志》：犍为郡：县十二，户十万九千四百一十九，口四十八万九千四百八十六。又益州郡：县二十四，户八万一千九百四十六，口五十八万四百六十三。

《晋书·地理志》：益州：统郡八，县四十四，户十四万九千三百。……

《宋书·地理志》：宁州刺史：领郡十五，县八十一，户一万二百五十三。……

《隋书·地理志》：犍为郡，梁置戎州：统县四，户四千八百五十九。

杜佑《通典》：戎州南溪郡中都督府：户四千三百五十九，口万六千三百七十五。又，姚州云南郡下，户三千七百。

《明会典》：二十四年奏准：凡云南各府攒造黄册，除流官及土官，驯熟府分依式攒造外，其土官用事边远顽野之处，里甲不拘定式，听从实编造。

《旧云南通志》：大理府：道光十年分，实在土著民户一十万三千四百三十六户，男妇大小民丁五十九万六千七十三丁。

田赋

《资治通鉴》：元狩二年，置益州郡，赐滇王王印，复长其民，且以故俗治，勿赋税。

《唐书·南蛮传》：南诏蛮专于农，无贵贱，皆耕。不徭役，人岁输米二斗。一艺者给田，二收乃税。

《元史·食货志》：云南八番，海南海北，虽非屯田之所，而以为蛮夷腹心之地，则又因制兵屯旅以控扼之。由是而天下无不可屯之兵，不可耕之地矣。

《明史·食货志》：洪武十七年，诏许云南以金、银、海贝、布、漆、朱砂、水银折纳秋粮。

《学庵类稿》：正统中，乌蒙芒部军民府、东川府各岁输八千石，毡衫八百领。丽江府土民岁输白金七百二十两。

《古今图书集成》：复准云南苗渠求附田土编入新添卫，照例科粮，不得仍称土司。又，康熙五年复准：云南浪妈等六寨岁征银二百七十两、米三百石，归入元江府正额。

《古今图书集成》：复准瓦渣土司四十七寨额征苗粮四百二十四石，银六百六十八两。

物产

五色锦　王鸿绪《明史稿》：干崖四时皆蚕，以锦贡。毛奇龄《蛮司合志》：干崖丝织五色土锦充贡。《腾越州志》：干崖锦，摆夷妇有手巧者，能为花卉禽兽之形，织成锦缎，有极细致者。

摆夷布　《腾越州志》：猛连大董、者共土司地方摆夷布，有斜纹者，有五色者。

二　其他史志

除上述提到的历代"食货志"比较全面系统地记载了当时当地少数民族经济状况之外，其他史志也不乏载录有大量少数民族经济历史状况。这些史志将涉及少数民族经济的古籍文献与其他内容（如政治、经济、军事、宗教等或者作者的观点、议论等）混杂在一起，经过作者的加工、使用，原始记录与作者的创作融为一体。它们以各种官修著作为主，兼及各种私人著述。其种类包括：一类是由于历史原因，古代经济古籍文献的原件并没有完整地保存下来，原件已经佚失无存，但是因为这些经济古籍文献在当时、当地产生了重要的作用，所以被官府或学者进行过各种利用，反映到各类著作包括正史、方志、政书、官修及个人著述中都或多或少的留下了经济方面的内容。在原件遗失的情况下，这些散存于各类古籍文献中少数民族经济内容依然发挥着重要的作用。[①] 而另一类著述虽是原件，但内容较综合，除了经济内容外还记述了大量包括政治、科技、社会、军事、宗教等多方面的内容，这些古籍文献的间接遗存同样对研究少数民族经济文化具有重要的研究价值。这类少数民族经济古籍文献又可分为以下几类。

（一）官修史书

中国是一个重视史学的国度，中华民族有着悠久的历史，而在这悠悠历史长河中，有无数可供今人借鉴的精神财富，让我们可以看到前人走过的印记。为了留下那些丰功伟绩，史书的编纂就显得尤为重要。在中国的封建社会时期，官修史书始于唐朝。唐朝设立了专门的史馆来为统治者修史，而以后的朝代也都保留了这一制度，使官修史学得到了迅猛的发展。官修史书的优点有：一是史料充足。官修史书毕竟是倾尽国家的力量去网

---

① 丁海斌：《中国古代科技档案遗存及其科技文化价值研究》，科学出版社2011年版，第20—21页。

罗史料,这就可以获取许多私密的资料,又或者是一些相关的档案,这都是十分珍贵的史料来源,而正史的编修往往也为私人修史提供了大量的史料。二是史家史学修养较高。对于史书而言,史家的史学修养尤为重要。而官修史书的史家可以说是集中了全国的佼佼者,虽不排除个别素质相对低下的,但总体而言,整个史家团队的素养是相当高的,这就为史书编纂的准确性提供了一种保证。因此,官修史书有它独特的魅力,也优劣并存,为后世留下了许多宝贵的可靠材料。官修史书中对少数民族的记录始于司马迁《史记·西南夷传》,专载云南地方民族史事以来,前、后《汉书》及此后的历史书籍都对云南的地方史事和各民族的风俗习惯、礼仪制度做了或简或详的记录,形成诸多专书,或者分散载录于各"传""志"中。在中国古代的官修史志中,多数包含食货志及涉及部分经济内容的经籍志等,它们为我们研究少数民族当时社会整体经济发展状况提供了不可多得的原始信息。现举要介绍。

1. 《北史·僚传》

西南古代民族传记。唐李延寿撰。记述汉中、邛等地"僚"人的文化特征,即居"干栏"房屋,击铜鼓为欢,俗尚鼻饮及"猎首"祭谷等。因其地在北,故亦称"北僚",然其文化特征与黔湘两广的"南僚"大致相同。学者认为"僚"人乃百越民族后裔,与今壮侗语族诸民族及仡佬族有密切关系。为研究壮侗语族诸民族及仡佬族当代史的重要古籍。

2. 《北史·蛮传》

长江中游流域及其以南古代民族传记。唐李延寿撰。内容主要记载"蛮人"和"僚人"之事。认为"蛮之种类,盖盘瓠之后",最早居住在江、淮之间,后发展到东连寿春(近安徽寿县),西通巴、蜀(今四川东部),北接汝、颖二河交界处(今河南境内),其民多樊、向、田、冉等姓,与今土家族、苗族、瑶族有密切联系;僚有北僚、南僚之分,谓之南平僚、俚僚、乌浒僚等,其民居"干栏",击铜鼓,信"鸡卜",分布于长江中游流域及其以南各州、县,与今壮侗语族诸民族有密切关系。是研究南方少数民族古代史的重要参考史料。载于《北史》卷九十五。

3. 《泐史》

又名《车里宣慰使司地方志》,亦译《仂史》,傣文音译《囊丝本勐泐》,1册。云南西双版纳傣文编年史书。为历代宣慰司议事庭陆续编撰而成，始于南宋淳熙七年（1180），不同抄本终迄时间不一，个别抄本写至1950年。一般不写记述者姓名。唯有一种本子注明最后写定者为叭龙雅纳翁怀朗曼轰（汉名刀学林）。此人担任宣慰使司议事庭的书记官，编写当代大事记为此官员之职责，此书当为历代任此职者写成。分3卷：上、中两卷为编年体，记述当地统治者召片领的各代世系和地方政事；下卷杂记体，记录庄园、负担、疆域、关隘等资料。是研究傣族史的珍贵资料。1947年云南大学刊印李佛一汉文译本，名《泐史》。该本只记至清同治三年（1864），且内多短缺。新中国成立以后有数种起迄年代和详略程度皆不相同的原著译本，其中有补译本《西双版纳近百年大事记——续泐史》，译本载清道光二十二年（1842）后的百余年史事。研究著作有朱德普的《泐史研究》（云南人民出版社1993年版）等。

（二）地方志

方志文化源远流长，灿烂辉煌，是中国传统文化的一个重要组成部分。它以自身特有的方式传承文明，服务社会。留存下来的方志种类和内容都十分丰富，它是地域文化的宝库，凝聚着各地区各民族在生产方式、生活习俗、风土人情、文化传承等诸多方面绚丽多彩的地域文化，被誉为记载一定地域的"博物之书"。方志按其记述内容，可分为通志、专志和杂志。通志是指志书所记载的内容，基本总括了一地的自然与社会诸方面的历史与现状。举凡一地的疆域、沿革、山川、厄塞、田亩、物产、财赋、人口、灾异、风俗、丁役、胜迹、人物、艺文等无所不载，而且所载内容在涉及的时间跨度上统合古今。一般的省、府、州、县、乡镇等志都是通志。专志，即专门记载某一特定区域内某项或某方面专门内容的志书。主要种类有：山志、水志、风土志、第宅志、方物志、寺观志、盐井志、农业志、科技志、交通志等。杂志，即记述一地的舆地、政治、经济、文化等现象，没有通志那样完备、系统。一般来说，方志对于某一个地区的民族在生产、生活方面的状况有着较为详细的记述。同时，为了便于考察该地区政治、经济、文化等多方面的发展变化情况，方志一经修成，一般都会持续不断地修纂下去，因此方志中记载著述少数民族科技文化的内容不仅广泛，而且数量多，对于少数民族的经济、文化、科技建设和学术研究等方面都有着重要的参考作用。可见，方志内容上至天文、下至地理，涉及社会的各个方面，其中间接留存了大量经济内容，有不少是在正史或其他书籍中所无法见到的资料，如在农业、手工业、物产、税赋、人口、经济、贸易、交通等方面的记载都相当丰富，可以大大补充少数民族经济古籍文献专著的不足。

历代封建王朝编修的西南地方志书刊载了丰富的少数民族经济史料，包括古代少数民族文书档案、碑刻档案等，较好地保持了古籍文献的原始记录性，有很高的研究参考价值。现举要如下。

1.《【光绪】古丈坪厅志》

土家族苗族地方志。清董鸿勋纂修。此志分舆地、建置、民族、物产、灾祥、人物、艺文等7门275目。其中民族门详细记载境内民（指汉族）、土（指土家族）、客、章、苗（指苗族）五种族人的姓氏、寨堡、岁时、俗尚、名言、性情、嗜好等。因古丈坪厅独此一志，而且其地向来都是土家族和苗族的聚居区，故为研究土家族、苗族的重要参考资料。有光绪三十三年（1907）铅印本、1981年复印本。

2.《【光绪】黎平府志》

侗族苗族地方志。清俞渭修，陈瑜撰。撰者光绪进士，官至津海关道。光绪十八年（1892）纂成此志。分8纲40目。其中风俗纲所载的"苗蛮目"为前志所无，详载境内侗族、苗族等少数民族的习俗、特点；农纲记当地"水转筒车"，其大者有60幅，高约10米，筒多至24个，水利灌溉较前大有改进。为研究侗族苗族历史参考资料。有光绪十八年刻本。

3.《【光绪】丽江府志》

清代云南丽江地方志。清陈宗海修，李福宝纂。此书因受时任丽江知府陈宗海之嘱，于光绪二十一年（1895）纂成。内容除图像外，分建置、山川、财用、官师、学校、祠祀、武备、选举、人物、礼俗、艺文等11志。材料多采用清管学宣修、万咸燕纂【乾隆】《丽江府志略》，并补乾隆以后事于各志之后。因丽江地区为纳西族聚居之地，又有藏族、傈僳族、怒族、独龙族、普米族、彝族、白族等民族，故此书为研究清末以前丽江地区和纳西族等民族社会历史之参考古籍。原稿藏丽江纳西族自治县图书馆，并有抄本。

4.《【光绪】蒙化乡土志》

清代云南蒙化地方志。蒙化为今巍山及其附近地区。清末民初梁友忆于光绪末年纂修。内容分历史、政绩、兵事、耆旧四录及人类、户口、氏族、宗教、实业、地理、山川、道路、物产、商务等15目。因蒙化地方多有彝族和回族，又为唐代南诏王室"乌蛮"蒙氏发祥之地，故诸录、目中均有程度不等的有关这些少数民族的资料，为研究清末以前蒙化地方和有关民族社会历史之参考古籍。有宣统年间铅印本和抄本。

5.《【光绪】普洱府志稿》

清代云南普洱地方志。清陈宗海等修，陈度等纂。此书因陈度受普洱知府陈宗海之嘱，于光绪二十六年（1900）纂成。内容分天文、地理、建置、食货、学校、祠祀、武备、秩官、人物、南蛮、艺文、杂志等12纲。因普洱地区多有傣族、哈尼族、布朗族、彝族、基诺族等民族，故诸纲中均有不等的有关这些少数民族的资料，尤以"南蛮"纲为多，为研究清末以前普洱地区社会历史之参考古籍。有光绪二十六年刻本。

6.《【光绪】新修中甸厅志书》

清代云南中甸地方志。清吴自修修，董良弼、张翼夔纂。此书因董良弼等受中甸同知吴自修之嘱，于光绪十年（1884）纂成。内容分天文、地理、疆域、风俗、沿革、天赋、物产、寺观、戎、土司、边裔等44目，但其中有数目无文。因中甸为藏族聚居之地，又有纳西族、傈僳族等民族，故诸目中均有程度不等的有关这些少数民族的资料，尤以"土司""边裔"为多。为研究清末以前中甸地方和藏族等民族社会历史之参考古籍。原稿未刊，今藏云南省图书馆，并有抄本。①

7.《华阳国志》②

又名《华阳国记》，是一部专门记述古代中国西南地区地方历史、地理、人物等的地方志著作，由东晋常璩撰写于晋穆帝永和四年至永和十年（348—354）。全书分为巴志，汉中志，蜀志，南中志，公孙述、刘二牧志，刘先主志，刘后主志，大同志，李特、李雄、李期、李寿、李势志，先贤士女总赞，后贤志，序志并士女目录等，共12卷，约11万字。记录

---

① 《中国少数民族古籍集解》编委会：《中国少数民族古籍集解》，云南教育出版社2006年版，第140页。

② 同上书，第167页。

了从远古到东晋永和三年巴蜀史事，记录了这些地方的出产和历史人物。洪亮吉认为，此书与《越绝书》是中国现存最早的地方志。常璩将历史、地理、政治、人物、民族、经济、人文等综合在一部书中，对查考西南地区少数民族经济历史有一定参考价值。

8. 《云南志》

亦称《蛮书》，又称《云南记》《云南史记》《南夷志》《南蛮志》《南蛮记》等。唐代云南地方志和南诏社会历史专著。唐樊绰撰。作者为应付南诏之侵扰，给中央和有关地方机构在处理南诏问题提供可靠依据，于留居安南期间撰成此书。全书10篇："云南界内途程""山川江源""六诏""名类""六赕""云南城镇""云南管内物产""蛮夷风俗""蛮夷教条""南蛮疆界接连诸番夷国名"。每篇1卷。正文后有附录。撰于咸通五年（864）。该书记述了南诏时期云南的自然地理面貌。如卷五记载蒙舍川和阳瓜州的情况是："肥沃宜禾稻。又有大池，周回数十里，多鱼及菱芡之属。"反映了当时蒙化一带农业开发和经济作物种植的经济地理情况。卷七详细记载南诏民族的采金方法："生金，出金山及长榜诸山，藤充北金宝山。土人取法，春冬间先于山上掘坑，深丈余，阔数十步。夏月水潦降时，添其泥土入坑，即于添土之所砂石中披拣。有得片块，大者重一斤，或至二斤，小者三两五两，价贵于麸金数倍。"可见，《云南志》的记述对查考云南各少数民族经济文化有着极其重要的价值。

9. 《云南铜志》

云南铜业史。清戴瑞徽纂。全书分"厂地"（2卷）、"京运"（1卷）、"路运"（1卷）、"局铸"（2卷）、"采买"（1卷）、"志余"（1卷）等部分，主要记云南当时铜矿的分布、土法开采、历代产铜史及一些时期的产量。云南产铜之地多为少数民族地区，历代铜业与各族人民颇密，且渊源甚早，故此书为研究云南民族地区与铜业关系史之参考古籍。原稿未刊，抄本今藏云南省图书馆。

10. 《滇南矿厂图略》

清云南巡抚吴其濬撰，插图为云南东川知府徐金生绘辑。道光二十四年（1844）刻本。本书分上下两卷。上卷题《云南矿厂工器图略》，分为引、硐、硐之器、矿、炉、炉之器、罩、用、丁、役、规、禁、患、语忌、物异、祭等16篇。卷首载工器图20面。卷末附宋应星《天工开物》

(节录《五金》部分)、王崧《矿厂采炼篇》、倪慎枢《采铜炼铜记》、王昶《铜政全书·咨询各厂对》。上卷记述了康熙、雍正、乾隆、嘉庆四朝云南南部开采的铜、锡、金、银、铁、铅金属矿产分布，矿冶技术，管理制度等。下卷题《滇南矿厂舆程图略》，分为：铜厂、银厂、金、锡、铅、铁厂、帑、惠（附户部则例），考、运、程（附王昶《铜政全书·筹改寻甸运道移于剥隘议》），舟、耗、节、铸、采（附王大岳《论铜政利病状》）等。卷首载全省图1幅，府、州、厅图20幅。

11.《白盐井志》

清代刘邦瑞纂修。清雍正八年（1730）抄本。云南的井盐生产有着悠久的历史。关于云南井盐的记载，最早见于《汉书·地理志》。汉武帝时实行盐铁专卖，在产盐多的州县设置盐官。当时益州郡的连然（今云南安宁）也有盐官。这说明，西汉武帝时代，云南的井盐生产已经具有相当的规模。云南井盐资源丰富，历代虽有开发，但是到明代以后，才有较大的发展。据记载，明代云南井盐已开发十四区（乾隆《云南通志》卷11）。清初，云南初定，人口稀少，顺治、康熙年间仅开盐井九区，即：黑盐井、白盐井、琅盐井、云龙井、安宁井、阿陋猴井、景东井、弥沙井和只旧井、草溪井。

12.《云南风土记》

记清初云南大理等民族地区风土之文，清张咏撰。该书主要记述大理等地区风土之事。如书中记述到云南最有名的商业交易会即每年三月中旬在大理西门外举行的三月街状况："每年三月中旬，夷民、苗、猓及土司部落咸集。苫盖草竹布寮，廷袤数里，贸易辐辏，牵车牛而服贾者，不远千里，其所买卖皆珍异之物，如宝石、琥珀、玛瑙、砗磲、赤金、珍珠、风磨铜、缅锡、珐琅、走乌白铜、象牙、象尾、五色石、鸟兽，则孔雀、锦鸡、鹦鹉、秦吉了、桐花凤、麝鹿、香猩、獐、兔之属。入其市，珍奇不一，货与人日以万计。提督拨兵逻守，当事亦日莅焉。"该书对研究历史上云南少数民族的商业交易发展有重要参考价值。

13.《云南志略》

元成宗大德五年（1301），河间人李京奉命宣慰乌蛮，由于"措办军诸事"，两年间于乌蛮、六诏、金齿、百夷之间来往奔走，对山川、地理、土产、风俗颇得其详，始悟前人记载之失，盖道听途说，乃悉其见闻为《云南志略》四卷,此书除了作者本人身历目睹的一些情况外,还"参考众说"如已纂修的地方志《爨古通》等。书中"诸夷风俗"部分,从某种意义上讲可视为李氏的"旅滇笔记",特别记录了当时云南少数民族的经济、文化及生活状况,是研究云南古代民族史的重要资料。李京著书时曾获见大理国图籍及元初云南政事的档案文书,后来这些文献已佚亡无存,故《混一方舆胜览》关于云南的建置沿革、景致、山川很可能是依据李京的《云南志略》,李京原书虽已早佚,尚有片段留存于陶宗仪纂辑的《说郛》及陈梦雷、蒋延锡编修的《古今图书集成·方舆典》中,其所载"白人""罗罗""金齿""百夷""么些""土僚""斡泥""蒲蛮"等,均系有学术价值的资料。[1]

14.《云南图志》

元成宗元贞二年(1296),云南行省开始编写地理图志之书,任中顺"秉志勤苦,通晓文学"且"久任云南习知风土",乃主其事。所编图志以路、府、州分册,各记其建置、沿革、坊郭、四至、八到、山川、土产、形势、古迹、人称等类。"甚是可取",据说当时为"进三书"之一种。《云南图志》早无传本,今存《大元一统志》有云南丽江路佚文十余条,是研究云南部分地区建置沿革、山川地理的珍贵资料。

15.《滇略》

明代云南地方志。明谢肇淛纂。作者于天启元年(1621)离滇赴桂之时纂成此书。内容分十略:版略、胜略、产略、俗略、绩略、献略、事略、文略、夷略、杂略,也即分别志疆、志山川、志物产、志民风、志名宦、志乡贤、志故实、志艺文、志民族、志琐闻。上溯远古,下逮天启以前。云南为多民族地区,诸略中均有程度不等的各少数民族资料,尤以"夷略"为多。为研究明末以前云南地区和民族社会历史之参考古籍。有明刻本、《四库全书》本及传抄明刻本、抄本。[2]

16.《滇系》

清代云南地方志。清师范纂。该书内容分12系:"疆域"(沿革、形

---

[1] 《中国少数民族古籍集解》编委会:《中国少数民族古籍集解》,云南教育出版社2006年版,第563页。

[2] 同上书,第89页。

势、关驿、城池附)、"职官"(兵防、循卓附)、"事略"(师旅、封拜附)、"赋产"(仓储、钱法附)、"山川"(水利、古迹附)、"人物""典故""艺文""土司""属夷""旅途""杂载"。《滇系》一书有许多精辟的论断,其中《滇南经费略论》《滇省利弊》《论钱法》《缅事述略》《征安南纪略》《金沙江议》等篇,已收入《皇朝经世文编》中。云南多为少数民族地区,该书为研究云南古代地方史和民族经济史的重要古籍。

17.《滇黔志略》

清代谢圣纶著。全书 30 卷,约 33 万字,问世于乾隆二十八年(1763);前 16 卷为《滇志》,后 14 卷为《黔志》,各自为篇。书首有乾隆癸未(1763)秋仲李俊序,序中言谢氏"前后官滇、黔,足迹之所游涉,耳目之所闻见,风土之所流传,随时札记,遂成《滇黔志略》一书";认为该书在沿革的考订旁稽、人物的阐幽搜访、山川的甄综标举、物产的掇拾参证、歌诗的因物即事等方面,分别兼采了南朝裴松之《三国志》注、晋皇甫士安《高士传》、晋王子年《名山拾遗记》、唐段公路《北户录》、明高青邱《姑苏杂咏》等众书之美,而与明末清初顾祖禹的《方舆纪要》相比,"则各据其胜,不得轩彼而轻此也",对该书的特点和成就进行了精要分析和点评。其次为谢圣纶所作凡例,从体例方面概述了该书在类目安排、材料取舍上与一般省志存在的异同及其原因。再次分列有全书的总目和各卷细目:总目中上半部为云南、贵州各卷标题,云南部分为卷一《沿革建置附》、卷二《山》、卷三《水》、卷四《气候》、卷五《名宦使命武功附》、卷六《学校选举附》、卷七《风俗》、卷八《人物》、卷九《列女》、卷十《物产》、卷十一《古迹》、卷十二《流寓》、卷十三《轶事》、卷十四《土司外徼附》、卷十五《种人》、卷十六《杂记》,贵州部分则"气候"附于《水》后,《土司》卷中无"外徼",《种人》改为《苗蛮》,其余相同,因而总体上比云南少一卷;卷目后为谢氏于癸未年中冬所作"再识",说明了该书的撰辑宗旨及有关概况。总目下半部为各卷细目,结合正文内容详列了书中所叙人物、事件等各有关史实标题名称,为读者查阅提供了便利。

18.《楚南苗志》

清段汝霖撰。全书 6 卷。前五卷皆载苗人种类、风俗、物产、言语、衣服及历朝控御抚治之法。末一卷附载瑶人、土人及粤西六寨蛮,而六寨蛮尤为简略。以非楚所治故也。体例冗杂，叙述亦不甚雅驯。而得诸见闻，事皆质实。唯前载星野，与苗蛮土人皆无所涉。未免沿地志之陋格耳。

19.《新纂云南通志》

龙云、卢汉监修，周钟岳、赵式铭总纂。该志于民国三十三年定稿为两编：上编为云南文化初开，至清宣统三年止，即《新纂云南通志》266卷，民国三十八年刊印；下编至民国初元迄二十二年，定名为《新纂云南通志长编》81卷，1984年云南省地方志办公室整理、印行。《新纂云南通志》分记、图、表、考、传五部分，殿以附录。记：卷一至卷六，大事记。图：卷七至卷九，有云南所见恒星、历代沿革等9图。表：卷十至卷十六，有历代建置沿革、历代职官等5表。考：卷十七至卷一百七十七，有天文、地理、交通、物产等25考。传：卷一百七十八至卷二百六十二，有名宦、儒林等16传。附录：卷二百六十三至卷二百六十六。该志记载了清末出现的邮政、电报、省道公路、个旧锡务公司和从昆明起经蒙自、河口至越南海防的滇越铁路等诸多新生事物，对农业、蚕桑及少数民族状况，都有翔实资料。特别值得一提的是，志中所记除汉族外，还记述了白子（今白族）、爨、罗罗（今彝族）、摆夷（今傣族）、倮黑（今拉祜族）、力些（今傈僳族）、侬（今壮族）、卡瓦（今佤族）、雅尼（今哈尼族）、载瓦（今景颇族）等少数民族的文化、历史、经济、科技等资料，价值弥足珍贵。

20.《西南夷风土记》

明朱孟震撰。该书记述了包括老挝、缅甸等西南地区的地理物产、风俗民情等的丰富内容，对研究民族史、中外关系史等有所裨益。此书有《学海类编》本、《丛书集成初编》本。该书记述了西南地区的气候、地理、山川、动植物、五谷、风俗、建筑、器具、宗教、物产、城郭等资料。如西南少数民族的饮食文化"饮食，蒸、煮、炙、煿，多与中国同，亦精洁可食。酒则烧酒，茶则谷茶，饭则糯糳。不用匙箸，以手搏而啮之。所啖不多，筋力脆弱。自孟密而下，所食皆树酒。若棕树，叶与果房，皆有浆可渴，取饮不尽。煎以为饴，比蔗糖尤佳。又有树类枇杷，结实颇大，取其浆煮之，气味亦如烧酒，饮之尤醉人。又以竹筒笋为醋，味颇香美。惟腌酢臭恶，不堪食矣。"又如西南少数民族的建筑艺术："所居皆竹楼。人处楼上，畜产居下，苫盖皆茅茨。缅甸及摆古城中，咸僭盖殿宇，以树皮代陶瓦，饰以金，谓之金殿。炎荒酷热，百夷家多临水。每日清晨，男女群浴于野水中，不如此则生热病。惟阿昌枕山栖谷，以便刀耕火种也。"该书是研究西南各少数民族风土人情、科技文化不可多得的珍贵史料。

21.《鹤庆县志》

成书于民国十一年，杨金铠编纂。据《鹤庆县志》记载，早在明朝，云南大理新华村的村民们就开始加工民族首饰等工艺品。在代代相传的进程中，心灵手巧的白族村民不断改进加工技艺，创造出绝妙精美的手工艺品。

22.《武定直隶州志》

清郭怀礼修。该书卷六《艺文志》中刊录了明嘉靖、隆庆年间任武定土府同知的邓世彦题撰的《武定府改土设流记》所条陈二十事"一便宜行事以处地方。一大开招抚，以定反侧。一改土设流，以绝祸本。一分割地方，以削彝势。一尽革头目，以翦羽翼。一添立总把事，以夹持法纪。一检选火头，以张新治。一正各村长，以寓保甲。一永立管马通事，以寓保甲。一量行赈济，以布德惠。一严禁报复，以安人心。一豁免钱粮，以苏民困。一赎取索林，以防拥立。一分拨庄田，以安甸户，一建立学校，以广王化。一迁移州治，以实府城。一便移府治，以厚根本。一添设驿铺，以速往来。一金江民哨，以防盗贼。一选练民壮，以备调遣"。邓世彦陈二十条不仅提出了武定彝族地区改土归流的具体政策措施，而且还涉及当时当地的税收、交通等领域，是一份全面记述云南武定彝族地区经济情况的档案材料。

23.《西藏见闻录》

清代西藏地方志。清萧腾麟著。据本书见闻和档册记载时间推算，成书时间是乾隆八年（1743）前后。卷首有7篇序文，下分事迹、疆域、山川、贡赋、时节、物产、居室、经营、兵戎、刑法、服制、饮食、宴会、嫁娶、医卜、丧葬、梵刹、喇嘛、方语、程途等20目。为研究清初西藏和藏族社会习俗的参考古籍。有乾隆年间赐砚堂刻本和1978年中央民族学院图书馆油印本。①

24.《广南府志》

清代云南广南地方志。清李熙龄纂修。作者于道光中期纂修成《广南府志稿》，后在此志稿的基础上于道光二十八年（1848）纂修成《广南府志》。内容分图说、星野、山川、建置、疆域、城池、学校、风俗、民户、田赋、祭祀、兵防、邮旅、秩官、选举、名宦、人物、古迹、物产、艺文二十目。嘉庆二十年（1815）以前事悉录清何愚纂修【嘉庆】《广南府志》，并补以后事于各目之后。因广南地区多有壮族、苗族、瑶族等民族，故诸目中均有程度不等的这些少数民族资料，为研究清中叶以前广南地区和壮族、苗族、瑶族等民族社会历史之参考古籍。有道光二十八年刻本、光绪三十一年（1905）补刻本，以及晒印、传抄光绪本。

25.《鹤峰州志》

土家族地方志。清吉钟颖修，洪先焘、邵生榕纂。道光二年（1822）成书。此志在乾隆州志基础上，编为史事、沿革、山川、地利、赋税、风俗、学校、兵房、物产、人物、秩官、祠宇、艺文等14门。每门材料比前志更加丰富，卷首有舆图、星野、气候。为研究鄂西土家族历史的重要资料。有道光二年刻本。

26.《【道光】开化府志》

清代云南开化地方志。清何怀道、周炳修，万重赟纂，道光九年（1829）纂成。内容分图像、建置、山川、田赋、官师、学校、人物、兵房、风俗、艺文十目。乾隆二十三年（1758）以前事悉录清汤大宾修、赵震等纂【乾隆】《开化府志》，并补以后事于各目之后。因开化地区多有壮族、苗族、瑶族等民族，故诸目中均有程度不等的这些少数民族资料。为研究清中叶以前开化地区和壮族、苗族、瑶族等民族社会历史之参考古籍。有道光九年刻本和抄本。

27.《【道光】拉萨厅志》

清代西藏地方志。清李梦皋纂。成书于道光二十五年（1845）。著者在序中说："凡邑皆有志，拉萨者未有志也，盖缺典。余在拉萨数十年

---

① 《中国少数民族古籍集解》编委会：《中国少数民族古籍集解》，云南教育出版社2006年版，第484页。

矣，阅西番地方颇知撰志之难也。"上卷记述疆域图、附城池一幅、沿革、疆域、城市、山川、寺庙、物产、风俗、道里等。下卷记述艺文、著述、杂记等项。各类目所述内容较简。为研究清代西藏拉萨地区的参考古籍。有原稿本，今藏民族文化宫图书馆。又有抄本，以及中国书店1959年油印、吴丰培藏抄本传世。

28.《【道光】黎平府志》

贵州地方志。清刘宇昌修，唐本洪纂。作者事迹不详。成书于清道光二十四年（1844）。内容含天文、地理、营建、食货、学校、秩序、典礼、人物、武备、艺文等。黎平府位于贵州省东南部，明永乐十一年（1413）置。治所在开泰（今黎平）。辖境屡有变动，大抵当今贵州清水江以南、榕江县以东地区的榕江、从江、黎平等县。各篇均程度不同地涉及侗族、苗族社会、政治、经济、文化、习俗资料。"营建志"中的"楼塔""亭台"等篇为侗族地区特有的"鼓楼""风雨桥""风雨亭"建筑艺术的专志。为研究贵州地方史及侗族、苗族的社会历史的重要古籍。有道光二十五年（1845）刻本。

29.《【道光】茂州志》

四川茂州地方志。茂州今茂县。清杨迦怿等修，刘辅廷纂。刘辅廷，字恕斋，时为茂州吏目。此书因原方志未付梓，刘辅廷守时任茂州知州杨迦怿之嘱，于道光十一年（1831）纂成。内容除首卷序、凡例外，分舆地、建置、祠祀、食货、职官、武备、选举、人物八志，后附杂记；每志分若干目。材料多采自清丁映奎纂修【乾隆】《茂州志》，并补乾隆以后事于各志之后。茂州古为冉夷之地，当地多有羌族等少数民族，故诸志中均有程度不等的羌族等民族的资料，尤以"舆地志·风俗"和"武备志·边防、武功、土司"等目为多。为研究清中叶以前茂州地区和羌族等少数民族社会历史之参考古籍。有道光十一年刻本。

30.《【道光】西昌县志略》

清代四川西昌地方志。西昌，今四川凉山彝族自治州首府西昌及凉山其他大部分地区。清书纶纂修。此书因任西昌知县，约于道光九年（1829）至十七年（1837）纂修而成。内容除首一卷载清乾隆五十九年（1794）令在"宁远府设炉改铸私钱事由"上谕一道外，上下卷共分31目。因西昌地区多有彝族等民族，故诸目中均有有关彝族等民族的资料，尤以"土司"为多。民族社会历史记载虽很简略，但大体记载了当地彝族等土司世系、来源、封号、贡献、辖地等概况。为研究清中叶以前西昌地区和彝族等土司情况之参考古籍。仅有抄本，今藏四川省西昌市图书馆，国家图书馆、四川省图书馆亦各存1部。有称此书为清徐连纂修、道光二年（1822）成书，当误。

31.《【道光】盐源县志》

清代四川盐源地方志。盐源，今四川盐源及木里地区。该书于道光初年纂修而成。内容首载作者之叙文，以下依次为建置、方域、山川、城池、寺观、田赋、铜制、盐制、学校、职官、武备、选举、风土、土习、仙释、忠义、名宦、节孝、流寓、土产、土司、里甲、夷俗，最后附载（佚名）《南徼杂志》、王濯亭《盐源杂咏》、陈应兰《盐源竹枝词》等。因盐源地区多有彝族、藏族、纳西族、普米族、傈僳族、苗族等民族，故诸目中均有不等程度的这些少数民族的资料。为研究清中期以前盐源地区和彝族、藏族、纳西族、普米族等民族社会经济历史之参考古籍。有同治十三年（1874）抄本，今藏盐源县档案馆。

32.《【道光】云南通志稿》

清代云南地方志。清阮元、伊里布等修，王崧、李诚纂。内容分13门68目，涉及经济的如地理志（舆图、疆域、山川、形势、风俗等26卷）、食货志（户口、田赋、积贮、课程、经费、物产、盐法、矿场附钱法等24卷）等。虽其门类多仍旧志，内容丰富，且各门互注，少有复出歧异之弊。云南地方志书，以此书为最善之本。因云南为多民族地区，诸门中均有程度不等的各少数民族资料。为研究清中叶以前云南地区和民族社会经济历史之重要古籍。

33.《【道光】云南志钞》

清代云南地方志。清王崧编。此书作者任《云南通志》总纂时编成的。内容分7门：地理志（1卷），建置志、盐法志、矿厂志（1卷），封建志（2卷），边裔志（2卷），土司志（2卷）。云南为多民族地区，诸门中均有程度不等的资料，尤以"边裔志""土司志"为多，虽其体例每事融会众书而述说，未注明出处，与清阮元和伊里布等修、李诚等纂【道光】《云南通志稿》征引详注出处不同，但仍可为研究清中叶以前云南地区和民族社会历史之参考古籍。

34.《【道光】遵义府志》

贵州地方志。清郑珍、莫友芝纂辑。此书内容分星野、建置、疆域、山川、水道、古迹、金石、户口、赋税、农桑、兵防、职官、宦绩、土官、选举、人物、记事、文艺、杂志、旧志、叙录等。材料丰富翔实，文字亦甚典雅。各卷均大量涉及苗族史事，尤以风俗、土官、记事、杂记等篇载及苗族社会历史甚多。为研究贵州地方史和苗族社会历史的重要古籍。有道光二十一年（1841）刻本，光绪十八年（1892）补刻本和1937年刘千俊补刻本。①

35.《南丹州蛮考》

南丹州壮族莫氏世谱及风俗考。元马端林撰。内容考证自宋至元活动于南丹州的壮族土官莫氏的来历、世系，特别是考证了当地的牛耕、物产、药材、药箭等史事，是研究南丹州壮族历史特别是经济史的权威文献。

36.《苗疆风俗考》

考述清中期湘西等地苗族等民族风俗之书。清严如煜撰。此书于嘉庆年间撰成，是《苗防备览》之一篇。内容主要考述嘉庆年间湖南西部凤凰、乾州、永绥三厅及与其接壤的贵州铜仁、松桃等民族之风尚习俗，涉及其支系、借贷、租佃、居住、语言、结绳、刻木、耕织、交易、狩猎、械斗、服饰、游乐、节日、饮食、信仰、巫术等，也考述当地及附近地区土家族、仡佬族、瑶族、汉族的许多习俗。为研究清代中期湘西等民族、土家族、仡佬族、瑶族等经济文化的重要参考。

37.《哀牢传》

记汉代哀牢人及其地区之书。东汉杨终撰。原书已佚。内容主要记述汉代今云南西部哀牢人及其地区之传说、世系、风土及物产等。为已知云南最古的一部方志，是研究汉代哀牢人及其地区之重要参考古籍。②

---

① 《中国少数民族古籍集解》编委会：《中国少数民族古籍集解》，云南教育出版社2006年版，第84页。

② 同上书，第7页。

38. 《北户录》

岭南风物志书。北户，古谓"南荒之国"，借为岭南地区泛称。唐段公路撰。此书为作者宦游岭南时所撰，记载岭南地区物产、风土、人情及习俗等。其中征引西汉刘安《淮南万毕术》、东汉杨孚《南州异物志》、南朝宋沈怀远《南越志》诸书。其中引晋张华《博物志》数条，皆为今辑本所无。书中记载及岭南少数民族社会习俗，为研究唐代岭南少数民族社会经济历史的重要参考古籍。

39. 《邓川州志》

清钮方图修，侯允钦撰，清咸丰四年（1854）刊本。该书卷首绘有邓川文庙图、州署图、河工图，全书详细记载了白族生活的邓川地区的天文、地理、村户、风土、灾祥、建置、礼典、河防等内容，比较真实地反映了清代白族社会的风土人情和社会经济状况，是研究白族的珍贵史料。该书反映了大量白族农业方面的思想和知识，如记载了当地白族农时安排是"二月播种，三月收豆、四月收麦，五月插秧，六七月耕地，耕地必耕三遍，否则野草滋生，九十月收获并种豆，十一月种麦"。这一资料反映了当时白族的精耕细作制度，以及对当地生产力发展的促进作用。

40. 《【乾隆】卫藏图识》

清代西藏史地、民俗志。清马揭修，盛绳祖纂。作者生平不详。首函分上下卷：上卷记西藏至成都程站及图考；下卷记西藏各地之地图与程站，以及"番民种类图"，共18图，分9组，图后有释文。第二函也分上卷、下卷及蛮语（藏语）一卷：上卷记述西藏之源流、疆域、封爵、朝贡、纪年等；下卷记山川、寺庙、物产等。蛮语一卷为分类词汇，设天文、地理、时令、人物、身体、宫室、器用、饮食、衣服、释教、历史、方隅、花木、鸟兽、珍宝、香药、数目、人事等18门类，各门类之下先列汉文词条，下列藏语对应词语之读音。该书对研究藏族科技文化有一定参考。有乾隆五十七年（1792）刻本、光绪十年（1884）铅印《小方壶斋舆地丛钞》本。

41. 《松潘县志》

张典1924年纂修，内为志序、志目、修纂姓氏、例言、图考；卷一为建置、疆域、关隘、城池、治署、里镇（附道路）、风俗、山川；卷二为古迹、田赋、户口、盐政、茶法、权政、仓廒、徭役、蜀政、学校

（附典礼实业）、法团、兵制；卷三为边防；卷四为土司；卷五为坊表、坟墓、坛庙（附宗教）、官师；卷六为宦绩、选举、封荫、乡贤行谊、孝友、耆寿、烈女；卷七为忠节；卷八为文苑、物产、祥异外纪。对于松潘历代简史、疆域变革、人口民族等均有详细记载。其中卷四"土司"系根据前清嘉庆年间重修《四川通志》暨道、咸、同、光以来旧有成案编纂，综计全境土司七十有二，寨七百四十五，番户一万六千九百五十五，男女丁口四万二千二百零五，并将寨名、土司名称、土司土寨官职、世系、种类（七十二土司中倮倮种类四，其余均为西番种类）、投诚之时间、当时所授职务、土司四界及道里、所辖番户丁口、认纳贡赋，与归某营管辖，逐一罗列；关于番民之驯顺与否、叛变与降服、土司名额、饷项与当地物产，均稽旧案，各附于每土司之后；而殿以番民习俗，至为详尽，是全书最精彩之部分，为他书所缺之记载。全书 20 余万言，为边地志乘中较为优良之作，而又是出于创修之作，尤为难能可贵。

42.《西藏志》[①]

陈观浔撰。约成书于 1925 年。这部《西藏志》为正式成书的西藏方志，是诸种西藏方志中纂修较好的一种。此《西藏志》原稿已残，今存一部陈氏后人过录的本子。全书不分卷，而依次分为"总论""卫藏疆域考（附表）""卫藏山川考""西藏名山考""支山名义考（附表）""西藏大川考""支水名义考（附表）""西藏湖池考""西藏海子考""西藏津梁考（附表）""西藏城郭考""西藏都邑考""西康定郡考（附表）""西藏寺庙考（附表）""西藏寺庙内部及礼拜考""西藏道路交通考（附表）""西藏关隘考""亚东关通商""西藏塘铺考（附表）""西藏种族及其沿革（附表）""西藏官制""西藏兵制""西藏人御敌之方法""汉军行军康藏应有之准备""西藏礼俗""西藏货币""西藏贸易""西藏度、量、衡""西藏矿产"和"西藏土宜考（附表）"等 31 部分。

此书之纂修，搜罗了前此各种有关西藏的记述，包括正史所载，野史所录，以及其他方志、总志中所记或未记之资料，经过整理、删削、考订、编次而成。其中山川疆域，重点考证；风土民情，重于纪实；货贝物

[①]《中国少数民族古籍集解》编委会：《中国少数民族古籍集解》，云南教育出版社 2006 年版，第 486 页。

产，详加考证；兵制边防，有记有述。为现存研究西藏历史、地理、政治、经济、军事、文化、宗教、民俗等方面一部较好的典籍。

（三）笔记、游记等个人著作

个人著作是指中国古代的一些学者，把平时的所见所闻记载下来，经过积累和整理并以个人身份完成的著作。这类古籍文献中的大部分内容是作者身临其境、面临其事的著述，无论作者在文笔上表现出何等的感情色彩和政治倾向性，文献所涉及的大部分内容还是能够反映出一定的客观实在。不论是笔记还是个人游记，这部分文献大多都属于第一手材料，是最基本、也是最原始的信息，所以是比较准确可靠的。这部分文献所具备的准确性和客观性，是其他文献记录形式尤其是口传所不具备的，因此，这类文献对研究少数民族科技文化是弥足珍贵的。这些个人著作较之官修著作数量少，大多以笔记和游记形式留存，其中间接保留了许多少数民族的科技文化内容，是研究我国少数民族古代科学技术史和文化史的重要补充资料。现举要介绍。

1.《滇海虞衡志》

清檀萃撰。檀萃在云南为官数载，即便在被免官后，他仍然留在昆明云南五华书院讲学甚久。正是基于这样的情况，檀萃对云南各地都有所了解，也为他编撰《滇海虞衡志》提供了很大的便利。《滇海虞衡志》一书所记多为云南地方风物及物产，共分为13个篇目，内容涉及云南地理地质构造及四季气象特点、动植物分布区域，金石矿类采集及应用情况、民生日用手工业的发展、云南边疆少数民族概况。具体说来包括四个部分：一是自然资源方面。具体描绘云南山川地理地质风貌和气候气象特点，丰富的动植物种类及分布说解，通过研究可了解云南自然资源的分布状况。二是边疆民族方面。可简要了解清代云南各少数民族源流分布状况与民族特色风俗。三是工矿物产品类方面。研究《志金石第二》中云南矿产文献记载，考证清代云南金属矿藏历史分布及冶炼技术；研究《志香第三》，简要了解云南香料民间使用史。四是手工商业方面。通过对《志酒第四》《志器第五》两部分的研究考证，还原清代中叶云南有关民生日用的生产生活实况。该书因其中不少内容涉及云南少数民族之经济物产，故为研究云南诸民族（支系）及其经济发展状况的重要参考。

2.《桂海虞衡志》

南宋范成大撰。此书成于淳熙二年（1175）。内容以广南西路（今广西及海南，广西简称"桂"，故名"桂海"）为中心，旁及西南蕃、特磨道、自杞、大理、交趾等地之土特产及民族社会习俗等情况。今存篇目为：志岩洞，记述桂林—阳朔风景区诸景点；志金石，记述矿藏与矿产；志香，记述各种香料；志酒，记广西名酒如瑞露酒、古辣酒、老酒等；志器，含黎弓、蛮弩、瑶人弩、侗刀、黎刀、铜鼓、芦笙、壮锦等器物；志禽；志兽；志虫鱼；志花；志果；志草木；杂志，含壮族"土俗字"及"卷伴"婚俗等；志蛮，含"羁縻州洞""僚""蛮""黎"（今黎族）、"疍"等少数民族的社会、生活、生产和习俗，具有珍贵的史料价值。对今广西左右江流域之壮族记载尤详，并首次记述当地封建领主社会经济结构情况。为研究宋代广南西路壮族、瑶族、黎族、侗族、仫佬族、毛南族等民族的历史及西南民族关系史的重要参考古籍。①

3.《西事珥》

广西地方与民族风物志。明代魏濬所著笔记著作，内容庞杂，涉及山川地理、风土、时政、故事人物、物产、仙释神怪、民族策略等，从地理区划来看，以广西为主。物产异常丰富，从《西事珥》记载可以看出，明时粤右尚存诸多珍稀动植物，比如大象、老虎、麝、木棉树、斑竹等，这些为后人进一步研究明代广西及其民族相关情况提供了弥足珍贵的第一手资料。

4.《滇南杂志》

记云南杂事之书。清曹树翘撰。作者于嘉庆十五年（1810）撰成此书。内容共8门：事略（2卷）、考据（2卷）、传记（2卷）、轶事（6卷）、遗文（2卷）、殊方（3卷）、土司（2卷）、种人（1卷），并有云南、金沙江及缅甸、越南图各一幅。搜集掌故颇丰，记述亦甚具条理。材料大多采自云南方志及杂志等，唯未注出处，选材也缺乏考究，间有失实之处。云南为多民族地区，诸门中均有程度不等的各少数民族资料，尤以"土司""种人"为多。为研究清中叶以前云南地区和民族社会历史之参

---

① 《中国少数民族古籍集解》编委会：《中国少数民族古籍集解》，云南教育出版社2006年版，第144页。

考古籍。

5.《滇南闻见录》

记清初云南杂事之书。清吴大勋撰。丛书系作者在滇之时录其见闻而成。内容上卷分天、地、人三部，下卷为物部，多琐记云南见闻。其中，人部、物部、地部，不少涉及云南各族及其地区之社会历史和风物。虽有失实不确甚至无稽之谈，也有一事一地一时一物而概全面者，但仍可为研究清初云南地区和各族社会历史及社会历史之参考古籍。

6.《滇南新语》

记清初云南杂事之书，清张泓撰。作者在滇期间以其见闻撰成此书。共60多条，每条有题。内容多为记云南各地琐碎之事。云南向为多民族地区，其中不少设计少数民族及其地区之风物，如"琵琶猪""生啖毚""夷异""口琴""溜渡""地震""挖河""汤池""毒溪""卖六月雪""玉龙雪""夜市""剑川运粮记""大头保罗""蛊"等，故为研究清初云南地区和民族社会经济历史之参考古籍。

7.《滇南杂记》

记清初云南杂事之书。清吴应枚撰。内容主要记述当时云南岁时、习尚、山川、物产等。虽甚简略，且无条理，但其中多有涉及当地各民族之风物，为研究清初云南地区和民族风物之参考文献。

8.《百夷传》

记云南西部古代傣族社会历史之书。明钱古训和李思聪撰。该书主要记述麓川平缅地区百夷及其他少数民族之历史、地理、政治制度、经济与生活习俗。如书中记载了傣族与内地的经济文化交流情况："……无中国文字，小事则刻竹木为契，大事则书缅字为檄，无文案可稽。……无仓廪之积，无租赋之输，每年于秋冬收成后，遣亲信往各甸，计房屋征金银，谓之取差发，每房一间输银一两或二三两，承行者象马从人动以千百计，恣其所用，而后输于公家。"该书所记翔实，而且属于调查实录，因此是研究古代云南傣族及其他少数民族经济文化的重要古籍。

第三节 铭刻类经济古籍文献

刻石记事是我国古代少数民族的一种传统记事方法，它是历史的原始记录，也是我国少数民族古籍文献遗产中重要的组成部分。反映民族经济内容的古碑刻在西南地区现存的古籍文献中并不多见。目前发掘整理的铜器铭文和摩崖、碑刻中，有一些记载了关于经济活动的资料，这些经济史料数量虽然不多，但由于直接来源或脱胎于原件，其历史文化价值很高，有些还可补现存经济古籍档案的不足。

一　石碑

据目前掌握的资料看，西南各少数民族尚存有部分记载经济内容的石刻古籍文献，按其内容来分有记产碑、赋税碑、徭役碑、遗嘱碑、执照碑、设街贸易碑等，可谓探究少数民族盐业、税收、土地制度等经济史的珍贵文献遗产，对古籍形制和内容的研究也有着重要的参考价值。

在西南一些经济较发达的地区，很早就已出现了土地买卖。当时的寺院和学校是较大地产所有人，这些拥有大量地产的寺院和学校一般无力耕种这些田地，因此招人佃种，收取佃租，形成租佃关系；或是进行田地出让，形成大量的田地买卖关系。为了使这些信息留存久远，民间广泛进行立碑记产。该做法由来已久，如清人章学诚在《古文公式》一文中说："且如近日市井乡间，如有利弊得失，公议兴禁，请官约法，立碑垂久。其碑即刻官府文书告谕原文，毋庸增损字句，亦古法也。"这些石碑是土地产权主人为防止土地被人侵占，而将与产权有关的文书进行勒记的刻石，反映了寺院、个人及有关团体机构田地财产所有、租佃和转让情况，在经济类石碑古籍中数量最多。如：

《巍宝山常住田碑记》

康熙五十六年四月初一日，备纹银壹佰壹拾两整，实买得张联翼同男世杰、世候、世卿、世公、世佰、孙景哲田地一区，坐落五道河新村内，一段大小十四丘，东至董家田，南至河，西至董家田，北至路。又一段大小四十五丘，东南至河，西至董家田，北至沟。又一段大小十丘，东北至罗文俊田，南至董家田，西至茶五田。又一段大小十四丘，东至马中垣田，北至本主田。又一段大小坐落河边，东至大路，西南至河，北至水沟，秋粮伍斗零伍合，税贰斗壹升，今折入青霞观户下，年实收租谷拾石捌斗，麦租贰斗，契立子孙，永不加添赎取。

康熙五十六年三月十四日，备纹银贰拾叁两整，实买得茶荣水田一双，坐落新村，东至本家地，西至沟，北至董家田，大小十九丘，外沟上，随麦地一块，夏税壹斗，今折入青霞观户下，年实收租谷贰佰升，契立永不加添赎取。

　　康熙五十三年，杨正朝备纹银拾伍两，买得董怀龙、腾龙水田一段，坐落新村，东至张家田，南至小箐，西至本家叔田，北至小箐，秋粮壹斗捌升，收租谷叁石，送入青霞观。后于五十四年加添银伍两，又于五十六年四月初九日加添合郡公捐纹银伍两，共银贰拾伍两，契立子孙永不加添赎取。

大清嘉庆十五年（1810）次庚午岁仲秋月浣谷旦
住持道人陈载舟同立石①

《巍宝山玉阁常住田碑记》

　　玉皇阁常住田碑记，旧原无碑，惟存纸契，仪恐久而失之，因自捐工价勒石以垂永远。

　　康熙五十九年杜鸿闻送田壹分，坐落北塔约李皮村房后，东至古皇官田，南至大垦并沟，西至房园墙脚，北至大沟，大小五丘，随南庄里，秋贰斗贰升伍合，今折入山外一里巍山玉阁户下，上纳租肆石，原价银叁拾伍两，因原主加添功德项下，代杜加出银陆两，凭绅铃士庶姚建中、王逢泰、张继良、吴宗文、庄畏天、孙恩聪、李廷瑜、胡是义、刘跃龙……

　　乾隆十四年杜买得生员陈正柏田六段，坐落马房新村。西南山脚一段，大小二十一丘；西山脚一段，大小十八丘；中一段，大小十八丘，小地二块；中一段，大小十八丘；中一段，大小十八丘，小地二块；中一段，上五丘，下六丘。内掺杂青霞观横直田六丘，其田四至：东至大河并方姓田，南至本寺庙，西至大沟，北至青霞观田，随江外里，秋粮叁斗玖升，租拾石，契载田价银贰佰两，祗接受壹佰伍拾两，内送银伍拾两，以作陈姓功德。其买田之银，系玉阁办事胡敬向厂地募得柒拾余两，生息购买凭办事姚志德、饶进德、孙嗣勋、徐宗淮、孟宗周、邓天华、关□、王绅，秋粮叁斗玖升，今折入山外一里巍山玉阁户下。

---

　　① 云南省编辑组：《云南巍宝山彝族社会历史调查》，云南人民出版社1986年版，第258—259页。

乾隆三十五年，杜买得赛正元田一分，坐落新村房下，大小二十二丘，荒地二块，东至河，南至本寺田，西至本寺并青霞观田，北至沟并何姓田东葵里，夏税肆升，今折入山外一里巍山户下，价银贰拾陆两，其银系道人陈道体捐送。

乾隆三十七年，杜买得茶正举田一分，坐落五道河马房南首，大小四十丘。东西北俱至本寺田，西至山脚并沟，随山外一里，秋伍升，折入巍山户下，租壹石贰斗，价银贰拾陆两。是年又杜买得字万成田一分，坐落新村山神庙外，东至字万选并唐姓田，西至路，南北俱至箐，大小十二丘，随山外一里，夏税叁升，折入巍山户下，租贰石，价银肆拾两。二分之银，俱是道人陈道体捐送，连赛姓田价叁分，共捐银玖拾贰两，知见姚联泰、吴瑶。

乾隆四十三年，杜买得段嵩田壹分，坐落新村房下，大小二十七丘，东至一方家田，南至箐，西至马家堆子，北至本寺田，随山外一里，秋玖升，今折入巍山户下，租贰石贰斗，价钱肆拾伍千文，照币合银叁拾伍两。

乾隆四十五年，杜买得茶五金等田一分，坐落新村，大小二十七丘，东西北俱至本寺田，南至小箐，随山外一里，秋叁升，价钱拾叁千文，照币合银拾两贰分。田价钱所出系从前二月十四日卖疏钱并寺内香钱陆续零星所积。

乾隆四十九年，杜买得徐陛久田一分，坐落新村房下，大小二十七丘，东至大河，西至箐，并罗家地一块，西至沟并道源官田，北至大石堆，并元极官田，随鲁禾里，秋贰斗，今折入山外一里巍山户下租肆石，价钱壹佰贰拾仟文，照币价合银柒拾伍两。是年环山会之睬，轮到本寺，仪同道人经办，接睬连卖疏钱、寺内香钱共柒拾千有零，以兑田价，其余系善信捐出。

谨按巍宝山玉皇阁旧址三黄殿之左，大门两庑俱备，惟依峰侧界，每夏秋交，涨溪颓。

嘉庆十五年（1810）岁次庚午中秋月吉旦
弟子姚凤仪盥手敬书立石[①]

[①] 云南省编辑组：《云南巍山彝族社会历史调查》，云南人民出版社 1986 年版，第 260 页。

《松花会功德碑记》

送花会旧无田租，新置租为环山接赊而兴，又为柳姓钱账而起，嘉庆四年六月已同柳姓勒石矣，旋而更张之，正自有说。先年柳春茂借梁鹤嵩银捌拾两，积利伍拾两，柳将三脚田卖与梁，梁于四月转会内，现受面银捌拾两，租肆石，实叁石，该秋贰斗七升。是年二月接赊并疏仪香仪，共获银叁拾两，兑于梁，仪银添兑伍拾两。梁虽无利，现德本银而粮重租微，估计捌拾金不值，是仪之过也。可幸公赊银止叁拾两，且接赊之先，正寺内修葺之时，以赊银而入工费，亦属常情，仪不忍没也。……今将田形、四至、粮数、租数、银数，逐一开列于后：嘉庆四年，杜买得梁峻如田四丘，坐落三脚村，东至沟，南至沟路，西至郑家田，北至李家田牙一里。秋贰斗柒升，今折入山外一里玉阁松花会户下，原租肆石，价镜面银捌拾两。

嘉庆十四年，典得任伦田二丘，坐落大后厂南首，东至任联芳典与会田，西南至沟，北至房墙脚，随军后所，老秋四亩，实租肆石，价银柒拾两。同日典得任联芳田二丘，东至任姓田，南至沟，西至任伦典与会内田，北至刘姓墙脚，随军后所，老秋二亩七分，实租叁石，价银陆拾捌两贰分。田于十三年控告时，已经立契照验纸存案，因于次年照原案复立契，以为管事收租纳粮之据。通计办理松花会田租拾石，纳山外一里。玉阁户下秋贰斗柒升，军后所老秋六亩七分，共田价银贰佰贰拾壹两，田价所出系本寺接赊银叁拾两。胡绍鼎捐银贰拾陆两，李景春捐银拾两，姚凤仪捐银壹佰伍拾两，并补勒。

乾隆五十六年，杜买得阮映川松树地场一岭，坐落斗阁门首下，东至小路，并字姓地，南至岭杆，西至大路，北至斗阁岭杆，随山外一里，夏税壹升，今折入巍山户下，价钱壹佰零伍千文，满钱合市银贰拾伍两，系仪捐出，以备本寺修造需用。又于嘉庆七年，玉阁旧址种松壹岭，共费钱伍拾余千文，地内雇工挖出树根四百余驮，以济报国寺粥坛公用，情真而语拙，欲不勒恐后来历不清，并田银两失，不得已自捐工价非邀名也。况此地非邀名之所，即邀名矣，山深林密，有何争荣，焚香对天，只求不愧，乃心已耳。今仪年渐衰矣。松花会听□□□□□□□□听，住持支金，殿阁□□□□□相对，葺补不致而风剥蚀，仰荷阖郡仁人君子之乐善者。

嘉庆十五年（1810）岁次庚午中秋月吉
贡生姚凤仪再勒石①

《巍山新建依云阁基址碑》

……

康熙二十六年，适运高买得李姓山庄，坐落六合村，至乾隆三十六年典与王永卿，受庄价银叁佰壹拾两，随后适君进等，四年内欠谷伍拾石，将庄内自盖房尽行抵认其庄。四至东左松园岭杆脚大路，西左家水塘房箐，北至河，随牙二里，秋贰斗，税贰斗，该水租拾陆石。四十四年，仪父买得王玉田一分，坐落五道河范家村门首，东小箐，南范家李子树园，西路、北石嘴下路，随山外一里，秋肆斗五升，价银贰佰壹拾伍两，买沟银伍两，租拾石伍斗。四十九年买得从堂兄凤玺田，坐落禾里村，谢德贵佃种八丘，东饶姓田，南彭坟地，西本家过水田，北沟。七丘东树下大垦，南沟，西北本家田。一丘东、南、系本家田，北沟。二丘东杨姓田，南沟，西本家田，北河。施贵佃种二十五丘，东杨姓，南小沟，西北河，营闲里，秋壹斗，折入江外里，价玖拾千文，照市合银陆拾两，后加钱叁拾千文，照市合银拾伍两，整双加银拾两。从堂兄凤选再继娶，又加银拾伍两。凭郑国珍一分，姚昶泰、昌泰租田大小九丘，东至沟沟上冬衣所田，南沟沟外清真寺田，北至沟沟外清真寺田；甸尾里姚志和户，秋叁斗壹升，坐落清真寺北首，出佃与廖芮章管业，受价银壹百肆拾两，于嘉庆十二年转典还盛瑞，原价受足。已上田价银柒佰陆拾伍两。凭胞弟凤图，堂角凤喆、凤浩、凤悟，凭侄子世龄、世儒、世善，凭孙廷标。

□同立石

《道源宫祝至圣先师诞祭田碑文》

天地生圣人，圣人生道。……

大清乾隆拾捌年癸酉岁仲秋月会众顿首同立石

黄懋坤　一两五钱九分　谢乾御　五钱三分　陈舜绩　六钱七分

---

① 云南省编辑组：《云南巍山彝族社会历史调查》，云南人民出版社1986年版，第262页。

赵世杰	五钱	高以仁	九钱八分	王瑛	一钱
杨治	一两三钱五分	李弘仁	一两	范汝林	一两二钱四分
薛安仁	一两	郭之翼	五钱一分	沈志侯	三钱七分
李合荣	五钱六分	刘德来	一两	刘德璘	一两
饶士圣	二钱二分	胡瓒	一钱三分	胡□	二钱二分
冯乘龙	一钱四分	段绍先	二钱二分	周通	四钱五分
徐自芳	一钱四分	杨书	一钱五分	赵文衡	一钱五分
刘德章	一两七分	谢举	一钱三分	郭之雍	六钱三分
谢锡	一钱	谢达	一两	吴理	一两
高明志	二钱一分	杨澧	一钱一分	陈炱	二钱九分
廖汝明	一钱三分	陈王佑	三钱二分	朱灿荣	二钱五分
谢缓	一两	刘玉溢	一钱三分	詹□	二钱
张憬	一钱二分	张毓华	四钱四分	杨炯川	一钱三分
梁道一	一两一钱二分	冯道湛	一钱一分	谢敕	一两
刘三昇	二两六钱四分	谢诏	二两	张聪	二两六钱三分

共积银叁拾两,杜买得田一分,大小四丘,坐落雪岭,东至沟,南至河,西至谢家田,北至沟,随坎下地壹块,实租贰石,随纳鲁禾里道源宫孔圣会户下,秋粮壹斗贰升,契纸存姚□收。[①]

《盘龙庵诸人舍施常驻记》元宣光二年(1372)立。该碑记载了33项田地买卖事宜,内容记述了舍施田地具体情况,同时有字据为凭;记述了出卖田地户籍的僧户、站户、寸白军户、均户、当差户以及其他专业户籍的情况;该碑还记述了买卖田地所使用的货币及其计算田地面积名称等,信息翔实可靠,史料价值弥足珍贵。碑文如下:

《盘龙庵诸人舍施常驻记》

一项法师张生舍施地名立佉外甸内禾地□段,东西至佉,南赵大师

---

① 云南省编辑组:《云南巍宝山彝族社会历史调查》,云南人民出版社1986年版,第265—266页。

光，北师才。买到僧户段盖处。三项居士段宝舍施元买到僧户李连处城西门最外禾地壹角中壹段，东西至佌，南大日兴，北道。

一项张君舍施元买到杨资处地名白师界门外禾地壹双中柒段，东西至佌，南北至本主。

一项杨资、杨生、杨生等舍施买到安用面鸥勒甸内禾地贰角中壹段，东南西北。

一项李连舍施买到王宝印处江场甸内禾地壹双中壹段，东南水佌，西张胜，北张宗善，每年二月日，作忌日供。

一项张世并男镜中舍施元买到地名永用甸内禾地壹双中肆段，东至道，南三宝奴，西佌，北江。并伽子坚塔甸内豆地壹段，东道，南西金君，北王君。

一项居士资并男张庆、张义、张农、张元等舍施塔后江登甸内种子地壹段，东南杨明，西佌，北本主。

一项本庵僧道山灵云于至正二十年十二月十二日用价真贝叚叁阡伍伯索，买到归化县河东乡当草户李贤处易摩登甸内禾地壹双中壹□，东矣加，南本庵地，西杨正，北佌，施本庵先师塔头作每年八月十八日忌日供。……

一项中庆住人故大师善妻普贤贵阿满并男李善松等将李大师善生前买到安用亦摩登甸内水田禾地叁双，于内靠南五宰，计贰双，东者诅，南弄有并水佌，西至园照山地，北至水佌并杨正。又贰宰计壹双，东至圆照山地，南水佌，西至张□并佌，北普昔次。……

一项至正十五年十二月初六日用价中统钞壹拾定买到晋宁州江头村寸白军户袁宝等处永场甸内本户自己禾地贰角，计柒段，东袁千户胜，南西北水佌，每年税谷贰斗伍升纳仓，并江边种子地壹段。……

元宣光二年（1372）立①

《栖鹤楼永远常住碑记》

常思为善甚难，而与人为善更难。成善不易，而继善以乐，施者尤不

---

① 方龄贵、王云：《大理五华楼新出元碑选录并考释》，云南大学出版社2000年版，第268—272页。

易，所以古今来，求其一德，相承后先济灵，戛戛乎，不得其人矣。蒙阳之东有石龙山，太极储精，巍宝分华，逼近城郭。府仰川原，为锦江上巨观焉。释子仙侣快修炼之得所，高人墨客羡游览之无穷。昔为众善创建寺阁、圣像，复有乡宾，讳万龄黄公备价银肆拾两，与寺主李公讳鸣鸾买得水田一份，永远入栖鹤楼，以作常住，至今未勒，贞珉黄氏子孙恐世远年湮，异日祖功宗德将见沦没，今与众坛越善公置买碑记，将田坐落、原价、租粒、钱粮开载于后，永作香火。二姓子孙不得异言。庶见创始之维艰，而于继志述事中得有其人也，是为记。

其田一段，坐落本寺左首，大小三十八丘，东至寺，南至邓家田，西至河坎，北至路。外塘田一丘，随纳罗摩庄里五甲夏税壹斗柒升伍合，收租肆石。外有塘田秋粮贰升陆合。

会中众善信置买水田一份，坐落白夷村石灰窑下，大小丘数不等，年收租谷陆石，随纳秋粮壹斗贰升，东至河，南至张家田，西至大路，北至箐。嘉庆七年查白夷村田失落，段美同密望查报，经头人茶新玉、茶文向、茶文林理讲伊契内，张晨于康熙五十二年典与被苍，乾隆六年张赎回，转与茶六十七，已折粮投税在案。因碑记未销，头人处令文林捐银肆拾两以作功德，同众写立担承与茶姓，银交住持生息，今添刻碑后，俟成田之日另立碑，此记。

康熙四十九年（1710）岁在庚寅孟春月吉旦①

《巡检司老街碑记》

广西府弥勒州正堂加一级纪录三次杜□为详情批允给照等事，奉云南等处承宣布政使司布政使加三级记录十七次金□宪碑前事，缘由本州查勘的涅诏田地，昔年民皆彝倮去来无定，钱粮有时失额。自康熙二十五年，前任朱牧岁给工本颇费经营，遂将田地剖为十二分，共纳租谷一百二十石，以为完粮各项之用，后又改征租银一百四十两，亦计所出，以为敷用之地。自此以后，民成土著，田不荒芜矣。至清康熙五十三年，前任陆牧欲变价归公，故有详请批允给照之举。蒙前□藩宪批驳："从前果有荒

---

① 云南省编辑组：《云南巍宝山彝族社会历史调查》，云南人民出版社1986年版，第268—269页。

额，何不申请开除？既称现在纳粮，何故又突然请照？若非借此营私，必有豪强攘夺，其中情弊，洞若观火。"迨署事胡牧具实申详："此项田地，现有粮有税，并无隐熟作荒，亦无余荒可垦，无庸给照。"当蒙批允注销在案，至前任吴牧仍以余荒给发，遵照申报升科，叠奉驳查在案。及本州接任，单骑亲临，彼地逐一勘明，实计田地一十二分，实征秋粮六石五斗八升九合，实征条银八两一钱四分四厘，取其各佃亲供，并无欺隐，甘结在卷。则此项田地应免其夫役升科。本州于本年四月内一详。

……据此，合行给照勒石。为此照给火头苗其隆、宗藩、普者等遵照，嗣后一应钱粮遵奉。

宪批，仍照从前一应旧额完纳银一百四十两，倘有不法之徒入境扰累，额外加征，以及骗惑彝民希图攘夺者，许尔等擒解赴州，以凭详究。

宪案如山，永为遵守，仍将遵照。缘由，勒石通衢，毋违。

须至遵照者

右给照　苗其隆　宗藩　普者等遵守
征差　段鸿儒
康熙五十八年三月初二日

《班山常住田记》明嘉靖四十五年（1566）立。碑文记白族名家大姓董氏后人"不忍见其"祖上捐资修建的寺院倾废，特为修理，并"今将见在田亩、坐落、佃户姓名、租谷数目及冬枝子孙世系并刻于石，以垂永久"。内容如下：

《班山常住田记》

古云，积善之家必有余庆。□□□□□董门子孙蕃衍，绳绳继继，谓非先祖积善之功，吾不信也，先祖土官巡检董公禄，捐资建寺，喜舍常住大功德，其有量乎，迄今已数代矣。常住被人侵占，寺院几至倾废。四代孙曰仪、曰佐、曰倖者，不忍见其倾废，特为修理，俾祖之善功不致泯灭。今将见在田亩、坐落、佃户姓名、租谷数目及冬枝子孙世系并刻于石，以垂永久云。

嘉靖丙寅冬吉旦。

五代玄孙竹南董用威拜手直言。

（碑下段）一□□□□□□□□□□□□南村门首，东至（下蚀），西至胡宪公，北至苏时用，认纳谷谷壹、佰贰拾帮整。（下蚀）。

一梨遇时佃种秋田肆亩，计陆丘，坐落经庄上甸内，东西至官田，南北至水沟，认纳净谷壹佰伍拾帮整。

一苏福保佃种秋田贰亩，计壹丘，坐落经庄下甸内，东至本寺田，南北至水沟，西至苏琦，认纳净谷壹佰贰拾帮、小麦柒帮。

一苏凤羽佃种田贰亩，计壹丘，坐落经庄村南甸内，东至苏继荣，南北至水沟，认纳净谷壹佰贰拾帮整。

一苏逵佃种田肆亩，计叁丘，坐落经庄村北河边，东至寺田，南北至水沟，西至苏时用，认纳净谷壹佰贰拾帮，小麦伍帮整。

一苏凤琦佃种田叁亩，计贰丘，坐落经庄巷上，东至罗秀，南北至水沟，西至山田，认纳净谷贰佰壹拾帮、小麦陆帮整。

下摩李月奴佃种田贰亩，计叁丘，坐落下摩上南甸内，东至□□，西至□□，南北至□□，认纳净谷柒拾伍帮整。

神通庄李汉佃种田贰亩，计贰丘，坐落神通庄北甸内，东南至赵俊，西至贾应元，北到水沟，认纳净谷壹佰叁拾帮整。

太和村杨保子佃种秋田肆亩，计捌丘，坐落太和村甸水洞门内，东至赵明成，西至李洪，南北至水沟，认纳净谷贰佰贰拾帮整。

生久杨景佃种田叁亩，计贰丘，坐落生久，东西至本主，南北至水沟，纳净谷壹佰捌拾帮，小麦壹拾捌帮整。

共田见在壹拾肆□□，共夏税壹石贰斗贰升肆合，秋粮壹石陆斗柒升玖合伍勺。四房公同征收纳粮供僧侍奉香火，修理本寺，不得侵占盗卖，永为遵守。伽蓝作证。

明嘉靖四十五年（1566）立[1]

《千户杨兴家产遗嘱碑》

永垂子孙碑记千户系大理府云南县在城里七甲民，为因存其善念，所生

---

[1] 段金录、张锡禄：《大理历代名碑》，云南民族出版社2000年版，第368页。

廷佐一人，年幼无知，恐其失落田亩山产，凡有住持僧人指点，后代子孙庶不失其根产。家中载存田山簿本记壹百贰拾篇、丘数、段数、田山四至秋税有无，俱载簿内。收存于□□□赏赐七道圣旨，刻于狮山碑后。(明代)

《标楞寺田记》明万历元年（1573）立。此碑记述了南诏标楞寺经济状况。碑文如下：

白族《标楞寺田记》

寺在大理城北二百里，为浪穹县界，唐南诏时外八坛场之一也。前代置常住田拾捌双叁亩。国朝洪武初，大理僧无极谒高皇帝于金陵，进山茶一株，白马一匹。初至殿前，马嘶花开。帝异之，宠甚厚，授无极大理府僧纲司都纲，赐敕赐诗遣归。随命布政使张亲至大理问劳无极。凡寺田俱照前代版图给各寺，以资焚修祝釐。正德间，标楞之田为豪右所侵夺，今存者三十六丘，香灯田八丘，已非原额矣。岁输秋粮五石三斗六升，夏税一石三斗四升，则自唐至今未变也。土人不知宪典，往往逐僧夺田，嘉靖间贤守令相继究复，仅能有存。其乡之大夫士恐其久而湮也，请余记之，因书其始末以告之。僧绍慧、徒续通新建楼三间，同徒明照大铜香炉壹座，花瓶一对，烛台一对。

明万历元年（1573）夏五月端阳日。

赐进士进阶通议大夫赞治尹前知荆州府翰林庶吉士监察御史叶榆七十八老人中溪李元阳书。①

《太华佛严寺常驻田地碑记》

一项法师张生舍施地名立佉外甸内禾地□段，东西至佉，南赵大师光，北师才。买到僧户段盖处。

一项居士段宝舍施元买到僧户李连处城西门最外禾地壹角中壹段，东西至佉，南大日兴，北道。

一项张君舍施元买到杨资处地名白师界门外禾地壹双中柒段，东西至佉，南北至本主。

---

① 段金录、张锡禄：《大理历代名碑》，云南民族出版社2000年版，第372页。

一项杨资、杨生、杨生等舍施买到安用面鸥勒甸内禾地贰角中壹段，东南西北。

一项李连舍施买到王宝印处江场甸内禾地壹双中壹段，东南水伕，西张胜，北张宗善，每年二月日，作忌日供。

一项张世并男镜中舍施元买到地名永用甸内禾地壹双中肆段，东至道，南三宝奴，西伕，北江。并伽子坚塔甸内豆地壹段，东道，南西金君，北王君。

一项居士资并男张庆、张义、张农、张元等舍施塔后江登甸内种子地壹段，东南杨明，西伕，北本主。

一项本庵僧道山灵云于至正二十年十二月十二日用价真贼叁阡伍伯索，买到归化县河东乡当草户李贤处易摩登甸内禾地壹双中壹□，东矣加，南本庵地，西杨正，北伕，施本庵先师塔头作每年八月十八日忌日供。……

一项中庆住人故大师善妻普贤贵阿满并男李善松等将李大师善生前买到安用亦摩登甸内水田禾地叁双，于内靠南五宰，计贰双，东者诅，南弄有并水伕，西至园照山地，北至水伕并杨正。又贰宰计壹双，东至圆照山地，南水伕，西至张□并伕，北普昔次。……

一项至正十五年十二月初六日用价中统钞壹拾定买到晋宁州江头村寸白军户袁宝等处永场甸内本户自己禾地贰角，计柒段，东袁千户胜，南西北水伕，每年税谷贰斗伍升纳仓，并江边种子地壹段。……①

《云龙盐课碑》

……仲秋之月，按印任事，下车之始，访查利弊与灶民疾苦。知顺荡井积年负课最多，官民□□□每月征课银八十两，实系盐不敷课；山井金泉井次之，为之请减于上，幸邀恩准，自光绪元年正月为始，金泉井、山井井小课微，每月各减课银二两，惟顺荡井每月减课银二十六两，以其受困独深也。然同治十三年分之课，积欠七年之多，盐□□□，若难弥补。余又为之选择绅耆，课长督饬□盐□商运贩，俾数年积□□□□□然后

---

① 方龄贵、王云：《大理五华楼新出元碑选录并考释》，云南大学出版社2000年版，第268—272页。

照额月清月款。此所以经理者欲以广□□，皇仁而苏民困，嗣后□□□□□宜踊跃急公，按月输将勿稍延堕，从此追□□至逋负无闻，□业□□□□□解诗书经诵，沐盛世之恩波□□□□□□□赶省减课。赵生赵德炳。

光绪元年（1875）四月□□日合灶户同遵立。①

悉檀寺碑记

云南分守金沧道参政王，为禁谕事。照得悉植寺原系丽江府用价银贰佰伍拾两买到僧人洪时山场，经今一十四年，业已奏准建寺，并敕赐藏经夹。乃奸僧普种、普祥计串周严、石书等，生端谋骗。批行宾川州究明，仍断归悉檀。除批行外，合行出示禁谕。为此示仰本寺僧人遵守。仍照管业焚献。普种、普祥此番姑示宽政，宜痛自改悔，不得如前垂涎谋骗。知再生端，定行从重究治不贷。须至示者。

崇祯三年（1630）七月初二日示②

彝族《南涧清真寺新旧租石田形坐落四至钱粮数目总碑》

盖闻清真之为寺也，教衍先天，经传西域，建之所以开礼拜之文，会之所以阐教化之奥。……

爰□寺中前后新旧租石、四至、田形，以及钱粮数目，逐一清列于后。田四段，坐落打谷厂，东至大路，南至沙姓田，西至坎下大河，北至王马二姓田，记（计）地三块，该租二十一石五斗。长田乙丘，坐落王家山路下，租钱一千文。田一段，坐落乌木龙村前，东至本庄田，南至本庄田并地坎下，西至火头田，北至地坎，大小六丘。下一段，东至本庄田，南至百长田，西至河坎，北至沟坎，沟上下共大小十丘，二段共租六石。田二段，坐落□上庄门首；长田，东至马家田，南至沟，西至路，北至河；梯田，东至路，南至路，西至香火田，北至沟，该租八石。大沟田一段，租伍石，因被水湮，实收租二石五斗，东至沟，南至王姓田，西至

---

① 段金录、张锡禄：《大理历代名碑》，云南民族出版社2000年版，第567页。
② 白族社会历史调查组：《云南省大理白族自治州碑文辑录附明清契文钞》，油印本，民族出版社2009年。

锁姓田，北至沙姓田。桥头田一段，东至河，南至桥，西至大路，北至沟，南至周家田，西至报国寺田，北至乌木龙河，原租十石。田一段，坐落车家□□□，共二千八百一十四号，东至胡星沟，□□□□□，西至董家田，北至字姓田，该租七石。瓦窑一庄，东至田口，南至房后岭冈，西至山嘴，北至禾水箐脚田，租伍石一斗，山租收钱一千文。田一段，坐落阿黑村甸内，东至蜈蚣山，南至夺木地界，西至路，北至马胡路箐，该租十四石。和尚庄一庄，东至□□□，南至□□□□□□□并路下皇经会田，西至底么河□□□□□山，南至□□□□□□，山租三石九斗，折成水租田，租三十二石，柿子租八斗。一段呵噜落田，坐落打谷厂，东至大路，南至公田，西至关圣官田沟，北至大路，该租六石五斗。田一段，系下户马寅桂送，租三石，坐落石箭门首，粮一斗八。杨家庄一庄，东西二至齐山顶，北至本主田，南至□□路塔山脚。其田四至，东至戛底崖山脚水沟，南至本主地，西至塔山大路，北至沟团山。四至齐田，原租十六石，山租四石，折成□□租共二十石外，随塔山平地一块，坐落杨家庄门首，又山租二石四斗。以上钱粮数目清列于后：古粮五石三斗五升五合八勺三抄，上纳崑三里；团山塔山粮一斗，上纳厥杨户下；底么村田粮一斗一升，上纳字伽户下；杨家庄粮秋八斗四升，税九升八合，上纳崑三里；盐井田粮二斗四升，上纳崑一里户。

大清嘉庆十七年（1812）岁次壬申仲夏月吉旦，阖教众姓老幼人等□□

回族《永垂不朽碑记》

窃闻粮出于田，有田必有里长以催科，而大研则地属城中四隅，皆……时会有派粮一名，俟后无着愈甚，贻累难堪。各里暗递公□买□□额……石庶可偷安？迨至兵燹大半无着，从新整顿，足数请立印册二本，一存……冰雹之灾领获恤银壹佰零五两，采买叛产二分以作里长□费。仍照……生变，公同酌定章程并田形四至石，以便永远遵行云。

载厚坐落双古格大路上下二块，上东至彭士杰田止，南至大路止……至常复兴田止，沟分西至彭士杰田止，北至大路止。

坐落每□东……才田止；

坐落□里具四块，东至和顺贵、彭伟田止，沟在内；南至和……路止，南至常亮廷沟止，西至和恩田止，沟分；北至郭姓田止，沟分。

……至和万金和氏地田止，北至大路止；

小块东至李寿田止，南至李……寿田止，沟分，南至和绍魁、杨自新、和万金公田止，沟分，西至和万金田……自新田止，南至小河止，河分；西至和万金田止，沟下节在内，北至公田……杨廷田止，北至沟止；

坐落好巴当界至路止，南至路止，西至和焕……生、和廷瑞田止，西至杨姓田止，北至和萃止；

坐落可美□，东至……坐落瓦五里，东至和□田止，南至和益田止，西至杨姓沟止，北至和姓……西至和益沟止，北至和安园止；

坐落和□礼门剪□□，东至关姓……瓦吕亏，东至和宾田止，南至和焕廷田止，西至和万春田止，北至……田止。

载□白马坐地四块，因乾地无用□□□□置刺缥田二块……和五嬬根田止，西至和五园田止，北至和天田止，又一块□至饮水沟……□□□条银大研（白马）厚额壹钱肆（壹）分柒厘，揆出和家□壹分，李汉□和万春和……一清共……

光绪五年（1879）八月
首事举人：杨凤友、李玉湛；
贡生：杨赞、王道、杨承兴、李玉佽……①

瑶族《优免瑶税瑶差碑》

四品戴署湖南永州府永明县正堂加五级赏。为再赏印照以分民瑶事，照得民间置买田房产业，例应投税。兹据扶灵瑶石成玉、清溪瑶田浚、古调瑶蒋国琳、勾兰瑶嘉谷等，具禀该四瑶自明洪武招安各瑶把守粤隘，瑶田瑶粮免丈免量，暨免杂差，所有瑶买瑶田，历无投税过割。至嘉庆十七年（1812）顾前县饬瑶投税，经张翼云上控，奉前抚部院景批，据司详司行府讯明，瑶买瑶产，仍循旧章，给有印照。咸丰年间（1851—1861）衙署焚烧，案卷无存，兹据石成玉等照录各前宪印照，禀请存案前来。查该瑶人免派杂役，其瑶买瑶田，历无投税，推收过割，既奉有从前印照为凭，自应照旧办理。除禀批示，并将原禀发房存案备查外，合行发给印

---

① 杨林军：《丽江历代碑刻辑录与研究》，云南民族出版社2011年版，第214—215页。

照。为此照仰石成玉、田浚、蒋国琳、田嘉谷瑶长粮户人等知悉。嗣后尔等瑶买瑶田，仍循旧章，免其投税过割；若瑶买民业，应即遵例过粮，不得隐匿，至于责罚。各宜禀遵，须至照者。

同治十一年（1872）九月二十七日给。右照仰古调瑶长粮户人等准此。

此照随瑶长收存。……①

瑶族《茶城乡瑶族批山契约》

立批山场字人三色村陆本义、陆本厚、陆本芳、陆运英并通族人等，今因人力不足，经营不到，缺少使用，无从出处，只得众村商议，愿将祖父遗下之地，坐落土名荒田一面茅山、青山、杉树、竹木一概出批，自请中人问到海洋坪冯金龙、冯金明、冯成周叔侄三人名下承批为业。当日凭中踏看，上至岭顶倒水为界，下至河为界，左至老石灰窑墘口分水为界，右至枫树大冲漕为界。四至分明，回家三面言定，时值押批价钱一拾肆仟文正，并言递年长租钱陆百文，此日契钱交批主亲手领足，并无欠限分文。恐有上房下族人等已到未到另生支有（由），出批人一力（律）承担，倘有上手来历不明，批主、中人向前理落（论）不与相干。立批之后，应从冯姓耕种，阳春竹木百物等件管业，任由生耕死葬，批主不得异言翻悔阻挡，倘有人心不足，今口无凭，陆于出批一纸，付与冯姓永远收执。

通引中人　瞿学礼
在场中人　唐福清
同治八年（1869）二月初五日运英亲笔立②

壮族忠州东永圩《复圩碑记》

世袭广西南宁府忠州正堂加三级录五次黄为准成旧圩以便生理事。

禀得东厢板离村，路当孔道，实便贸易之所，况日中为市，原以救贫穷，兹据板离村老马骥忠、农允昌、罗大鸣、黄永璠等呈，东厢绅耆目民

---

① 黄钰：《瑶族石刻录》，云南民族出版社1993年版，第54页。
② 《中国少数民族社会历史调查资料丛刊》修订编辑委员会编：《广西民族地区碑文、契约资料集》，民族出版社2009年版，第2页。

人等禀称：迩来盗贼滋扰，四处阻塞，无所生理，生民艰食，难以渡活，恳求复开原圩，以便贸易等由到州。据此。查该圩自嘉庆年内，祸因客民恃强需索，致累该圩。所以先官在日，暂行停禁，警后致悔，但查此案，非在不赦之条，理合准复，除批示外，合行给照。为此，示仰该村人等，立即准照，择日成圩，以便买卖。嗣后以寅、申、巳、亥为期，改为东永圩，凡有生理往来，须当平买平卖，不得恃强凌弱。倘有不法之徒，扰乱圩中者，仰该圩圩长人等，扭禀究治，决不姑宽。各宜禀遵毋违。特照须至给照者。

右给东永圩准此。
炳祥等三十五人。
咸丰四年（1854）四月十五日
给勒碑永远万代。①

壮族罗阳土县《减税印照碑》

罗阳县正堂知县四级纪录三次黄　为准减税给发印照，以凭供纳有据事，照得肇庆有荒地壹段、鱼塘贰口，坐落在落犁，于嘉庆五年，着巴莫屯忠目凌永藩等，招到宣化县李霞、邓亮康等，纳税耕种，议定价银壹佰肆拾两正，即日兑银入衙办公，每年纳税银贰两正，其他交税。李霞、邓亮康携妻带子，建立村场，开挖田塘，种植树木，为子孙世业，嗣后无得霸行找赎。至嘉庆拾伍年，先官因公项紧急，着目凌永藩向肇庆村李霞等，酌议以义补银伍拾两，并经找补征派。于嘉庆贰拾肆年，经议增派村民李霞过半税银贰两，未免牵累过多，况今该民自见公项紧急，又补钱□千□百□十文，即日凭目卢云靖等，兑钱入衙办公。窃思良民乐助□□，宜偿减免税银壹两正。嗣后每年止纳税钱壹千文，凡遇大派军需，准由耕丁供赏，此乃官清民乐，两相欢然。至若冠婚丧葬，依照原助银伍钱正，属县衙长短大小夫役新旧陋例仍依原照一切尽行触免，纵日后承袭印官仍循此照，万古不移。恐后无凭，理合给发减税照壹张，交与李霞，世代存据。

---

① 《中国少数民族社会历史调查资料丛刊》修订编辑委员会编：《广西民族地区碑文、契约资料集》，民族出版社2009年版，第144页。

道光贰拾贰年（1842）拾壹月拾陆日给①

壮族《柳州罗池庙碑》

民业有经，公无负租，流逋四归，乐生兴事，宅有新屋，步有新船，池园洁修，猪牛鸡鸭，肥大蕃息。……民贫以男女相质，久不得赎，尽没为隶。我侯之至，按国之故，以佣除本，悉夺归之。

发掘于广西地区的《柳州罗池庙碑》是唐代柳州壮族社会经济史碑文。该碑已不存，存碑文一篇。唐韩愈撰。碑文除记此庙的来历、兴建始末外，还记述柳宗元在柳州当刺史期间（815—819），柳州地区的社会经济虽有所繁荣发展，但仍存"奴隶制"。该碑对研究古代壮族的经济发展状况有一定查考价值。

纳西族《丽江商业劝工会记》

丽江居滇西北隅，众山纵薄，□长向交。富商巨贾懋适于此者，货弃于地，工率其瘵民生滋困，而有提倡化道之权者，又以边檄，又屑屑也，或以偶居专舍□也。商何由兴？工何由劝？……吾闻丽江每岁暮春，有龙神祠戏会，无远近咸来，甚繁盛，即以此会改为商业劝工会。事无便于此者，时商务分会赞□任其事，熊公则毅然为之，以三月二十三日至四月初五为会期，又以开幕之初，税厘照征，不足以表提倡招徕，劝委员向君厘减半税，□□半。先期告远近邻邑，于是担者、□□捆戴者络绎如期至，则见蜀锦、杭绫、苏罗、滇缎，星列云屯，嘈嘈然难以金钱声算珠□商□之交易也。雕纹刻镂，光怪陆离，□见之而增精巧力者。劝工场之陈列品也。骝骓开路，骐骥竞驰，伯乐今存，千金非价，□□□之，竞而有如此也。至如音乐汤如纯如花，大汤之奇花异草，……呜呼，盛矣！

南北东西，财输百千万亿，金融活泼生计斯舒，则此会之有裨于丽邑，实非浅也。令□邑□期贤知事葛公灵魄亦都踵行□期在月街以后，货品不堪流通，故自开办第二，提前为上巳之会而尤为繁□□□踵事增华异日开通金江，丽邑握江□上游商权，可以此会为先兆，商会总理李君鉴明

---

① 《中国少数民族社会历史调查资料丛刊》修订编辑委员会编：《广西民族地区碑文、契约资料集》，民族出版社2009年版，第144页。

嘱庚吉为文记之，爰缀述颠末□□□，俾谂创始之难，而利民之可怀也。邑人和庚吉识

商务总理　方堃、李开铨
协　　理　和积仁、萧映奎
会　　董　杨品洁、舒有禄、杨庭恒等
大中华民国三年（1914）六月吉日

红河三村哈尼族"执照碑"

署元江直隶州正堂加三级记录六次欧阳恳恩详请赏便民开垦事：嘉庆七年三月二十九日，据因远巡检详据惠元里十甲……

卖契

立卖水源地界立约人周者得、宗枝甫、李三隆，系猛里娘铺二村居住，为因打洞村人尾得娘铺水源二箐，打洞荒山无能开成田亩，二寨共同商议，情愿立约卖到打洞村，罗相文、杨运初、罗仲德名下实买，得价纹银肆佰两整，入手应用，自卖之后，任随打洞村众人开放随挖，并无威逼等情。日后别寨不得异言，倘有异言，二寨一力承当，此系二比情愿。恐后无凭，立此卖契文约为据。

代字人　张亮功
过付人　陈牙常
凭中人　陈阿受

乾隆十六年（1751）八月十二日立　卖水源契约人　周者得　宗枝甫　李三隆

民国三年（1914）五月二十九日　大吉
公立

缅宁永革陋规碑

清代云南缅宁永远革除以盐易米不等价交换陋规之碑。缅宁系今天的临沧。作者是清代的谌厚泽，为革除当地陋规，以示关心民众，于道光十七年（1837）立此碑。该碑内容主要记述的是缅宁厅署原有差役7名，其役食由官府发给，后因增加差役，其役食由官府以盐向民间易米，每日用威远（今景谷）之抱母盐井所产的大盐4块（12文1块）换取民间米

1升，每日易8升，尚属公允。候军需完毕，理应停止易米，但官府却因循相沿，以不等价进行交换，即仅以小盐4块（8文1块）换取民间米1升，每日易米8升，"稍有不到，鞭棰立加"。当时官府只给差役米3升，所余之米变价牟利，而民间之豪绅以担负徭赋为词，所以苟派转嫁于民众。当时丰年米每升40—50文，约当于1天的工价。若遇荒年，米每升80—90文，大约相当于2天的工价。此为陋规，所以需要永远革除。

二　墓志

南华县哀牢山沙坦兰村有一块清光绪三年（1877）的刘氏彝族墓碑，碑文反映了哀牢山彝族地区从奴隶制经济向封建制经济转变的社会历史状况，对研究该地区彝族的经济史有一定研究价值。

彝族《刘楷墓碑》

南山中，林木茂，野兽多。我远祖，农耕少，猎事多，率奴众，逐禽兽，朝夕乐；邻侵界，必战斗。当是时，夏衣麻，冬衣皮，朝食荞，晚食肉，得温饱。明洪武，土头薄，播种一，获八九；自此后，农事繁，猎事少，居住定，不再流。楷高祖，天顺时，土头沃，种一升，获二斗，楷祖时，嘉靖年，开沟渠，稻谷熟，高祖楷，集街兴，商贾出，带银两，购皮物，楷力强，善射猎，力敌百，人莫侮。我曾祖，是赌徒，输庄业，不可赎；白龙庄、改板山、波罗庄、阿底本，是我土，沙坦兰、白龙庄，输商贾。咸同乱，我建功，沾圣恩，沙坦兰，得返祖，我后辈，宜保土。楷父体，火化后，无着落，楷遗体，原葬处，塔枝树，地不利，乖事出。移此后，龙脉旺，万事昌，南山强，惟我庄。

玄孙宇清跪撰

大清光绪三年（1877）三月立。①

三　摩崖石刻

摩崖石刻起源于远古时代的一种记事方式，有着丰富的历史内涵和史

---

① 刘尧汉：《我在鬼神之间——一个彝族祭司的自述》，云南人民出版社1990年版，第3页。

料价值。先民们认为凡有重要事宜和适宜的条件就会刻石为记，以留存久远。现存有关经济内容的摩崖石刻很少见，对研究契约文书的形制特征弥足珍贵。

现存于贵州省织金县朱藏区木汪乡保山村宣慰岩壁面之上的《宣慰岩石刻》，刻写于明嘉靖三十九年（1560），内容记载黔西彝族格纳因从阿育家购置田地而引起产权纠纷的史事，反映了当地彝族土地买卖的具体过程和交粮纳税情况，对研究明代黔西地区封建领主制经济有很高的历史价值。该碑由于年代久远，受自然风蚀严重，现仅能辨认彝文905字。

彝族《宣慰岩石刻》

经官允许记载于此

我从阿育觉家购置的田地，时于丁未年冬月。撰写这幅彝文岩碑，时为庚申年四月初六，从卯时到未时写完。刻写在岩碑上的文字不会脱落，识字人一看就懂其意思了。

为的使阿叉和阿育的子孙们知道这片田地的情况，我把买地和当地中的等等过程刻在岩碑上，也让众人明鉴我是如何用牲畜折合银两□买成的。

早在丁未年冬月初五那天，格纳我说明要把当给丫口上阿育觉家满六年期限的土地赎回来。阿育觉说："你要赎回土地呢，要把当价归还我。不然，我三哥今年要租种。"

为此，我拿了紫马一匹议价折银五两；银鹤母马一匹议价折银三两；青毛驴一头议价折银一两；黄骟牛一头、红骟牛一头、壮牛犊一头共议价折银七两；山骟羊四只、绵羊一对，共六只议价折银一两；母山羊一只、山骟羊一对、绵羊骟羊一对，共五只议价折银一两；肥猪一对、母猪一头共议价折银一两，山羊绵羊五只。

但是，阿育觉又提出阿索地方的那片土地要归他长期掌管，用以向阿督慕魁交赋；向阿育叉交军粮；我也同意了。到庚戌年，阿育觉已分了一季庄稼。

看来，没有文字依据，恐怕今后输理。阿取等三人传话说我无权管祭司田了。无奈，我又给银一两，山羊、绵羊一对，加上一只鸡，然后，由我承买土地。于己未年冬月初五日，我用黑公马一匹折合一两银，经阿罕把马牵交卖主。付阿取书写卖契费六钱银。给三位凭中人山羊、绵羊一对。卖契写好后画了押。该我子孙万代，永远管业。……

阿嚓无钱难理事，是他转当买给我的。我以枣骝马一匹议价折银六两；青骡一匹议价折银四两；紫马一匹议四两；花母牛一头折银一两；红牸牛一头、灰牯牛一头、半紫色牛一头共议价折银三两；绵羊六只折银一两三钱；山羊七只□□；红骟牛一头折银一两；合计折抵田价银二十二两。经阿罕点交前后共计牲畜五十四头。……

特将前后经过刻在岩上永作依据。

卖地人：阿嚓
买地人：格纳
丁未年冬月初五日①

四 契约砖铭

砖铭是铸刻在古代砖上的文字、图案的记录。主要是秦、汉、唐、宋、元、明、清的古砖，它反映和记录了古代年号及政治、经济等历史情况，也是研究中国古代砖刻艺术的重要资料。

1988年5月原丽江县宝山乡本卡村住民在挖地时发现两块青砖（残），第一块（A）现存长17厘米、宽10厘米、厚5厘米，正（甲面）反（乙面）有东巴文象形文字，侧面（丙面）有花纹。第二块（B）长12厘米、宽12厘米、厚约5厘米，正（甲面）反（乙面）均有东巴文象形字。现抄录如下：

A块甲面：

意为：某某人买了上田、下田两块地，由满古村的阿高广作中介人（或执笔）。

----

① 贵州毕节地区民委、彝文翻译组编译：《彝文金石图录》（第二辑），四川民族出版社1994年版，第19—21页。

乙面：

意为：三十九年五行为□，□来（买）"高重"地方大小三块地，（地价为）二两一钱纯银，中介人□，执笔者我。

B块甲面：

意为：七月二十日买□□（地名）□□（人名）两块地，所给地价为□□□。

乙面：

注：乙面与甲面有联系，但缺字太多，意思不明。

据研究，这些契约砖铭为清代砖，因为清代年号三十九年的只有康熙和乾隆两朝，可断定为康熙或乾隆时代土地买卖契约。①

五　货币

货币是少数民族之间、区域间甚至国家间经济贸易往来和文化交流的重要经济史料，通过历代货币流通状况的研究，可以了解各历史时期的政治经济状况，反映一个地区自然优势和特点。

在西南少数民族地区出土的古代货币，数量大，种类多，内容涉及不

---

① 李锡：《丽江东巴文化博物馆论文集》，云南人民出版社2002年版，第149—155页。

同历史时期不同区域货币的品种、版别、文字、断代、铸主等方面，参考利用价值极大。例如在云南这一少数民族聚居区，其历史上所使用的货币就具有较鲜明的民族特色，曾经存在着贝币、盐币等实物货币、多种金属货币、多种纸币、外国货币等同时流通的情况。马可·波罗在《金齿州》中说："其货币用金，然亦用海贝。"《新唐书·南诏传》说："以缯帛及贝市易，贝之大若指，十六枚为一幂。"在云南晋宁石寨山、江川李家山、昭通桂家院子、大理崇圣寺千寻塔等十余处古代墓葬群的数百座古墓和其他遗存中，出土了不少古代贝币和金属货币，说明贝币这一实物货币在古代云南少数民族地区是通行的货币之一，也印证了云南作为西南边疆地区与东南亚国家很早就开展了频繁的商业贸易的历史。

此外，云南清代铸造的"牌坊银锭"也别具一格。清朝末年，云南兼销业商人将各种当时流通的银锭熔铸成形制、成色、重量统一的银锭。这种长方八角形的银锭，以形似一座牌坊而得名，曾引起国内外的广泛关注。云南的"牌坊银锭"，一般铸有"德厚祥记汇号纹银"及"官公估佘看"文字，体现了云南牌坊银锭的公估制度，银锭表面的铭文，即铸有生产厂商的名称，又铸有质量检验员的名字，称为"公议纹银"，牌坊银锭成为云南地区大宗交易的主要货币。

云南地区还有许多种各个时期官方发行的纸币。如咸丰五年（1855）云南布政司印刷发行的地方纸币"滇藩司钞"，是云南地方官方最早自印自发的纸币，为皮棉纸，采用相同的抄板印制，面值的版式大小一样，冠号盖以红戳，编号数用黑色毛笔填写，票内面值金额都是另用黑色印戳加盖而成。以其中的"滇藩司钞贰仟文"来看，周围为龙水纹花栏，花栏内上端以满文和汉文表明"滇藩司钞"钞名，钞名下为编号"字第二百四十二号"，金额为二千，发行年月为咸丰五年十一月。金额中钤满汉文"云南等处承宣布政使司之印"方形朱印，下栏为蓝色文字"此钞收放出入，皆以二千文作库银一两，民间互相行使，听以钱数计算，并准赴官局取钱，亦准按章搭交官项，伪造者依律治罪"。右下角钤"宝云局"章，左下角钤骑缝印及花押。票上印有"大、制对搭钱"字样，即兑现时必须是大钱一半、制钱一半对搭，后又加盖"改折制钱"的印戳。

第四节　文书类经济古籍文献

少数民族文书类经济古籍文献是古代少数民族社会进入封建经济发展时期，少数民族土官、贵族及群众在经济管理活动中产生的文书档案。现存少数民族经济文书原件大都撰成于清代，有禀文、呈文、户口册、契约、合同、文凭等文种。

一　官方经济文书

官文书是在人类社会长期发展中产生的，统治阶级用于记叙、传递和保存管理国家政治、经济事务的公务信息的重要工具。官文书是古代社会的一面镜子，是古代文化的一个组成部分，其中包含了大量知识，诸如天文、地理、宗教、政治、经济、军事等重大活动，它是古代社会生产生活的客观反映，可以考订载籍之得失，补充史传之缺漏，是一笔重要的历史财富，有待进一步发掘利用。

反映经济活动的官方经济文书，起源早，数量多，一类是经济契约文书，一类是经济统计文书。就经济契约文书而言，早在周朝，官府就已使用"债券"。官府为了战争或亟须借债而筹集财务，往往使用"债券"作为凭据。西周交易时使用"质剂"作为凭证。西周的买卖，要通过"质人"，质人"掌成市之货贿。人民、牛马、兵器、珍异，凡卖价者，质剂焉，大市以质，小市以剂，掌稽市之书契，同其度量，壹其淳制，巡而考之。犯禁者，举而罚之"①。质人是管理市场的官员，货物买卖，要以券书作为凭证。奴隶、牛马之类的大宗买卖用长券，称为"质"；兵器、珍异之类的小宗买卖用短券称为"剂"。质剂由官方制作，一旦发生契券纠纷，质人有责任受理。"傅别"是西周在借贷活动中使用的一种书面契约，"傅"是把契约写在竹木做成的简上；"别"是把契约分为两半，债权人与官府或立契双方各执一半。到了东晋时期，产生了输纳税钱时的文书"税契"。据《陔馀丛考》说："市易田宅，既立文券，必投验官府，

---

①　（汉）郑玄注，（唐）贾公彦疏：《周礼注疏》，上海古籍出版社2010年版，第375页。

输纳税钱,给以印凭,谓之税契。"① 到了宋朝,"合同"是官吏用作领取钱物的凭证文书。清代的契约合同是甲乙双方或多方订立的文书,作为各方共同遵守的法律文书和存查备照依据,主要用于经济生活方面,有的称为"契",有的称为"约",也有的称为"合同"。合同以相同文字写成双份甚至多份,各执一份,折叠中缝,相合骑缝书写"合同"等字。买卖土地房产,须向官府纳税,官府颁发官契契尾,则是契约中最正规的形式。

杨国祯先生早在20世纪80年代初便曾保守地估计,仅中外学术机构搜集入藏的明清契约文书原件的总和,当在1000万件以上,② 这还没有包括敦煌文书中的,以及宋元、民国时期的契约文书原件。如果再加上金石文字以及文献中的契约资料(包括民间大量的契约样文、契约程式),其数量之巨,非凡人所能尽数;其内容之丰富,亦非凡人所能遍睹。近年来,我国有一大批契约资料经整理考释后出版,其中比较重要的包括:张传玺主编《中国历代契约汇编考释》(北京大学出版社1995年版),该书共收有西周至民国历时3000年的契约1402件,其中包括明代契约422件、清代契约500件以及民国契约73件;中国社会科学院历史研究所编《徽州千年契约文书》(花山文艺出版社1993年版),包括"宋元明编"及"清、民国编",收录了徽州地区自宋至民国时期的契约及相关文书,所收契约文书全以缩微胶版形式出版,非常直观,但文字不甚清楚,识别起来有一定困难;沙知录校的《敦煌契约文书辑校》(江苏古籍出版社1998年版),共收契约资料300余件,同时又收录了少量含有契约内容或与契约密切相关的牒状、公验、凭约文书;国家文物局古文献研究室等编辑《吐鲁番出土文书》第一至十册;四川自贡市档案馆等编《自贡盐业契约档案选辑 1732—1949》(中国社会科学出版社1985年版),该书收录了清代至民国间的契约785件;中国少数民族社会历史调查资料丛刊,广西壮族自治区编辑组编《广西少数民族地区碑文、契约资料集》(广西民族出版社1987年版),这是广西少数民族社会历史调查组1956—1957年在大新县进行壮族社会历史调查时,搜集的土司时期的田地契约文书资

---

① (清)赵翼:《陔馀丛考》,中华书局2003年版,第468页。
② 杨国祯:《明清土地契约文书研究》,人民出版社1988年版,第3页。

料；四川新都县档案史料组编《清代地契史料》和《民国地契史料》；谭棣华、冼剑民编《田藏契约文书粹编》所收录的近千件契约系田涛先生的私人收藏，时间跨度从1408年到1969年。在此列举的已整理出版的契约文书中，吐鲁番文书与敦煌文书中的契约资料多是唐时的文物，其他属于明清时代的契约则多见于历史文化经济较发达的地区。对于少数民族地区的契约，除以上谈及的少数民族契约文献资料外，已知的还有内蒙古大学图书馆收藏的呼和浩特和包头两地的契约数百件，都是清朝后期和民国时期的遗物，其他如分布在云贵川等地的彝族、白族、傣族和纳西族也有少量契约等文书资料。这些契约对研究少数民族经济的发展，汉族和土著民族的关系等都有很高的参考价值。不过，由于民族聚居区地处偏远，经济发展滞缓，文化相对落后，存有的契约资料很稀少。

契约作为交易法律要件之一，经过长期的发展，到了明清时期，其格式到内容逐渐成熟与固定，除了出卖原因、出卖价值、担保责任外，还有契约签订时间、当事人署名画押等事项。在订立买卖契约过程中，除了当事人双方外，有些契约还有第三方主体即中人的参与，他们参与勘察实物、议定价格、见证两相交互等事项，也在契约上署名画押，在交易中起着说合、担保、调解等责任。

中国是有着长期封建社会历史的文明古国，随着封建土地所有制的发展，私人土地的买卖、典当、租佃、招佃以及银钱借贷等，形成了大量的契约文献，这些文献既真实直接地反映了当时社会人们之间的经济关系，同时本身也作为制约人们交易行为的特殊手段直接参与到经济生活中去，并发挥作用。这些经济契约文献应该被史学家们所重视，特别对少数民族契约文书的整理、研究、利用还需要进一步深入。

经济统计文书是统治者管理人民、获取财富、取得民役的主要依据，因此历代统治者对这类文书格外重视。历史上经济统计文书主要包括登记民众口数的户籍和登记民户产业和赋税的赋役册。其数量丰富，种类繁多，如周朝的版图、丁籍，秦汉的计簿，魏晋南北朝增加了黄籍、白籍和计账，唐代有手实、乡账，宋元时有五等户、砧基簿、鼠尾簿，明清时有甲册、黄册和鱼鳞图册等。下面列举西南一些少数民族的官方经济文书来进行说明。

（一）壮族

壮族是我国南方的土著居民。壮族经济发展经历了氏族部落时期的原始农业，西瓯骆越时期（先秦至秦汉）农业和手工业的分离，俚僚时期（魏晋南北朝至隋唐）农业、手工业的发展和商业、集市的形成，僮土时期（宋元至民国）农业、手工业、商业和矿冶业、交通业的发展，民族区域自治时代的工业化和现代化五个阶段。壮族处在氏族部落的时代，是其独自发展的时期。当壮族先民西瓯、骆越人从氏族部落社会进入阶级社会、由蒙昧时代进入文明时代时，发生了秦瓯战争，秦始皇统一岭南，西瓯、骆越地区纳入了祖国统一的版图，自此至民国时期止，壮族由独立发展时代转入了统一的中央封建王朝治理下与汉族和其他少数民族杂处生存和发展的时代。民族政治过程的这种转折和变化，对壮族的经济过程和族体形态过程都产生了重要影响，其中对壮族经济发展起到了促进和推动作用。秦统一岭南后，大批中原汉族移居岭南"与越杂处"，开始了壮汉民族融合的过程。在桂东北地区，东汉时已经出现中原式的地主田庄，南朝时土地买卖已相当盛行，并出现了土地买卖契约。清代大规模的改土归流以后，汉族文化对壮族的社会变迁和生产关系产生了重要影响，汉族地区的田地契约文书也因此传入没有本民族文字通行的各壮族土司地区。特别自清朝乾隆年间以后，壮族买卖田地等产业的契约文书大量出现了。现举例说明如下。

税契印单

养利州为税契换由等事，奉

院司府牌行到州，一应买受土地税契，俱照价银多寡纳税。等因遵奉在案，今据二图三甲里长赵允相、甲首言益祥、人户陈大言佛刘、买到一图七甲里长赵逢、甲首赵玘马、人户赵玘周，土名那叫田，陆□□□□，共税一分五厘，粮米七合五勺，价值银四两二钱正，纳税契银一钱二分六厘，除收贮□□行给照。为此填给印单，买主暂行收执。□□□□发红契到之日，另行倒换须至单者。

右付给户丁陈大言佛刘收执

康熙四十年（1711）二月十八日

养单十八号①

呈报缓征粮银文

敬禀者，本年七月十日，奉宪札为□等因奉此，窃卑土州，自咸丰九年（1859）内，被果化土州首匪黄见安，率股窜入土属，盘踞三载，地方村民疲惫殊甚，或被害或逃外，不堪胜计。曾将缘由禀明。

宪台在案，迨至今春，卑官男再次出示，招□回业耕种，输纳国课。然十户仅旋于一，即归一者，乏力牛力，不过百亩之中亦耕二矣，其余仍属垞圩耳。

兹奉宪札严催，适逢秋水泛涨，所得种之田亩，遂被泡坏过半。是以米价高贵，兼值青黄不接，而月规之。项榨干皮骨，老弱转于沟壑，少壮散而之四方，鳏寡孤独，颁白者不惟负戴，且将提囊。卑官男正在催科五术，唯有据实转禀，仰恳宪台转念时艰，俯查民瘼，容俟秋收之后，当即征催。现耕民丁专差土目报解，非籍辞推诿，敢自侵吞，致干宪责参咎也。肃此具禀恭叩全安，统祈

慈鉴，卑官男谨禀。

奉札催解地粮银两，恳恩容秋收之后，当催批解由。②

禁出售私盐告示

为禁充赚以足官引，照得商阜之设，上输国课，下济民食，定例行盐，各有地界，外来私枭入境充赚，固应严拿，即本地小贩买本阜引盐，亦不得辄在本圩摆卖，所有以杜影射，而昭画一，是卖私视盐之多寡，定罪之轻重，立法何等森严。前因本阜偶尔缺盐，尔等小贩暂时售卖本州，以民食所关，姑究权变。但有违定制，不可习以为常。现经本州本府宪选择妥人，就近采买引盐销售接济，以杜滋端，然不禁充赚私买私卖。饬各地保圩长并差查拿外，合行先出晓谕，为此示。仰各盐贩及诸色人等知悉；以今日出示为始，嗣后倘敢将盐入圩摆卖，及在各乡游卖者，乡地保

---

① 《中国少数民族社会历史调查资料丛刊》修订编辑委员会编：《广西少数民族地区碑文、契约资料集》，民族出版社2009年版，第9页。

② 同上书，第109页。

第二章　西南少数民族经济古籍文献整理与研究　/　85

圩长差役，立将入圩并拿禀送到州，按律究治。至属内民户，亦不许贪便买私。一经拿获，均干责处。

本州言出法随，决不宽贷。各宜禀遵毋违，特示。①

佃耕官田批照

为批照事得本州原有□□处官田一百地，每年出租银若干。兹据□□禀请，领纪年自□□起耕，至冬底止，当先过租银□两正、其田限几年内花苗，令其自耕满之年，仍将此批缴销，再行议租。毋得勒指，给此照存。②

差役催收粮款传票

州正堂票仰本役，持票前去□承头督催各目，赶紧速催各粮户，立刻齐备十足纹银，上衙缴纳，立等扫数批解赴府，毋得稍延，致干提比，速速须票。

州正堂票仰本役，持票前去□□段各村查照，票内后开有名抗误钱粮人等，逐名赶紧催缴。准限本月□□日缴齐，立等批解赴府，毋得违限。如有何人违抗，许即锁拿赴衙，比追决不宽贷，速速须票。③

严禁圩期拦路霸买山货谕示

为严禁截路买货，以杜滋闹事，照得州前□圩，每逢子、午、卯、酉日期成圩，现届秋获之时，货物多出沽卖。近有不法之徒，每至圩期，一遇谷米、豆麦、棉麻、山货等出圩，争趋拦路霸买，致滋闹事。势若行夺，殊属可恶。除饬差巡查严拿外，合行出示晓谕。为此示仰圩长及目甲诸色人等知悉。自示之后，如逢圩期，所有一切货物，准其到圩摆列，照时价值沽卖，公平交易，不许拦路霸买。倘有何人不遵，仰圩长目甲协同巡查，不分境来客民买者卖者，一并缚拿送赴衙门。

---

① 《中国少数民族社会历史调查资料丛刊》修订编辑委员会编：《广西少数民族地区碑文、契约资料集》，民族出版社2009年版，第130页。
② 同上书，第131页。
③ 同上书，第132页。

本州定行分别重究,决不姑宽。各宜禀遵,毋违特示。①

安平州土官颁发的土地执照

安平州正堂李,为给执照以垂永久事,本月初一日据西化埠美村黎唐、黎里呈称:情因永置唐美稔村黎裔等城田那咭嗦一子,黎马等城田那造一丢,黎刘城田那造一卒,其子价钱四十千文,其一丢价钱五十三千五百文,其一卒价钱二十七千文。兹黎裔等取补价银一两正,黎马等取补价银五钱正,黎刘取补价银二钱五分正,出具推呈与民复谢,民等照例备办纹银十两正,请给印照,仍作上城免番田一子、丢、卒等情,据此,除批准外,合给执照。黎唐等遵照事理,嗣后凡有上番及本州出府往左邻封夫役一切准免,如遇兵戈扰攘,照例类众,所有田业,永尔世代子孙管耕,倘故绝无人,田仍归公,今将田名开列于后,须至执照者。

计开:

北城那咭嗦子那造一卒丢,美内畲地一片共作上城免番田一子丢卒,递年纳普照银六钱五分八厘正,其钱粮盐饷婚丧礼照例类众毋违

右照给北城埠美村黎唐里收执

嘉庆四年七月初一日

本执照正文用砂纸手写盖上州印,对研究土官统治时期土地制度具有查考价值。②

土官出售公山契

茗盈州正堂李□头目农时达等,今因急需无钱办公,不已,官目商议,原州属之荒地土名黄□陇一处,凭中立约永卖与本街□亲台农泽耀处,□取本纹银三十五两正。即日接银回署应急办公。当众三面言定,其他交过买主,任从牧牛种杂粮。倘有日后何人生端冒认,系印契有名之人承当,不敢异言。恐后无凭,为此立印契一纸,交与买主收执,存据是实。

---

① 《中国少数民族社会历史调查资料丛刊》修订编辑委员会编:《广西少数民族地区碑文、契约资料集》,民族出版社2009年版,第133页。

② 同上书,第12页。

正中保堂任挺朝

通引李耀宗

嘉庆十七年（1812）正月廿一日立约执笔人马德显①

（二）傣族

官方傣族经济文书是历代封建中央王朝在傣族的地区进行征收赋税、摊派差役、集贸管理等经济活动中形成的文书档案。官方汉文傣族经济事务文书内容丰富、文种繁多，对研究历代封建中央王朝对傣族地区的经济统治状况有很高的历史价值。

1. 官府经济文书

历史文献中大量载录有傣族经济事务文书，其中以元明清时期的为最多。例如：

元代《元史·本纪》卷4—17说："至元十六年（1279）六月癸巳……爱鲁将兵分定亦赤不薛，纳速拉丁将大理军抵金齿、蒲骠、曲腊、缅国界，招忙木、巨木秃等寨三百，籍户十一万二百，诏定租赋，立站递，设卫送军……（至元二十七年）五月戊午，尚书省遣人巡视云南银洞，或银四千四十八两，奏立银场，官秩从七品。……（二十九年）十二月庚寅，中书省臣言：金齿适当忙兀秃儿迷失出征军马之冲，资其刍粮，立为木来府。"

明代《宣宗实录》卷42记载：（宣德三年，1428年）庚子，云南总兵官、黔国公沐晟言："麓川宣慰司思机发，侵夺南甸、潞江等处村寨，议调军剿捕，于金齿各处预备粮饷，而所属州县皆系极边、别无仓储，黑、白、安宁、五井四盐课提举司餐办盐三万九千引，请不拘常例，暂将上年所中商盐往支一年，召商于金齿司中纳，依永乐间例：安宁井每引纳米二石，黑、白井每引一石五斗，五井每引一石三斗，以到井日为始，依次支盐，计足一年盐课，仍依原次支放。"上谓行在户部臣曰："蛮夷仇杀常事，岂可轻用兵；但守边不可无备，姑如所奏行之。"

清代《世宗实录》卷98记载：雍正八年九月壬辰（1730年11月6

---

① 《中国少数民族社会历史调查资料丛刊》修订编辑委员会编：《广西少数民族地区碑文、契约资料集》，民族出版社2009年版，第15页。

日)。云贵广西总督鄂尔泰奏报:"永昌府边外孟连土司,每年愿纳厂课……"得旨:"孟连地方……地处极边,自古未通中国。总督鄂尔泰化导有方,俾各输诚效顺,任土作贡,虔心向化,甚属可嘉。其孟连土司厂课每年六百两,为数太多,著减半收纳,以昭柔怀至意。"

　　元明清时期形成的官方傣族经济事务类文书还有明宋濂编纂《元史·本纪》记载的元大德元年(1297)《元廷关于每军十人给马五匹,不足则补之以牛敕文》,至元三年(1337)《元廷关于老告军民总管府等酋长三年一入贡命》,至正十五年(1355)《元廷关于死(思)可伐之子莽三以方物来贡令》等;《明实录》刊载的正统五年(1440)《明廷给都察院右佥都御史丁旋关于储运粮饷事敕文》,正统七年(1442)《明廷关于云南边地储粮屯田敕文》《南京守备丰城侯李贤等关于支取舡运赏赐征麓川有功官兵钞绢奏本》《巡按云南监察御史陈浩关于云南军储不足,乞命湖广、四川等地拨给奏本》,正统八年(1443)《云南总督军务、兵部尚书、靖远伯王骥关于处理赏赐官兵银、绢事奏本》《明廷关于储运四川、湖广调拨军粮敕文》,正统九年(1444)《云南总兵右都督沐昂等关于云南财力困乏、米价腾踊奏本》,正统十三年(1448)《兵部尚书邝埜关于调运湖广军粮支给进征麓川官兵奏本》《明廷谕木邦、缅甸、南甸、干崖、陇川等宣慰使被舡积粮敕文》,万历十九年(1591)《兵科给事中张应登关于移腾越参将驻扎彼中筑城奏本》等;明刘文征撰天启《滇志》载录的陈用宾题《经制全省赋税疏》《陈言开采疏》和《罢采宝井疏》,周懋相撰《条议兵食疏》等;《清实录》等载的雍正八年(1730)《云贵广西总督鄂尔泰关于孟连土司每年愿纳厂课奏本》和《清廷关于将孟连土司厂课每年六百两减半收纳谕旨》,乾隆三年(1738)《云南巡抚张允随关于调拨口粮救济滇南流丐疏本》,乾隆十三年(1748)《清廷关于赈恤接济元江、元谋、景东等州、县灾民谕旨》,乾隆三十一年(1766)《清廷关于云南普洱之十三土司连年遭莽匪滋扰,将本年银粮和旧欠银概行豁免谕文》,乾隆三十四年(1769)《调任云南巡抚喀宁阿关于补买滇省军粮奏本》,乾隆三十八年(1773)《清廷关于孙尔桂等屡次勒索车里宣慰土司刀维屏等银两,应将革职留滇文》,嘉庆八年(1803)《清廷关于免除云南缅宁厅民应还常平仓谷谕文》,光绪七年(1881)《清廷关于云南镇源等处遭水、雹灾应予接济谕旨》,光绪二十年(1894)《护理云贵总督谭钧培关于威远等州县被水成灾和勘赈情形奏本》等。

清代形成的官方傣族经济事务文书原件仍然以盈江县档案馆所珍藏的光绪年间滇西地方官府颁发给干崖抚司公牍中经济事务文书较为典型。其中比较具有代表性的有光绪十一年（1885）《永昌府为征差发银两札》，文书内容格式如下。

永昌府为征差发银两札

札。钦加三品衔特授永昌府正堂加三级纪领十次口为札饬遵照事：照得本府现奉臬、藩、粮宪会同善后总局札饬，酌定章程，抽收津贴、夫马经费钱文，按照粮额，每米一升，抽钱三文；银一分，亦抽钱三分，均经通行遵办，本府业经出晓谕在案。查该司应纳本府衙门，光绪十一年份额征差发银两，自应遵照章程，抽收汇解，除票差守催外，合行札饬。为此，札仰该土司遵照：札到即将应纳本年分差发银两，随同抽收津贴、夫马经费钱文，一并核算明晰弹兑，封固点交来差，具文申解来府，以凭汇数转解，并专人护送出境，以免失误，毋稍迟延。切速。特札。札干崖土司刀盈廷。准此。光绪十一年（1885）十二月二十八日札。①

案册中其他经济事务文书还有光绪十二年（1886）《腾越厅采买军粮事札》《腾越厅为催采买军粮事札》《永昌府为征收钱粮事札》《腾越厅为采买军粮事札》（二份），光绪十三年（1887）《腾越厅为采买兵粮事札》等。

民国时期产生的官方汉文傣族经济事务文书更为丰富，内容包括税收、财政金融、粮食、实业、水利、林业和畜牧诸多方面，其中以《云南省政府视察室民国三十七年（1948）视察各设治局经济工作报告》和《各设治局经济工作报告书》内容最为齐全，现节录民国三十七年（1948）《梁河设治局经济工作报告书·财政》说明这类文书档案的内容价值。

---

① 德宏史志编委会办公室：《德宏史志资料》（第七集），德宏民族出版社1986年版。

梁河设治局经济工作报告书

民国三十七年（1948）五月一日

财　政

1. 财政现状，职局经济现状：因在生活高涨，人民困苦非常之际，所收入之牲屠、骡马牌照税，仅占开支之百分之七十，仅以伙食公费之需，尚难支付，每月不敷百分之三十以上。凡局内职员，本实干苦干之真精神服务，但一切应办之工作，感于经济拮据，难以推进。

2. 补救办法：发展经济。（A）由政府实行农贷，使贫农得以救济，不致受地方及资本家之剥削或压榨；（B）由政府开设工厂，使人民乐于有工作，不致感受失业之苦；（C）兴修水利，由政府拨款补助，尽量开拓田畴。如大盈江岸一带及曩滚河一带，可开拓粮田数千亩，每年总在产谷几千万石。由以上三种所得利益，概做充实职局或地方经费。

梁河设治局局长　郭崇霄[①]

现存民国官方汉文傣族经济事务文书档案仅云南省档案局保存的金融类档案"云南富滇新银行档案""中央银行档案"中就有民国二十四年（1935）《富滇新银行代省政府拟致财政部电稿》，民国二十五年（1936）《富滇新银行呈省政府文》，民国二十六年（1937）《滇黔绥靖公署、云南省政府通令》《富滇新银行快邮代电》《富滇新银行布告》《云南省政府训令》《各设治局长兼任兑换所所长并由省富滇新银行委派检察员》《龙陵县长兼任兑换所所长王锡光致富滇新银行行长函》《富滇新银行腾冲分行会计员给总行行长函》《富滇新银行腾冲分行会计员吴嘉仁给总行行长函》《富滇新银行腾冲分行经理李敏生给总行行长函》，民国二十八年（1939）《云南省政府训令》《富滇新银行腾冲分行经理李敏生给总行行长函》《云南富滇新银行、省财政厅密函》《富滇新银行腾冲分行会计员鲁师贵给富滇新银行总行的报告》《龙陵税务局长王良弼写给省兴文银行的函》，民国二十九年（1940）《昆明中国银行致中国银行芒市分理处函》

[①] 德宏史志编委会办公室：《德宏史志资料》（第九集），德宏民族出版社1987年版，第67—68页。

《四联滇分处函》《云南省政府训令》《财政部咨》《殷公笃赴畹町调查，向昆明分行函呈调查情形》，民国三十一年（1942）《中央银行龙陵分行经理报告畹町分行发生火灾真相报告》《畹町中央银行经理殷公笃上报要求增加人员》《中国银行芒市分理处概况》《芒市实业公司计划及预算草书》《昆明中国银行经理王振芳复方克光函》《中国银行畹町办事处概况》《富滇新银行芒市分行概况》《富滇新银行总行训令》《方克光为芒市分行经理令》《云南富滇新银行芒市分行给省行呈文》等。

2. 土官经济文书

土官经济文书是古代傣族进入阶级社会以来，傣族土司和百姓在各种经济、宗教活动中形成的文书档案。傣族经济文书内容多记述傣族地方土司、历代封建王朝以及寺院对傣族人民的经济剥削情况，其种类十分丰富，有各种负担账、官田册、头田册、收租清册、各类经费开支、债务、契约、账簿等。这些文书对研究傣族农奴制社会经济状况有重要的史料价值。如《傣历一一九一年（1829）宣慰使为征派招待天朝官员费用的指令》和《勐遮等八勐向清王朝缴纳银粮的负担账》，记载了清统治者在傣族地区征收赋税的情况；《景洪坝宣慰田及官田》《耿马九勐十三圈的头田登记册》，反映了傣族封建领主制下的土地占有关系；《百姓负担账》《西双版纳各勐负担账》则记录了傣族土司、头人对傣族人民的经济剥削以及傣族群众在各种赕佛、祭勐神活动中所承受的经济负担的状况。傣文经济文书保存下来的很多，比较有价值的还有《宣慰田、头人田及收租清册》《孟连土司门户册》《议事庭长修水利令》《曼蒙与曼昂签订的田界契约》等。按其内容性质主要可以划分为经济管理文书和礼仪经济文书两大类型，现分述如下。

（1）经济管理文书

这是傣族地方土司政权和寺院在对百姓进行经济体制、管理和剥削活动中产生的文书档案，其种类有各种负担账、官田册、头田册、收租清册、赕佛负担账和买卖契约等。这些文书对研究傣族农奴制社会经济状况以及各级土司头人、寺院僧侣对傣族群众的经济剥削情况有史料参考价值。如耿马傣族地区发现一份注明"宣抚司勐耿马土司衙门时代不得遗失"的耿马古代九勐十三圈的门户钱，私庄税银，城关镇及上坝、下坝全部头田，圈西月的头田，圈海内头田以及土司买地情况的经济文书，对了解耿马土司对傣族人民进行经济统治的历史状况有较高参考价值，兹录部分内容如下。

傣历一二七九年（1917）九月六日全部门

孟撒	800 两银子	孟勇	380 两银子
曼磨新爷	500 两银子	曼念新爷	70 两银子
腊也	70 两银子	曼黑新爷	260 两银子
增听	40 两银子	孟子新爷	250 两银子
曼服新爷	400 两银子	当怀新爷	150 两银子
牵服	30 两银子	曼莱	80 两银子
夹纳	30 两银子	帮哄新爷	35 两银子
曼布	100 两银子	莱弄	120 两银子
圈老新爷	60 两银子	弄谈	105 两银子
若纲	30 两银子	保山龙潭	40 两银子
帮板新爷	130 两银子	帮配	20 两银子
圈西讫	620 两银子	帮宛新爷	25 两银子
孟景	1300 文	曼飞郎爷	75 两银子
圈勒新爷	55 两银子		

……

圈海内头田

曼俄：12 份，栽种 6 份，放荒 6 份。

显多寨：6 份，曼买 6 份，曼钵 6 份，交租给海太太爷。

贺东：9 份，栽种 6 份，放荒 3 份。

纳晓：5 份，头人栽种 2 份，给亲兵 3 份。

圈周唤：3 份。

曼快：5 份。

曼磨：5 份。

曼配：5 份。

曼卫：5 份，交租给土司衙门。

郎抗：7 份，6 卓种，给回族栽种。

纳海纳：1 份。

遮买（包括新旧）：4.4 卓种。

其他傣文经济管理文书如《傣历一一九一年（1829）宣慰使为征派招待天朝官员费用的指令》和《勐遮等八勐向清王朝缴纳银粮负担账》记载了清朝统治者在傣族地区征收赋税的情况；《景洪坝宣慰田及官田》《曼蒙与曼昂签订的田界条约》反映了傣族封建领主制下的土地占有关系；《百姓负担账》《西双版纳各勐负担账》记录了傣族土属、头人对傣族人民的经济剥削以及傣族群众在各种赕佛、祭勐神活动中所承受的经济负担状况；《景洪水利分配》《从贺勐到景澜水利分配及保管手册》则对领主阶级经营水利事业的目的、水利管理的制度、分配用水的原则及各村社、各农户应尽的义务等都作了详细的说明与规定。傣文经济管理文书还很多，比较重要的有《宣慰田、头人田及收租清册》《孟连土司门户册》《勐笼土司对人民的各项负担的分配册》《勐各寨的负担册》《收租收税票》《景洪地界水沟清册》《景洪田亩数及水利分配》《德宏傣族地区土司田租底簿》《姐冒田租簿》《盏达领主收各宗的粮租登记册》《盏达土司土地契约》《德宏土司地区买田执照》《德宏傣族地区商号马帮经商护照、执照》等。

（2）礼仪经济文书

礼仪经济文书是傣族农奴制土司政权内部关于土司委任、土司丧葬、土司就职、招待上级官员、土司互相送礼、土司迎娶，以及百姓打官司、百姓找土司办事应缴纳、献送或互赠钱物数量具体规定的一种文书类型。傣族土司任职、红白喜事献金和百姓缴纳一定的办事费用的习俗可追溯到古代傣族阶级社会的形成时期，进入农奴制封建社会以后，土司政权将应献礼金和该缴纳的银钱作了具体规定，从而形成了独特的礼仪经济文书，这种文书具有法规和经济双重性质。各傣族地区的土司政权都制定有相应的礼仪经济文书，其中比较有代表性的是西双版纳宣慰使司所制定的礼仪经济文书，该文书系宣慰街帕雅亚纳翁藏本，内容涉及土司任职、举办丧礼、招待上司等方面应献礼金的具体规定。现节录部分内容以资参考。

敕封后的土司应献的礼金

1. 敕封为"召敦帕布塔捧玛翁萨"的土司，自备重二两的银符（由"昆谢"在此银符上刻上字后，交回受封的土司作信符之用）。接受委令时，出银子三十三两；金子三两三钱；杂务费九成银八两。

2. 敕封为"召敦帕捧玛翁萨"的土司，自备重二两的银符。接受委令时，出银子三十三两；金子三两；杂务费九成银八两。

3. 敕封为"召敦帕拉扎翁萨"或"迭巴翁萨"的土司，自备重一两五钱的银符。接受委令时，出银子十六两五钱；金子一两五钱；杂务费九成银四两。

4. 敕封为"召敦帕比扎翁萨"或"宰雅翁萨"的土司，自备重一两的银符。接受委令时，出银子六两六钱；金子六钱；杂务费九成银四两。

5. 敕封为"召敦帕南玛翁萨"的土司，自备重八钱的银符。接受委令时，出银子三两三钱；金子三钱；杂务费九成银三钱三。

6. 敕封为"帕雅先?"的土司，自备重八钱的银符。接受委令时，出银子十六两五钱；金子一两五钱；杂务费九成银三钱三。

以上6个不同等级的土司及帕雅·先竜，又同样再出九成银三十三两和"兴板罕"三十三两。

郎爷、新爷及老百姓向当地土司送的礼：

1. 要求见土司时，老百姓先送一碗鸡蛋、一条手帕和一文钱（半开）。新爷要送银子4两，小郎爷要送银子1两2钱，伙头要送银子8钱，寨头也要交8钱，一般群众要送3钱。这些规定，不能多也不能少。

2. 过节时给土司送的礼：要送法弄1套。百姓除了送鸡蛋和手帕给土司的老婆及小孩外，还要送银子8两，太爷还要送银子10两，小太爷要送2两，郎爷要送4两，小郎爷要送1两2钱，伙头要送8钱。

3. 有事情要找衙门解决时，到土司大衙门要送钱10元（半开），最少也要送银子2两，还要送给太爷银子12两，给小太爷银子4两，给老新爷银子4两，给小新爷8钱。

4. 如果是去衙门认罪请罪，送礼和上面规定一样。

5. 土司或官为百姓办了一些事后，百姓要送礼感谢他们。要送大衙门银子16两，最少也得送8两；要送太爷8两，没有8两送4两、2两亦可；酬谢一些调解的老人，也要送银子2两，没有2两1两也行。送礼时，如果是送半开，则半开100文还要附加银子20两。

礼仪经济类文书还有《勐龙沿袭受封应受礼金规定》《勐腊土司盖新房头人百姓敬送礼金规定》《西双版纳官员接任礼金、礼物规定》《西双版纳土司接诏接任礼金、礼物规定》等。①

(3) 汉文银票

傣族汉文银票保存下来的极少,所知者仅有干崖宣抚司于清光绪三十三年(1907)发行的银票。关于干崖宣抚司发行的银票,傅于尧先生在《盈江民族历史文物考察》一文中作了如下详细的研究论述:

"纸票为重磅道林纸所为,票长一四点八厘米,广九厘米,票面图案极为精致,其色有深蓝、浅蓝二色,印信为红色。稍有折损。票值'纹银十两',直行,票面上方为'干崖宣抚准'一行,其下方则有傣文一行,皆横书,盖与汉文'干崖宣抚准'对译。两侧为'光绪三十三年造(右)'、'新城银庄发行(左)',直行,均楷书。票面右上角印有半身青年头像,头戴圆帽,身穿清代服装,左上角则印昂首独立雄狮像;四隅有'十'、'十'、'10''10'四字。票面下方尚有'天号'隶书,以及'249'号码(系后来加盖号数)。纸票背面图案呈浅蓝色,制作图案也精湛,左右两框内,分别印汉、傣两种文字的《银票简章》,傣文在右方,横行,凡二十三行;汉文在其左,直行,楷书,十三行,行字不等,字迹犹如蝇头小楷,读之,颇感费力。"

兹据汉文《银票简章》全文抄录如下:

  本庄为交易便利起见,做照内地都市商埠银钱庄行,使纸票用代实银、实钱,即便取携交易计算。本庄设总铺于滇南干崖城内,其他之繁盛市场,均设有分铺,凡用本庄纸票者,无论总铺、分铺,皆可照数兑职实银、实钱。

  本庄出入公平,童叟无欺,凡川银或钱兑换票及川票来取银或钱者,皆按实数交易,绝不格外加减,其以银票折银交易者,则照市价以为准则。

  本庄所出纸票,无以值银为定口,皆有口实资本,经干崖土司承认担保,万一本庄不幸事,以致倒闭,可执向该土司兑取银钱。

  本票有口特别记号,最足以杜假,口票信用;凡行使本票者,须认明记号,勿误。光绪三十三年八月新城银庄奉白。

---

① 华林:《傣族历史档案研究》,民族出版社2000年版,第127—131页。

在"光绪"年号下，钤"新城银庄"朱印一方，正方形，篆书，阳文，又在"新城银庄奉白"上，则钤长方形篆文朱印一枚，印文已模糊不清，仅能辨认"云南……印"三字，印文二行，阳文。又在汉、傣文《银庄简章》相连的中缝处，另钤圆形朱印一方，篆书，阳文，因位于褶缝处，印文磨灭尤甚，实难辨认。

此纸票，是在翻阅原干崖土司收藏情季地方性档案时见到的，不知何时加入文牍中，票面已污染，看来已使用过。现由盈江县档案馆珍藏。①

1943年8月12日干崖司署为交缴赋税的通令

查我司赋税久未结算，以致漫无头绪，于是弊端百出，有隐藏不报或交缴不清或公款私用，层见叠出。似此无统系之状态，殊属非是。丞应根本彻查，杜绝弊端。特定简章列下，仰各该管遵照负责办理，今后务须按期完纳，年清年款，勿得仍旧拖欠徇私误公，致干查究。此令。

1. 全属租项每年共分二次交清，二月一次，九月一次；

2. 各该管须按期交清，倘遗至第二期即须按照下次谷价；

3. 倘有过期每日照加一元；

4. 每准收三分之一至二分之一之谷子屯积；

5. 上交租款时须同头人等同交；

6. 各每期之完票及每年之完票，均须有财政处、总务处、办公主任处等盖章始为有效；

7. 每该管准用一人之公役，其薪水由公款拨给。凡对于该署内之一切事务，即专使指定之人，以免混乱。

8. 各该管须按年报告其经过一次，及将其全属之收入造成底册呈报。②

盏西地区交官盐事

办理腾岸缉私盐务寸，为谕饬遵办事。照得四月初十日有罗委员到

---

① 德宏史志编委会办公室：《德宏史志资料》（第七集），德宏民族出版社1986年版，第126—128页。

② 《德宏傣族社会历史调查》（三），云南人民出版社1987年版，第220页。

盏，奉府宪朱谕，坐催盏西、止那、蛮奔、芦山，限四月内备银到腾，补领冬腊正二月欠领之官盐四千斤，倘敢违延，定行究办，等因奉此，谕仰孟抚夷全成、周宪升及线启富、孟士元、蛮奔郭抚夷、线文荣、孟成贵、高正朝等，即速出城领盐，并来盏西盐局商议上禀，邀求按户领盐勿违。切切特谕。

驻扎盏西缉私营帮带兼办各司缉私团务（图记）

宣统三年（1911）四月十一日谕①

商会合同

  立出商会合同凭据文约人申德富、李发贵等。为因本年我关由此大有幸福，非有祸患。但卡苦之贸易，大有商场之战，无论农商两途，人人通能得衣食丰足。众商人同心，维持立规条，所来之客有主人各归主人。无主人之客，那人领得可归那人。其路途接客须要分明，当日欠债之人，不得邀约。倘有情形进至家中，当要退还主人逐年之市价钞，不得高抬少卖，概作一样价钞，不论那家送客，须要两人抬枪挂刀，勿得空身自由，要送至交界方能脱担。若送来之家有此祸患，众人不能光顾，好好预备。全送之人，遇此强盗，以作三分担抬，客人愿抬一分，主人一分，商会一分，那人勿得异言。未接自来之客，只能有债要债，当日有此送礼勿致再言。倘若无知之徒，内中呵卖客人货物，查得实确，众商人须要重罚，勿得讲此人情。现下古永、猛点、拱腊、戛独、芒允各处，俱有口角。情敝由此，岂能往此他处前行。自立商会合同之后，众人心同一体，生死相顾。如错在别人之手，必须帮为改祸呈祥。如若错无过之人，须要帮称理。此系人人情愿，个个悦服，非谁人逼迫。此情恐口无凭，故立商会文约为据是实。

民国十四年（1925）十月十九日立②

干崖土司抽收津贴札文

札

  钦加三品衔特授永昌府正堂加三级□□十次□为

---

① 《德宏傣族社会历史调查》（三），云南人民出版社1987年版，第222页。
② 同上书，第243页。

札饬遵照事。照得本府，现奉臬、潘、粮宪会同善后总局札饬，酌定章程，抽收津贴夫马经费钱文：按照粮额，每米一升，抽钱三文；银一分，亦抽钱三文，均经通行遵办，本府业经出示晓谕在案。查该司应纳本府衙门，光绪十一年，分额征差发银两，自应遵照章程，抽收津贴夫马经费钱文，一并核算，明晰弹兑，封固点交，来差具文，申解来府，以凭数转解，并专人护送出境，以免失误，毋稍迟延。切速。特札。

札干崖土司刀盈廷准此
光绪十一年十二月二十八日札①

干崖土司抽收津贴札文

札

特用道腾越抚民府即补府正堂陈为

札饬遵办事。十一月初十日，据各脚户等禀称：自祖辈以来，赶马营生，替各字号驼运货驮，以图衣食，而沿图设立岗道，原为保护起见，如遇抢劫在某司地界，惟某司是赔偿。向来岗道收银有多寡之分，银水订三贝呈之例，每货一驮，收三贝呈银五分者，折合纹银一分五厘，果系有名无实。兹已拟定九贝呈银色，如桥头岗二道，向收三贝呈银五分者，今酌定九贝呈银叁分；向收四分者，酌定贰分；曩小靠大树脚，向收三分，今酌定贰分；混水沟，向收三分，今酌定贰分。南甸司所属设岗四道，共收九贝呈、银玖分。干崖司所设蛮洒岗二道，每道收九贝呈，纹银贰分；旧城岗一道，收九贝呈、银壹分；自旧城以下之岗，仍照前章为准；如过驮每十瓖一，卓见亲睦之，宜除俯准，并出示晓谕外，合行札饬为此札，仰干崖司刀盈廷遵照：札到，迅转饬收岗族目练丁。凡收岗银，只能照九贝呈抽收，格外不得苛索；如违，致干究，均各禀遵。毋违！特札

右札干崖司刀盈廷准此
光绪十二年（1886）十月二十一日札
二十七日奉②

---

① 《德宏傣族社会历史调查》（三），云南人民出版社1987年版，第160页。

② 同上书，第165页。

干崖土司发给刀运准买田执照

世袭干崖宣抚使加三级刀，为今据旧城刀贯勐、结勐有口粮田一块，布种三箩，名那户费田。坐落南掌河边，东至窑瓦田垦（埂），南至岩子脚，西至刀英勐田垦（埂）、杨白田垦（埂），北至拱母田沟，四至开明，当堂杜断。共有九百七十七丈，内有岩坎坑凹荒坝一百十丈，照章纳税。除绘图存案外，合行给予执照。为此照仰该刀运准即便遵照。须至执照者，附绘田图一纸。

右仰刀耀廷运准此
合杜价银二百两整
光绪二十九年（1903）正月二十八日给①

干崖土司发给刀洛勐口粮田执照

世袭干崖宣抚使司宣抚使加三级刀，为今据旧城洛勐刀如发办公出力，查收野山田地烟租，由署踩给东门寨田一份，布种五箩。坐落东门寨首，西南至新城刀闷准田、东门寨刀应勐田，东南至屯留（寨）冯波红田，东北至下桑令（寨）刀贺准田，西北至南若河。勘断四至，以赏该目酬厥勋劳。照章纳税。迄合行给予执照。为此照仰该刀如发洛勐，即便遵照，须至执照者，此田即归该刀洛勐永远管业。又批右仰刀如发子孙准此。

光绪三十二年（1906）四月初四日给②

3. 统计表

《1933年8月腾冲财政局对盏西地区征收租谷数》是民国二十二年（1933）腾冲财政局在盏西地区征收租谷的统计数字表，该年度所收租谷数如下：

腾冲财政局今将各仓，每年征收租谷数目列于后。计开：

一邦别仓。年征租谷一千三百九十七箩。除自耕食去谷六百箩，实征谷七百九十七箩。

---

① 《德宏傣族社会历史调查》（三），云南人民出版社1987年版，第207页。
② 同上书，第208页。

一遍坎仓。年除减免外，实征租谷一千六百一十三箩。

一蛮海仓。年征租谷五百一十五箩。

一猛龙仓。年征租谷一千六百一十八箩。

一蛮冷仓。除减免外，年征租谷七百六十箩。

一小关仓。年征租谷五百四十箩。

一猛豹陞藏，年除减免外，实征租谷五百箩。

一经济沟仓。年征租谷二百八十箩。

以上计七柱，共实征租谷六千六百二十三箩，除薪水谷六百六十二箩零三升，实征收租谷五千九百六十箩零七升。

又，除发与总练孟守相谷一千三百四十二箩，通共实合租谷四千六百一十八箩七升。①

统计数字表由当时管辖盏西租谷征收事宜的腾冲财政局登记填造，数字原始可信，是了解民国时期边地地方政府对傣族地区征收赋税情况的重要档案文件材料。

傣族地区各档案馆保存的汉文傣族边贸通商文书十分丰富，这类珍贵的档案文献史料真实记录了傣族边民与缅甸人民通商贸易的历史情况，对了解西南边疆各族与东南亚各国的贸易交流有很高的历史价值。傣族地区毗邻缅甸，历史上两地边民素有通商贸易的习俗。光绪年间英国侵占缅甸后，和清朝签订了《中英滇缅通商条约》，建立了不平等的通商贸易关系。官方汉文傣族边贸通商文书就是历代封建中央王朝在管理边境贸易活动中形成的文书档案。这类文书有记录与历史文献的，如《清高宗实录》卷1359记载：乾隆五十五年七月戊申（1790年9月8日）。云贵总督富纲奏酌筹开关通市事宜："除腾越、永昌现有原设税口杉木笼、暮福二处，业已设汛驻兵查验、收税外，应于扼要之顺宁府城及南河口两处，设卡稽查。其自内地贩货出边者，在府城收税给照，于南河口验票。边外贩货进内者，在南河口收税给照，至府城验票。关于内地汇总之云南驿地方，责成大理府设卡查察。又：思茅同知之南关，亦为出入必经要道，应于该处拨役稽

---

① 德宏史志编委会办公室编：《德宏史志资料》（第十一集），德宏民族出版社1988年版，第220页。

查，挂号给照。"得旨："立法难周，行之在人，勉力实办，无为空言。"

（三）白族

在白族生活的地区，民族手工业和商品生产经营较为发达，生产力与民族商品经济在云南历史上一直处于较高水平。南诏时设"禾爽"官位专管商贾就可见其经济的繁荣。明代屯田制的实施，推动了白族人民与内地的经贸往来，极大地促进了白族在农业、手工业、商业贸易方面的发展。近代白族地区产生了资本主义萌芽，其手工业、商业和民族工业也取得到很大进步。总之，在白族经济发展的各个历史阶段都产生形成了许多反映当时经济活动的文献史料，成为研究白族经济史不可多得的珍贵文献遗产。

税契尾

大理府太和县为税款过割事简会到大理明律内一款：凡军民典买田宅不税契者，笞伍拾，仍追田宅价□一半，不过割壹亩至伍亩者，笞肆拾。每伍田加壹等罪，止杖壹百，其田价入官，□此钦遵外□据周城里民董起鹍备价巴肆百伍拾索买到段朝陛田壹丘随粮贰升伍合□□俱告到县，□□此除查验明白合就填给契□须至出给者。右给付（？）告人董起鹍收执。崇祯拾年壹月廿日给。计契贰张。

崇祯十年（1637）一月二十日①

粮单

上宪行查丈田地，均平赋后录，由到州，奉此除继履亩丈明，抄则升科编入鱼鳞总册。汇报外所有户口粮单合行给发。为此单给花户，即便遵照后开粮执条银亩依限克纳。计开业户杨朴，坐落鸭子磨。未折地壹亩肆分，原税壹升叁合贰勺五抄壹□，今减五合三勺，实纳柒合玖勺抄壹□。右给业户杨朴。

清雍正十二年（1734）四月②

---

① 国家民委全国少数民族古籍整理研究室编：《中国少数民族古籍总目提要·白族卷》，中国大百科全书出版社2004年版，第156页。

② 同上书，第160页。

大理府赵州西岭世守土官巡检执照

大理府赵州西岭世守土官巡检李为遵示通行事，本年七月二十二日奉金沧迤王示照，得定西岭土，巡检李天成所辖地方路当迤西孔道各上，宪经过以及商旅往来例应佐防兵稽查，前顺治十六年□□大理纳款，十八年满汉兵进缅甸，有势棍威勒妄拉背担，致土民流离竟成荒山，□□□该巡检李天成袭父李齐斗土职责任巡缉，该管原额土氏速招抚归来以听本道应用，勿得延缓日时等因，奉此合就谕知，为此仰定西岭土民伙头罗扬瑞、罗文秀、周宽、李文学、茶富香等知悉，自□之后若有势棍威勒妄拉背担，准该民前来报明本司具禀上。宪□□康熙三年，忽有清水箐土民西山倨者稍土业，东山居者不服管辖，尚且肆行侵占，混入汉民□中，覆禀金沧道王，蒙批不服该土司管辖，肆行侵占者逐之外境，金沧道深究，本司为此原岭地方指明坐落四至，该土民等之地三山、四箐、所有坐居、山产、地业四至领至发照者。

康熙三年（1664）九月十六日①

执照

为给照泐石事案，查乡约杨澎等与后山猡民罗凤呈等互控阻挠柴薪恶约迭害等情一案，当经本州票提堂讯查验明确此项场系猡民罗凤呈所管之业，培植松株栗树自应听其保护、蓄养成材、伐卖完粮，业将捏控阻挠之乡约杨澎、杨宏昌讯明责怎具结完案，恐有渔利之徒仍往后山伐取一切树木，致生事端，业经出示晓谕在案，兹据罗凤呈等以前情告示被雨淋坏，恐后失谕，恳请给照勒石等情具禀前来，除批示外合行给照泐石，为此示仰桥头哨以下各村居民人等知悉，此后尔等如有往定西岭后山罗凤呈等所管界内樵采者只准寻捡枯枝，不准伐取树木及寻捡枯枝售卖图利，倘敢玩违许即扭禀以凭严究，各宜禀遵勿违，须至执照者，右照给后山猡民罗凤呈等永远遵守。

清咸丰三年（1853）六月十六日②

---

① 国家民委全国少数民族古籍整理研究室编：《中国少数民族古籍总目提要·白族卷》，中国大百科全书出版社2004年版，第157页。

② 同上书，第167页。

大理县政府执照

武童洪禹功恳赏给执照以承祖业一案，缘该童先祖洪锦堂承买本城李姓坐落四排坊东排铺面壹隔，东至宾川公馆巷道，南至阮姓，西至官街，北至成衣行，四至俱载，原契因丙辰兵□北烧毁，仅存铺地一块，肃清后业已赴局领过执照，因该童出外贸易将执照失落，诚恐后累，恳请赏发执照。据此当经本县谕饬清查局绅管王联魁查明，据该绅管禀称查明此项铺地实系该童之祖买业，当日曾将原契呈局验讫领过执照等情，合行发给执照，此照仰该童洪禹功遵照即便按照基址四至执照管业，勿得侵占地邻寸土。

光绪十五年（1889）五月二十八日①

集股兴办滇越铁路札

总理云南滇署腾越铁路总公司布政使司、按察使司为筹款兴办滇署腾越铁路制定了集股章程，主要包括股的大小、股的样式、买股者及卖股者应遵守的规章等。简要内容如下：具体股份每五十两为一大股，十两为一中股，五两为一小股。股应当由各地方官、绅士等集，并由"北洋官报局"购造铜板股票，以资金多少发给。倘若买股人的数多而所需的股票没制出，暂填给收执票为依据，等待股票制出再予以换给，倘若还不能换给的，当地府、厅、州、县认真审核，暂给收执票及息折作为依据。此时若有买股者，该绅商董事将买股者的姓名、银数登记在册簿上，并将每期交银数目注明，一面报地方官，一面将册簿寄往本公司。公司照填收执票及息折交给该绅董事，由绅商董事转给卖股人，但定将票上所列该绅董事，由绅商董事转给卖股人，但定将票上所列银数收足方能给票，股票到再予换给。倘若买股人在卖股后搬迁或到省外经商，绅商董事应转报本公司，买股人可在所住地方的代售股票处总付息银，让每个人都知道这件事。

清光绪三十三年（1907）二月宾川州②

---

① 国家民委全国少数民族古籍整理研究室编：《中国少数民族古籍总目提要·白族卷》，中国大百科全书出版社2004年版，第167页。

② 同上书，第171页。

种桑养蚕呈

种植桑林是为了养蚕做准备，各地官员认真督察。桑林轻而又容易搬运，不再让人民感到路途遥远而害怕，但是桑秋在驮运途中有些枯萎，人们不知爱惜，不很常灌溉，所以数日之后存活率很低，现改为发桑苗，就地而种，这样省不少程序。从外地买来的桑籽分发各地，领种时将种量、地址、人名详细登记，播种后三个月按照名册认真检查，认真调查成活率，最终看哪些地方种得好，而且养蚕多，各地认真宣传，最后将筹办的结果如实上报。

清宣统二年（1910）二月①

（四）彝族

官方彝族经济事务文书是历代封建王朝在彝族地区征收赋税、派遣差役和管理彝族上层贵族入贡及其他经济活动中所形成的文书档案。据《宋史》卷496记载，宋宝元元年（1038）五月，"大渡河南邛部川山前山后百蛮都王忙海遣将军卑盖进犀、马，倍酬其值，赐袭衣、银带、衣着有差，又乞三年一到阙进奉"。宋朝颁发《关于邛部川百蛮都王忙海入贡诏》，"以五年许之"。《经世大典站赤》记载，元至元二十五年（1288）七月，中书平章政事撒里等奏请元王朝中央允准哈剌所辖汝州蛮官贡物之数。《奏本》说："哈剌所辖汝州蛮官自言归顺之后，岁输四川造船木板，至元廿一年为省官侵害，故关贡赋。今来愿贡毡衫四百领。又四十六囤阿楼、落昌、高州、上罗计、下罗计等蛮官皆言：'每年共入毡衫四百领，各请给驿。'臣等议：'毡衫八百领，每岁输纳，合应付铺马一匹'"。奉旨：准。明洪武廿一年（1388）正月庚申，明朝发布《蠲免前贵州慰使霭翠、密定输粮定额奏本》。《明太祖洪武实录》卷188记载，该《奏本》"将前贵宣慰使霭翠、金筑安抚密定所遣租税行蠲免"。户部《奏本》"定其岁输之数，以丙寅年为始，霭翠岁输三万石、密定岁数三千石"。清雍正十年（1732），云贵总督高其倬题写《委员赴昭通处理开垦疏本》。《疏

---

① 国家民委全国少数民族古籍整理研究室编：《中国少数民族古籍总目提要·白族卷》，中国大百科全书出版社2004年版，第172页。

本》记载："云南昭通府，四面环山，兵饷输转不易，本地田亩，颇多旷废，急宜开垦，分给兵民、倮户及土人耕种。"[1] 以上这些经济事务文书反映了清政府在西南彝族地区实行的经济政策和具体采取的经济措施。

四川省档案馆珍藏有大量的凉山地区清代彝族档案原件，近年来编撰了《清代冕宁县彝族档案资料选编》。该选编分为四大类，九小类，十四个条目。其中的第二大类经济类包括了农业（农业生产、土地关系）、开矿、借贷及商业（高利贷、商业贸易）三小类，收录了清代冕宁县彝族经济档案资料如清册、买约、卖约、当约、典约、借约、限约、领结等。

1. 农业生产文书

四川省档案馆珍藏的一份咸丰十一年（1861）三月二十四日《冕宁县清册》，记录了冕宁县在1861年中一切正杂钱粮米数，以及仓廒间数。其文摘录如下：

冕宁县清册

咸丰六年分，前署县李任奉文动碾越西军米谷四百谷，禀奉藩宪批示，俟前署越西厅汇领造销后，再行领价买补还仓，除出粜动碾外，余谷五千四百六十二石二斗三升四合二勺六抄。

咸丰七年分，奉文出粜谷三千五百一十七石，除前署县李令任内查办靖远冕宁夷务接济兵勇口食动碾谷二千四百石，照部价合银一千三百二十两，遵奉藩宪饬知，详奉批划抵，现由前署县李令补具文批申请批回备案外，尚应粜谷一千一百一十七石，合银六百一十四两三钱五分，经前署县尽数具文专差批解掣取回批在案。除先后粜卖及动碾外，余谷一千九百四十五石二斗三升四合二勺六抄，俱系实存在仓，并无亏短，理合登明。

今于与印结，为详委盘查事。遵奉结得卑县经管咸丰十一年分，旧管常平仓六廒十间，监仓九廒一十八间，存储常监各案共谷一万一千三百六十二石二斗三升四合二勺六抄，除咸丰三年、七年先后粜卖过谷九千零一十七石，动碾越西军米谷四百石外，余谷一千九百四十五石二斗三升四合二勺六抄，俱系实储在仓，并无霉浥亏短，印结是实。

---

[1] 民国《昭通县志》卷8《艺文志》。

为详委盘查事。遵将卑县经管咸丰十一年分社仓间数，并存储社仓谷石数目，造册呈核。……①

2. 钱粮税务文书

钱粮税务类经济文书是新中国成立前各地彝族土官向所辖彝族群众征收钱粮赋税时产生的文书档案，这类文书档案涉及彝族土官所辖彝胞户数、田产数量、钱粮税赋标准等方面的问题，为研究彝族统治者对广大彝族群众的管理和经济剥削情况提供了翔实的第一手文献材料。如北京图书馆保存有一份云南武定彝族那氏土司那德洪于清雍正二年（1724）二月十六日向当地官府呈写的《推收钱粮事禀文》：

那德洪推收钱粮事禀文

茂连乡现生那德洪谨禀大宗师台前万福金安：

敬禀者，为恳恩俯查底册，推收钱粮以免重累事。情因老施多村额纳缺章甸秋粮一斗，后拨进撒争甸杨芳初名下秋粮一斗六升，共纳秋粮二斗六升。又纳法乌火头名下秋粮三斗伍升。纳舍辟火头名下秋粮二斗七升。历年系二村火头征收上纳于二村额数无异。昨于上年平粮造册贡生已造清具报，不意册房内不细查底册，填老施多村秋粮八斗八升不开除代纳法乌、合辟二村之粮数，仍造法乌秋粮一石四斗三升、舍辟秋粮一石六斗，推收不清，重复开造无处征收。窃思以代纳于二村者实开于老施村内，则法乌粮内应减三斗五升，舍辟之粮内应减二斗七升，如于二村名下仍征收额粮则老施多村应开除六斗二升，方免赔累之苦伏乞天星调底册，赏准开除推收庶钱粮，免致重复赔累，顶恩无既矣，为此具禀。须至禀者，一呈禀本州大宗师台前。

雍正二年二月十六日具禀生那德洪。②

---

① 《中国少数民族社会历史调查资料丛刊》修订编辑委员会四川省编辑组编：《四川彝族历史调查档案资料汇编》，四川省社会科学院出版社1987年版，第291—292页。

② 楚雄彝族文化研究所编：《清代武定彝族那氏土司档案史料校编》，中央民族学院出版社1993年版，第74页。

那德洪关于恳赏给串票事禀文

茂连乡监生那德洪谨禀大宗师台前万福金安：

敬禀者，为恳恩赏给串票以免后患事。缘监生［康熙］六十一年分之秋税遵依如数完纳无异，不意纳粮一载，完票竟未发给，屡次在城守候取讨，惟称未曾用引。今雍正元年分之粮亦经完纳而串票仍然未给。窃思秋税违抗粮户之罪责无辞，纳粮给票房师之职任攸关。监生随查通州印票俱已给发，独完纳者未行发给，况房内纸笔之资俱已送过，若隐忍不言，将来贻累不浅。伏乞仁恩俯准舆情将两年完票赏填交给。若无印票，垦给完牌以凭收执。庶免日后更张，叩恩无既矣，为此具禀。须至禀者。右禀

本州正堂李

雍正二年三月初七日具禀监生那德洪。①

此外，北京图书馆收藏的武定那氏土司钱粮税务经济文书还有雍正二年（1724）四月十四日《那德洪关于彝赋偏累事禀文》、雍正二年又四月初九日《那德洪关于以便办纳钱粮事禀文》、雍正二年五月二十三日《那德洪关于田租税变价银两事禀文》、雍正二年七月十八日《那德洪关于所欠谷石就近上纳事禀文》、雍正二年八月十四日《那德洪关于飞压钱粮事禀文》、雍正三年三月初四日《那德洪为备陈钱粮逋欠始末事禀文》、乾隆九年（1744）《彝目张星焕弟兄关于出卖木希革庄田投税收粮事呈文》等。

3. 设街贸易文书

彝族在历史上素有设街贸易的习俗。景泰《云南图经志书》卷2"马龙州"条说："其州梗罗罗处，而罗罗尤多。不识文字，凡有交易借贷，辄以片木刻其物品，日期，多寡之数，于上析而分之。彼此各藏其半，以取信，亦上古之遗风。然亦有爨字如蝌蚪状，盖同类自用耳。以十二支所有为期，会作交易，如曰牛街子，狗街子之类是也。"到了清代，随着清政府对彝族地区统治的加强，各地彝族土司在对当地集市贸易管理过程中，亦相应产生了部分设街贸易经济文书，现存设街贸易类文书原件不

---

① 楚雄彝族文化研究所编：《清代武定彝族那氏土司档案史料校编》，中央民族学院出版社1993年版，第75页。

多，其中以北京图书馆珍藏的云南武定那氏土司集市管理文档较为典型，文书内容涉及赶街日期的确定、集市秩序的维护、交易官税的征收、非法设街的取缔等诸多方面。如清道光十一年（1831）九月二十三日，茂连乡土司那第等向武定地方官府题写了一份《那第等沥陈恳恩赏准移街场事呈文》，恳请将旧有街场移至交通便利的祖遗马德坪基地内，以便集市管理，呈文如下：

那第等沥陈恳赏准移街场事

具呈那联第，杨正春往茂连乡满德坪、乍赀村，离城一百八十里，为请示准移便民利赋事。窃城有市，而乡之有场，原为通商贸而聚货物，则国课有赖，民生得便。但非其他而兴贩无从，若罪其人而买卖难集，本年五月内有场正春之佃户梅洪科等于乍赀地内私设街场，曾经正春禀请驱逐，株连无辜，拖累数月。泣思日中为市，悉听民便。况民住址前后村庄人烟稠密，离城窎远，市帛菽米艰于易贾，牲畜买卖远奔他方，私习私卖瞒官漏税不一而足，致税务利于异域，黎民苦于奔驰，不如建设街场之为美也！无星化日照临，无地用隔参商，请示恳恩准移街场于民祖遗马德坪基地内。其地当道，设街通商货物鳞集，不特便民利赋，并便保举妥实稳当街长头人，赏给执照充当镇压防范匪徒，使牛马猪羊牲畜等项税归官征，量拗升斗些微蝇头准给头人街长应办公务。祖遗基地建造铺面，地租一切准认地主收纳，商民不得藉街场为公地，公差亦不得以粮地为官基设街。基地应完粮条每年乃照旧输纳，不敢藉市短少颗粒，缕析沥陈，伏乞仁恩做主，赏准移设满德坪界内，剀切给示，俯赏准保举刊碑遵守，永定章程，赶街之期准于子午两日。则有易无，僻民免奔驰远乡生涯之苦，顶祝德便之恩不浅矣。为此具呈。

道光十一年九月二十三日呈。①

那振兴禀复不宜在满德坪山后设街事禀文

茂连乡土目那振兴谨禀本厅老父师台前万福金安：

---

① 楚雄彝族文化研究所编：《清代武定彝族那氏土司档案史料校编》，中央民族学院出版社1993年版，第81—82页。

敬禀者，窃于本月廿四日接奉钧谕内开：那联第等赴州呈请满德坪（亦马旦平）山后设立街场。查得满德坪界连川省，惟恐一设街厂，难保川民往来滋生事端。是否可设之处明白禀复，以便转禀核夺等因。奉此，土目但查满德坪山后白岩脚设街之下于乾隆三十五年五月廿一日蒙上宪将那姓洒瓜拉稗田山场四至详请归公后，蒙批缴价有村名乐本德阿力等备银一百二十两赴州呈缴赎回之山场，年纳秋粮六升六合零四、抄条编银四分二厘。现今阿力子孙耕种纳粮，并非那联第祖遗之山场，现有遵照宪标可凭。况又界连川省，若一设街，断无不受其盘剥、扰攘情事。兼又深由密阱易藏奸匪，倘不禁止，恐后五方棍徒丛集酿成巨案，边夷滋患关系匪浅。据实禀复，伏乞上恩赏准转禀施行，为此具禀。须至禀者。

道光十一年十一月二十八日具禀土目那振兴。①

武定那氏土司形成的其他设街贸易类文书尚有清道光十一年（1831）六月二十八日《那振兴禀复私设街场赏准出示禁止禀文》、道光十一年九月《那振兴禀复私设街场禀文》、道光十一年十月二十一日《那振兴禀为纠匪设街叩恩禁止以免后累事禀文》、道光十一年十二月二十日《彝民彭集贤等自愿到别地另行生理再不敢私设街场限状》、道光十一年十二月《那振兴为禀复仍有纠串居民移于马德坪任意私设街场并遵协同差役后驱逐事禀文》、道光十一年十二月二十三日《那振兴为禀明封禁志里渡口事禀文》等。

4. 盐务、矿务文书

在古代彝族生产、生活中，金属工具和食用盐占有重要地位。盐务、矿务经济文书就是彝族土官和彝族群众在管理当地盐务、矿务或开采、贩运食盐、矿石等活动中产生的档案文件。查阅利用彝族历史盐务、矿务经济文书，可对古代彝族食盐、矿石的开采、使用情况作深入地理解和研究。盐务经济文书以北京图书馆珍藏的云南武定那氏土司盐务管理文书较为典型，如清雍正二年（1724）二月十六日，茂连乡彝族土司那德洪向武定直隶州官府题撰了一篇关于盐务管理的呈文，反映当地彝胞食足之民情，呈文如下：

---

① 楚雄彝族文化研究所编：《清代武定彝族那氏土司档案史料校编》，中央民族学院出版社1993年版，第84页。

俯准转达事

茂连乡监生那德洪谨禀大宗师台前万福金安：

敬禀者，为恳恩电察怜恤穷彝，俯准转达事。于本月十四日遵奉宪牌行查慕连该境人民每月食盐若干，领食何处官盐，详明复，以凭转报。情缘慕连山多田少，地瘠民贫，无所出产，人皆刀耕火种，半菽不饱，藜藿充饥，办纳钱粮甚为拮据，大都食盐者少，不食盐者多。且彝方土俗有积年累月可以不盐而食，难瞒合府耳目，间或有汉方商人自府城而至，由龙街而来，鬻贩官盐到村通易鸡、猪或换麻布、火草及羊毛等项者。要而论之，彝民虽不能赴店领食官盐，并草溪私盐已蒙奉禁，地方原无私盐过渡，伏乞天星电察舆情，赏从民便，俯准转详，庶彝民沾恩顶戴无暨矣，为此具禀。须至禀者。

右呈本州大宗师台前

雍正二年二月十六日具禀监生那德洪。①

禀复食盐事

茂连乡监生那德洪谨禀大宗师钧座：

敬禀者，为禀复事。窃于本月初三日接奉宪牌，内开饬驳贩盐商人系何姓名支领何处，确实开报并开明村庄户口每年食盐若干领盐办课缘由。奉此监生遵查商贩俱系汉人到境便换羊毛等物，或无盐到境亦系龙街买食，并非违禁惯食私盐。至商贩姓名，彼时未奉行查无凭开报，且见人往来莫定。何能逐一查明。至村庄户口前平粮造册业经造报在案。其每年所食盐斤，大半穷彝不食盐者多，即有食盐之人不过货物相换，不敢虚诓，今奉驳查合变禀复，伏乞仁恩赏调底册查阅某村应食盐斤若干，檄令伊等支领，按户散给，行销办课，庶无抗违。缘奉驳查事理监生不敢擅专，伏候钧示遵行，为此具禀。须至禀者。右禀本州正堂李。

雍正二年三月十二日具禀监生那德洪。②

---

① 楚雄彝族文化研究所编：《清代武定彝族那氏土司档案史料校编》，中央民族学院出版社1993年版，第72页。

② 同上书，第73页。

此外，乾隆十年（1745）三月二十一日《那嘉猷为辗运驼盐事禀文》等亦具有一定的代表性。矿物经济文书则以四川省档案馆收存的四川冕宁县彝族采矿经济文书更为典型，兹录清道光二十八年（1848）四月十六日，冕宁县彝族谢长益、黄飞贵共立的合伙开矿合约介绍这类文书的内容与行文格式：

四川省档案馆保存的重要彝族采矿经济文书有清道光二十四年（1844）五月二十日《彝民李金山等关于在拉牯山挖金什物被抢告状》、道光二十四年（1844）六月二十八日《彝族张升等关于在拉牯山淘金什物被抢案甘结》、道光二十九年（1849）正月二十日《彝民李洪贵等关于租佃矿面开采蟥硐佃约》、咸丰十年（1860）二月二十八日《彝硐长吴德元关于彝民采办石曹尖事禀状》、光绪七年（1881）九月《彝百户达永章等关于采金彝民为金匪所抢事禀文》等。

谢长益等合约

立写合伙办磄硐人谢长益、黄飞贵。二人商议采挖宁远府所辖地方烧鸡湾日来号新草皮，采有吉地，更名紫金，离此十五丈，采一穴更名天仓硐，二硐合伙同挖。二人情同意合，各名下愿出本银五十两，以作挖矿之费。如银不敷，二人照股再派，添银作本。倘神天赏赐矿发连塘，内除各名下本银油米零用支费等项，磄硐滋事生非费概行二人同任。矿发之日，二人均分，不得谁强谁弱。倘有二意，神天鉴察。如私将曹矿私顶私卖，查出实情，自甘认罪，将油米言硐概行付公，二家不得异言。此系二人情甘意悦，特立合伙约为据。

神天赏赐

矿发连塘

凭证人　周万寿

周运世

舒焕然笔

道光二十八年四月十六日　立约①

---

① 《中国少数民族社会历史调查资料丛刊》修订编辑委员会四川省编辑组编：《四川彝族历史调查档案资料汇编》，四川省社会科学院出版社1987年版，第359页。

李洪贵等佃约

　　立出佃礏硐文约人李洪贵、曾万兴二人。佃到谢长益、黄飞贵二人名下紫金、天仓二硐，即日三面议定，日后硗发连塘，谢、黄不得异言，仍抽硐分，李、曾二姓不得吞谋。倘有吞谋硐分，自甘认罪，仍将硗硐退还，外有账目不与李姓相涉，原有胭分任归邓国良名下经收五斗。恐后无凭，立佃约为据。

　　硗发连塘

凭证人　周万寿
黄世学　同在
代字　李朝喜笔
道光二十九年正月二十日　立约①

5. 商业贸易文书

　　清道光二十四年（1844）三月二十一日《冕宁县关于严禁行使外来奸商私铸小钱告示》，该文提到由于冕宁县彝族地区出现由外来奸商私铸铜铅小钱，导致银价增贵，钱价贱落，故冕宁县县府颁发告示，以打击不法奸商，恢复市场贸易秩序。该告示全文如下：

冕宁县关于严禁行使外来奸商私铸小钱告示

　　为严禁行使小钱事。照得本县莅任方新，亟宜整饬地方，以禁私铸。近有一等贪利之徒，行用小钱，以致制钱拥挤，现奉大宪札饬及各厅州县，严行查禁。近日以来，街坊市境仍然以小钱掺和行使，细加查访，皆由外来奸商于深山密箐，私铸铜铅小钱，带入境内掺和用行，任意兑换金银，以致银价增贵，钱价贱落，私钱充斥日甚一日，实为地方之害。除差查拿务获究办外，合行示谕。为此示仰县属客商军民人等知悉，嗣后务须行用制钱，不得违示挽用小钱，如有铺户掺和使用者，许受钱之人指明禀究。其存积私钱之家，限一月内各自首

---

① 《中国少数民族社会历史调查资料丛刊》修订编辑委员会四川省编辑组编：《四川彝族历史调查档案资料汇编》，四川省社会科学院出版社1987年版，第317页。

缴，不加以罪。倘有奸徒以私钱夹带使用，一经查出，或被告发，定即从严究办。乡约地保如敢得贿包庇，或以查钱为名扰累无辜；差役人等，藉词搕索滋事者，查出重惩，决不宽待，慎勿以身试法也。禀之慎之，勿违。特示。①

官方彝族汉文经济文书原件保存下来的极为丰富，除以上提到的以外，还有宋淳化元年（990）二月《宋政府关于增加邛部川蛮都鬼主诺躯部族市马银两诏》、淳熙七年（1180）十月《宋政府关于准允与黎州五部落蛮市马诏》、元至元廿八年（1291）七月丙申朔《云南省参政怯剌关于建都产金，令旁近民炼之以输官奏本》、元至顺二年（1331）十一月壬申朔《元政府关于令四川行省供给水西牧马所需食盐诏》、明洪武十六年（1383）八月壬戌《明政府关于赏赐贵州宣慰司同知沙溪、普安军民府土酋实恭、越州酋阿资、贵州土酋陇珠等入朝贡马及方物诏》、明万历八年（1580）十月辛亥《明政府关于乌撒知府安承祖必须额纳秋粮、毋亏额以取参治戒谕》、万历三十六年（1608）四月己巳《工科右给事中王元翰陈慎患孔殷维桑虑切疏》、清康熙四年（1665）五月庚戌《平西王吴三桂关于赈济水西疏》、康熙三十二年（1693）七月癸卯《四川巡抚于养志关于会理征粮疏》、乾隆四十八年（1783）二月二十八日《冕宁县关于彝族民卜宿具告哑巴得业骗粮事牌文》、道光十九年（1839）八月初八日《重庆府关于征拨筹集防边经费札文》、咸丰元年（1851）二月十五日《冕宁县关于彝民王大朋佃种龚德才荒地租税、腊树纷争事详册》、咸丰十一年（1861）三月二十一日《宁远府关于护路夷兵应按本府拟定设哨并抽取哨钱章程收取钱文札文》等。

6. 公田文书

《那振兴充公拨粮事》撰写于嘉庆二十四年（1819）四月卅日，该文记载了学田的来历，以及书院并未得到颗粒租息，为此造具租佃清册一事。原文如下：

---

① 《中国少数民族社会历史调查资料丛刊》修订编辑委员会四川省编辑组编：《四川彝族历史调查档案资料汇编》，四川省社会科学院出版社1987年版，第327页。

那振兴充公拨粮事

茂连乡土目那振兴谨禀大老爷钧座：

敬禀者，禀为充公拨粮以免贻累事。窃查猛果田庄于嘉庆十七年（1812）蒙前州主何查验契券，因未印税将此庄年收租谷拨充书院以作膏火之资。其契券已经当堂呈缴备案。当即委经绅士前往踏勘。嗣据该绅士勘明禀复此庄田亩俱被水冲石压，年收租谷不敷上纳国赋，该绅士仍令土目征收赔纳。但此庄田亩既经充公，自应拨租拨粮。历年以来控案被累，火报州省，不敢妄行呈请。兹已案结，仰恳仁恩赏令绅士征收租谷拨纳粮条，庶免后累，顶恩无暨矣。为此具禀。

嘉庆二十四年四月卅投。①

官方彝族公田文书也称为学田和练厂田文书，其原件保存下来的极为丰富，除以上选择的一则以外，还有嘉庆二十五年（1820）五月二十六日的《那振兴查明禀复事》、雍正二年（1724）四月十四日的《那德洪彝赋偏累事》、道光五年（1825）十月初八日的《卑思诉杨棋恃书吏霸谋练产事》等，这些文书反映了当时租佃田地、征收租息的情况以及争夺练产田的状况。

7. 统计文书

《造报茂连乡四至并蓄养杂树清册》详细记载了冕宁县茂连乡彝族地区50个山场四至及树木的统计数目，为研究彝族地区山场蓄养杂树情况提供了参考。原文摘录如下：

造报茂连乡四至并蓄养杂树清册

茂连乡监生那显宗遵将生本面所管祖遗山场四至并蓄养杂树分晰造具清册呈报查核，为此具册计开：

一、茂连布需鲁山场：东至锁拆鲁，南至自乌扯姑争乍作郎争糕粮地，西至阿简鲁期群左艾土辟山岭、矣哈巢盛歹召补块阿移永地界，北至多照简牵渴幸密简木畔郎，四至分明，内山十五岭，约共蓄养杂树一万五

---

① 楚雄彝族文化研究所编：《清代武定彝族那氏土司档案史料校编》，中央民族学院出版社1993年版，第86—87页。

千余棵。

一、猛果村山场：东至山头阿故密地界，南至山头水口地界，西至大箐比的里地界，北至红岩下对面小箐沙则祖地界，四至分明，内山三岭，约共蓄养杂树五千余株。

一、心的里村山场：东至村旁，南至猛果田，西至河，北至猛果田，四至分明，内山一岭，约共蓄养杂树二十余株。

一、必鲁甸村山场：东至河，南至必鲁甸地界。西至大岩环洲地界，北至卧则里地界大箐，四至分明，内山一岭，蓄养杂树八十余株。

一、万则里山场：东至上阿东甸地界，南至木密郎地界，西、北至法扒地界，四至分明，内山二岭，约共蓄养杂树一百余株。

一、矣土折村山场：东至达乌鲁箐，南至托老法故，西至志里地界，北至岩脚河边他郎地界，四至分明，内山三岭，约共蓄养杂树八百余株。[①]

……

（五）藏族

藏文经济文书产生于吐蕃王朝时期。吐蕃时藏族已经有了商品交换和债务关系，法律允许富豪放债，因此产生形成了许多反映债务关系的契约。在敦煌藏文写卷中保存有各种用途和形式的契约，这些契约在一定程度上反映了吐蕃时期藏族的经济活动及其债务的法律规范，其表现形式既有口头契约，也有书面协议，其中的买卖契约是当时主要的契约形式。买卖的对象一般以动产为主，如牲畜、粮食等。吐蕃时期的买卖契约与其他形式的契约有所不同，其中规定了较为完备的条款，包括契约的标的、数量和质量、价款和酬金、支付标的和支付价金的时间、地点和方式、违约责任等。为了保障契约的实际履行，在相关的法律制度中还规定了保证契约履行的方式如担保等。藏文经济文书较为典型的如新疆南部古城堡遗址出土的吐蕃军旅在天山南路屯戍、设置驿站、派官员组织当地居民耕种土地、经营放牧、管

---

① 楚雄彝族文化研究所编：《清代武定彝族那氏土司档案史料校编》，中央民族学院出版社1993年版，第67页。

理军民的档案文件材料。

隋唐时期形成的藏族经济文书主要是敦煌吐蕃经济文书。其中包括有《P.T.997 榆林寺庙产牒》《P.T.1111 寺庙粮食账目清单》《P.T.1203.1104.2127 民间借贷文书》《P.T.1297 虎年借马契》《P.T.1096 制匦契》《P.T.1297 收割青稞雇工契》等。

元朝时期形成的藏文经济文书有元政府在乌思藏设置 13 万户府，派员前往清查户口、建立驿站和厘定赋税经济文书以及元中央政府为肯定西藏各地封建主对所属庄园的占有而颁布的封地文书等。

明代以后产生形成的藏文经济文书更为丰富，比较典型的有明洪武三十年（1397）《第一任乃东王朝大司徒绛曲坚藏指令玉曲巴不得在加茶地放牧的令文》、永乐五年（1407）八月十七日《赏赐孛隆逋瓦桑儿加领真等国师礼单》、永乐六年（1408）正月初一日《致如来大宝法王书及赏单》等；清乾隆六十年（1795）四月二十七日《松筠等遵旨减免百姓差瑶告示》、道光十年（1830）三月十六日《惠显等为严禁寺院贵族和文武官员私派差役事致噶厦札》、道光十年（1830）四月二十七日《惠显等为那曲雪灾事给噶厦札》、藏历木虎年（1854）八月十一日《噶厦为征收诵经金事给雪卡、豁堆和浪卡孜宗堆令》等；民国藏历水牛年（1913）《四世嘉木祥关于毛兰木法会与二月法会分配布施物品训令》、藏历水牛年（1913）《拉卜楞寺某昂欠放债账册》、藏历木虎年（1914）《嘉木祥拉章关于浪格塘等村缴纳地租账册》、藏历水鸡年（1933）《接收布施账册》，以及《藏族土司松杰衮征收赋税执照》和《噶厦为征收诵经金事给雪卡、豁堆和浪卡孜宗堆令》，等等。

现举要几则如下，以此了解藏族官方经济文书的结构程式和内容构成。

宁宗部落夏孜孜永寿寺便麦契

宁宗部落之夏孜孜因无种子及口粮，濒于贫困危殆，从永寿寺"三宝与十方"粮中，商借麦及青稞八汉硕。还时定为当年秋八月三十日，送至永寿寺之掌堂师与沙弥梁兴河所在之顺缘库中。到时不还，或单独出走，借一还二。即或从孜孜家中牵走牲畜，抄去衣服用具，径直从团头手中夺走也无辩解，更无讼词，若孜孜不在，着其子夏冲赍照前项所述交

来。中证人王悉道和周腊赍盖印，同时，孜孜自愿承担，印章加签字。（以下有圆形印章四枚）

噶厦关于停止使用印币之指示
（藏历阳火龙年，1796年，清仁宗嘉庆元年）

最近，从印度流入西藏市场的货币"章嘎"其大小均有掺假，所以要使用西藏的货币"章嘎"。印度的每章嘎币值要减去两分半，每两个章嘎减去五分。根据规定：在六个月或一年内，按时完成兑换。由于西藏普遍使用印币，按以前规矩，市场可以继续使用。但新制造的印章嘎，若大量投入市场，扩大使用，不甚好。请认真通告，自四月一日起，一年内，汝各宗本所属全体百姓必须到拉萨、日喀则、江孜、帕里、乃东等地的银行分行兑换。

关于印度的章嘎能收回多少，根据每月的情况，由各地银行管理。如须延长时间，则另发通告。请按上述规定时间，收回印度章嘎，若违反指示，过时兑换，政府予以没收，对使用的双方，均予严惩。为此，大家要遵守此指示，加强广泛深入的宣传，不允许借故滋事，从中剥削、骚扰、肇事争端。望取舍无误。（火龙年闰三月六日）

藏族土司松杰衮征收赋税执照

独肯宗（中甸中心镇）松杰衮（中甸土司）过去对所有藏商，备极优礼关照，为此，藏历水牛年（康熙十二年，1673）洪台吉（指达赖洪台吉）曾委其管理地方，业颁发征收赋税之特权执照。后来由于应享受之特权有所削弱，故巴图尔台吉到此时，又将大中甸（即中甸县）部分地区的税跟，赐予松家，除以巴图尔台吉之执照为准外，再辅此照重申，规定所有人必须照此执行，不得违反。

噶厦为征收诵经金事给雪卡、豁堆和浪卡孜宗堆令
（藏历木虎年，1854年8月11日）

札饬雪卡、豁堆：

呈禀知晓。为皇帝围剿贼匪，达赖喇嘛为福田施主祈福，亦是为尔等各自今生来世之福果及报恩，须讽经祈祷。因此，所属宗豁皆应缴纳银

两。若尔区暂不能如数缴纳，可按前数立即交付一半。奉纳之银两务于九月三十日前，分厘不差，如数上缴，不得再有拖延。倘有违背，拿尔等首领是问。切切。此令。

札饬浪卡孜宗堆：

二宗堆之呈文收悉。今批复如下：为粉碎背叛大皇帝之贼匪阴谋，需讽经祈祷。为此，须依照加盖内附印章之告示及清册迅即缴纳分摊银两，不得借故延误，更难允准减免。着尔等如期征收，并由科朗巴依照清册迅即核查督促。切切。此令。

噶丹颇章所属卫藏塔工绒等地区铁虎年普查清册

藏历铁虎年（清道光十年，1830），西藏地方政府为增加财政收入，解决差赋负担不平衡的问题，对西藏卫、藏、塔工、绒等地区部分宗豁的土地的差赋进行了清查，并将清查结果报西藏噶厦政府审核，加盖印章，制定清册，定名为《噶丹颇章所属卫藏塔工绒等地区铁虎年普查清册》，简称《铁虎清册》。《清册》共60件，原件系藏文，现存西藏自治区档案馆。

在此刊录几份相关文书以便了解《铁虎清册》的相关背景和内容。

（1）铁虎年（清道光十年，1830）制定各项普查清册之绪论（钤印）

天授大噶丹颇章所属神民，有关政府、贵族、寺庙三者。支应缴纳差役赋税之事，过去，贵族和寺庙多系按冈平均支纳，除个别第本、贵族及世家有并顿地和减免差额者外，其余基本上平均支纳。嗣后，从政府差地中，拨归贵族、寺庙者甚多，辗转效尤，要求并顿、减差者日益增多。

奉天承运大皇帝乾隆五十七年（1792），为眷念西藏百姓之安乐，赐降谕旨，命政府、贵族、寺庙一律平均支纳差赋。遵旨，于火龙年（嘉庆元年，1796），经汉藏双方商议，并经调查，对全体属民之并顿、减差等，曾作平均支纳之规定，但因有些人仍以有铁券文书为借口，拒不支纳差赋，并以各种托词申请豁免，因而未能贯彻到底，重蹈旧弊，且有发展。所有差赋则由政府差民及贵族、寺庙中之一般贫困百姓承担，导致差民衰败逃亡。

由于政府收入逐渐减少，上下恰佐、雪巴、就楷楞的、扎涅、辛涅等衙署之财力拮据，重大供施，日趋衰败。尽管如此，本府有心将使属民之甘苦得以均衡，衙署之收入得以恢复。

遵照大皇帝谕示，去年的，按诸驻藏大臣前后咨文，任命噶伦夏扎瓦、近侍曲本堪布、孜本帕拉瓦、本府准涅格桑昂旺等为查办员，彻底核查各宗豁之户籍册、清册及各自定封地文书，并将清册经噶厦加盖印章后，发给卫藏所有宗豁。对其中冈顿数额有无错误、遗漏、重复，有无替代旧抛荒差户者，有无个别政府贫困差民因支纳大量空冈差赋而难以承受者，有无政府差民之土地虽拨归贵族、寺庙所有，但其差赋并未如数支纳者等等进行彻底查清。情况查明后，经宗堆和乡村公会出具甘结，按本府指令，对有关部分认真加盖印章。同时，对查出之有关情况，再交查办员共同彻底复查。对冈顿数额有误、空冈、抛荒等均须纠正；对政府贫困差民负担过重者，酌情减轻差赋；对土地拨归贵族、寺庙耕种者，嗣后应追征差役赋税等等，在清册中均应有明确无误之规定。对清查方案本府认真审核之同时，并与诸驻藏大臣商定，今后支纳差赋，按以前颁发之清册，将木猪年（嘉庆二十年，1815）以前之旧抛荒地、分成收益、具誓减免、寺庙供养豁卡之布施，以及需政府发放用斗量、用秤称之实物布施等差赋，均须通盘计算。除该减免者外，使其收支得以平衡。沿途驿站之差，应由政府、贵族、寺庙三者按冈平均支应；宗间运输及三薪饷差，由政府差民按冈支纳；塔波、工布等差地较劣者，和政府差民支应贵族、寺庙原定并顿差者，均接二冈一顿计收缴。对此厘定颁发给各宗豁之普查清册，无论何人不得申诉，谁望圆满取舍。

(2) 关于普查清册之规定（钤印）

政府、贵族、寺庙三者，根据上述冈顿，对政府官员在职等减免规定，在拉萨汉式兵营入伍减免，凡持有执照凭证者，按冈计；凡以冈折顿者，以二冈折一顿计。此外，对根保、定本职务之差赋减免等均援旧例。对其他"勒"（计算差赋时，统计耕地和牲畜的计算单位）之减免及噶儿（宫廷乐舞）之减免等，凡有铁券文书者，可援例减轻内差（差民对各自直接领主承担的差赋）。至于常规与外差（差民除对各自直接领主承担的差赋外，对政府承担之差赋）之类，除清册中载之个别应减者外，宗堆及乡村公会不得从中插手，擅自减免。尤其支应驿站之差役，过去曾有人借口清册未载明，而不予支应等情况。短途驿站差从舞减免之例，无论是否载明，对过去承担之所有差赋，一律不予减免，须全部支应缴纳，对宗间长途运输，除个别均应按各自支应范围及运送地段之官契，无论属于何宗豁，均应援例支应，不得"山石卸平川"，导致举措失当。无论以前属于谁领有之差民，各自必须照旧支应，不得无端争执、标新立异。有关驿差折合代金及限定乘马、驮畜租税事，凡从二、三日路程以外来支应者，过去曾有折合代金及限定乘马、驮畜租税之例者，现须根据冈顿数缴纳。今后为减少扰害百姓起见，其中除个别按清册载明，可按旧例折合代金及限定乘马、驮畜租税缴纳者外，其余相距较近者，则不得生搬旧规。凡过去折合代金及限定乘马、驮畜之租税，从今起均须类推平均缴纳。

……

铁虎年四月十四日

（3）卡孜地区清册

本件共计：书面豁卡差地一顿；贵族豁卡差地十四又四分之一顿；政府差地三十三点五又二十四分之一顿。

雪地区政府差民，除抛荒地和分成收益地外，根保等计十九冈，按二冈一顿计，应支九点五顿差。达江东巴计一冈，应支半顿差。

恰吉地区，除抛荒地和分成收益地外，根保等计六点五又四分之一冈，按二冈一顿计，应支三又四分之一点五顿差。

达江洛巴计一冈，应支半顿差。

达江切堆巴计一冈，应支半顿差。

通门地区久杰寺庙豁卡，除抛荒地外，计五冈，按二冈一顿计，应支二点五顿差。

政府差民玉杰瓦计半冈，其中四分之一顿，以前就为抛荒地。该地须妥善利用，使其有利于政府差民和乡村公会后，其差豁免。

曲羌地区政府差民吉康巴，除抛荒地和分成收益地外，计差地六点五又六分之一冈，按二冈一顿计，应支三又三分之一顿差。

查布地区政府差民勒仲巴等，除抛荒地外，计七又四分之一冈，按二冈一顿计，应支三点五又八分之一顿差。

……

特此规定。

铁虎年九月闰六月

铁虎年（清道光十年，1830）土地清查形成的《铁虎清册》载录的经济文书数量很多，主要有《贡嘎地区清册》《朵地区清册》《札囊地区清册》《乃东地区清册》《琼结地区清册》《温地区清册》《桑莺地区清册》《墨竹工卡地区清册》《达孜地区清册》《卡孜地区清册》《朗塘地区清册》《撒当地区清册》《伦珠地区清册》《曲水地区清册》等。这些清册如实记载了西藏地方政府、贵族、寺庙对生产资料的占有情况，农奴和差民需支应缴纳的各种徭役赋税以及差赋中可以减免的"四大减免"等情况，为我们研究西藏封建农奴制度下的领主庄园制，提供了极为详尽可靠的第一手资料，是研究西藏农奴制生产关系的珍贵档案文件。①

乾隆皇帝八十五寿辰西藏减差税免粮租之告示
（藏历阴木兔年，1795年，清高宗乾隆六十年）

告知事：菩萨护佑，皇上恩眷。寺庙的仆役、静心属民等人随顺历辈至上佛业，怙主班禅遍知编见佛专为佛教众生之幸福繁荣施于恩德。今年为乾隆皇帝八十五寿辰，又是登上金龙宝座六十年一绕回之吉祥大庆年，为关怀西藏百姓的幸福繁荣而放宽赋税差徭之期限；豁免当年粮租之一半；并发给百姓赖以生计之银盒粮；建仓库，发给食物和种子等。当诸位安班大人向大皇帝奏明造成荒废之缘由后，大皇帝极为关怀，特怙主至尊之转世赏赐吉祥金册及他人难得的赏物。还给属民百姓们赏银一万两。为

---

① 桑卓噶、洛桑坚赞、伊苏编译：《铁虎清册》，中国藏学出版社1991年版。

此遵从大皇帝旨意，将按公布之数，分文不差地分发给所属新旧寺庙豁卡的政府、贵族、寺庙三方面的全体人员。发送银子应造清册，立即到发放地，分别发放，当面点交，要与登记册中银数相符，每个百姓的收据，须加盖印章，汇总上报安班大人。贵贱一切人等，能得如此别人难得的大皇帝的赏赐，此乃法令负荷量外之乐果，故要精进善业，遵守意乐之十善法，虔诚祈祷祝愿文殊菩萨大皇帝陛下万岁！万岁！万万岁！取舍无误。同时安班大人为查核赏赐物品是否如实分到手，将派代表巡回监视。防止流言，合理取舍，严格贯彻。

木兔年四月十二日

英善等为催报各宗豁存粮事致噶厦札
（嘉庆七年，1802年，六月初十日）

诸噶伦：

案查存档内载，"掌办商上事务之堪市诺门罕阿旺楚臣奉旨于乾隆四十八年间指令所属各宗豁每年在豁卡粮中每十克精簸一克，就近由各宗豁自行贮存，以备灾年之用。"等语。据此，每年各宗豁可存粮四千四百四十二克零九升。嘉庆三年松筠、和宁两位驻藏大臣及达赖喇嘛、济咙呼图克图、噶伦等，曾饬恰佐格桑曲札等前往各宗豁核查库存粮数。今特札饬诸噶伦，务将各宗豁及前后藏现存粮数，详查呈报，不得延误，嗣后务必按年呈报。切切。特札。

惠显等为严禁寺院贵族和文武官员私派差役事致噶厦札
（道光十年，1830年，三月十六日）

查乾隆五十七年奏准喇嘛、世家不得为私事擅派乌拉、扰害百姓等因。近闻寺院僧人及世家东科尔，多有为私外出开具关文擅派乌拉，或因借口公出冒派马匹驮畜六七十乃至百匹等情。又凡驻藏文武官兵因公出行支派乌拉事宜，历届驻藏大臣均有定规。然文武官兵无视规定，遇有因公外出，借词增派马匹驮畜。更有甚者，非公外出亦支派马匹等。甲本驻防也有此陋习。日喀则等处亦然。去岁本大臣巡边，所到之处，文武百官循例迎送一站半站以示恭敬，然不应烦扰数十乃至数百乌拉。又查每有把总、外委等微末员弁外出，亦支派十余名乌拉，实属扰害非浅。为此，本

大臣特饬令:

凡卫藏二府遇有因公外出,支用马匹驮畜二十至五十者,均由诺门罕、班禅额尔德尼据情发给乌拉照票。每三个月将前、后藏及各官因何公事、何人公出、支派乌拉数目等情,分别由诺门罕、班禅额尔德尼及各官呈报本衙门。凡支用五十匹以上者,均先行呈报本大臣,经核准后,再发给乌拉照票。寺院及世家概不得为私支派马匹驮畜,违者一经查出,严惩不贷。各地文武官兵因公需支派乌拉,则照章办理,不得逾限增派,不得为私支派乌拉。日喀则等三地官府,除押运年俸、筹措弹药粮食、巡边、移防外,凡官兵等因公外出,须先将缘由、随从人数、需用马匹等具文呈报上司,据情发给路条,不得为私支派乌拉。日后本大臣巡边,不得长途迎送,不得增派乌拉,扰害百姓。各处文武官兵,须将每三个月因公支派乌拉等情向所管上司禀报,扎什伦布寺扎萨克喇嘛、日喀则及江孜宗本,亦须每三个月禀报本衙门审核。特此札饬诸噶伦,遵饬办理,切切。①

二 民间经济文书

民间文献是指未正式公开出版发行的、非官方的,但在民间广为流传,或具有私家性质的,在小范围内流通的,有历史价值和参考价值的图书、资料的总称。民间文献有别于正史、文集等传世典籍的文献,它来源于田野乡间,包括了契约文书散件、未刊稿本或抄本,以及少量流传范围有限的刊本。目前已知的民间文献,比较著名的有徽州文书、敦煌吐蕃契约文书、福建闽北契约文书、广东珠江三角洲的土地文书、贵州锦屏苗族的山林契约文书等。

在一切社会生活、文化、政治的交流与沟通中,经济交流起着不可忽视的先导作用。各少数民族先民留存下来的经济档案、文献、契约等多为原始资料,对研究少数民族地区的经济状况、政治制度、寺院管理以及文化与社会生活大有裨益。

从民间经济文书的起源与发展的过程来看,它与当时当地人们的经济生活密切相关。民间经济文书的内容涉及民间土地、山林、农业生产资料

---

① 中国社会科学院民族研究所、西藏自治区档案馆合编:《西藏社会历史藏文档案资料译文集》,中国藏学出版社1997年版。

的买卖、典当、租佃；房产等生活资料的买卖、借贷、典押；劳动力的雇佣；财产和物品的继承、转让、赠送、赔偿；民间商业贸易的合同；官府征收赋税徭役的契约等方面，反映了乡民与土地、山林、房产、村落、宗族、官府的经济关系和其历史变迁。这些经济文书可概括为房产类、耕地类、山林类、借贷类等，是民间经济生活形态的真实反映。

目前留存下来的民间经济文书，当属我国民间广泛使用的契约文书，其中又以明清时期的契约文书门类最多、使用最为普及、留存数量最为丰富。契约文书的产生形成，和社会生活中发生的种种债权和物权行为密切关联，为了保证当事人权利和义务的履行而用文书的形式肯定下来，是我国特定时期、特定地区社会经济关系的规范，对于研究我国社会经济史有着特殊的价值。明清以来，商品交换中私人订立契约已经相当普遍，买地、租房、雇工、合伙、借贷、婚娶等民事行为都以契约作为民事关系成立的凭证，人们借助契约来体现和证实自己的权利。官府也承认民间契约的作用。民间买卖、典当、抵押土地、房屋等不动产的交易，订立的文书多称为"契"。它们有种种名目，如田契、地契、山契、房契、卖身契、租契、典契，等等。买卖田产等契，通常仍可以找价、帮价、索价、贴价。其中可以回赎的称为活契；言明"休心断骨，永不回赎"的称为死契、绝卖契、杜卖契。凡民间百姓双方由中人从中撮合，保人担保，签押订立的契，不经官府，称为民契。

民间契约没有规定的格式要求，通常是一式两份，用大幅长方形状式纸，行文用语沿用约定俗成的程式。如买卖田地契约，开头写明立卖契人姓名、籍贯，然后写清所卖田地四至、名称、坐落位置、所种数量、纳粮多少、买卖方式等。以下写清买主姓名、价银数目及其他约定。如"今从中说合，情愿卖于某人名下永远为业，价银若干，并未少欠。自卖之后，倘有人竞争并复典卖，俱系原业主同中保一面承管"之类。结尾常用"恐后无凭，立卖契为照""恐口无凭，立此为据"一类。如为绝卖，则常用"立永远卖契为照""休心断骨，永不言赎"。如有前契一并交出，还要在文后注明。文尾年月日期下写立卖契人姓名，并画押或以"十"代押，其次是中人、保人、约邻人等姓名及画押代押，有些人还盖有个人私章。有些契约还在文尾纸空白处写有"存照""永远""某某记""大吉利"等字样。一式两份的，有的常还折叠相合，中缝书写，将上述文字分成左右两半，分留在各纸上。文契订立后，交买主收存，自留一份，产权（或使用权）即归买方所有，有关约定即行生效。

就已收集整理的民间经济契约文书来说，一般包括以下几类：

一是买卖契约。买卖契约是田地等产业买卖者订立的协议，由购买者保存作为田地等产业所有权的凭证。买卖契约中最重要的是田产和房屋出卖契约，在清代法律上规定买卖田产和房屋交易必须有书面契约，产生纠纷时官方也依靠书面契约做出判断。目前发现的少数民族买卖契约，大部分是民间自行协议，没有税契和官府（包括土司衙门）钤印，只有在契约后面签字形式的区别，有的只有卖主签名按手印，有的是卖主、中保人双方签名按手印，有的有卖主、中保人、见证人（或通引人）三方签名按手印。其内容和格式写明卖者姓名、住处、出卖田地等产业原因，所出卖田地等产业的名称、四至位置、数量，卖与何人，议定所卖价格数额，说明交易的真实性，如是实契实银、不是折债、不是强迫等，以及卖主承担他人对此产业所有权争议产生的纠纷，也就是说卖主保证所有权的完整性。如果买卖属于断卖性质的，则契约中写明"任从世代子孙耕管，不敢异言，反悔退赎"或"两家情愿，各无反悔"，"人心不古，口舌无凭，为此立约一张交钱主收执为据"之类的保证。最后是立约人、中保人、见证人、通引人签名按手印及立契时间。

二是典当契约。典当契约是田地等产业出典和承典双方订立的协议，由承典人保存作为拥有田地使用权的凭证。少数民族田地等产业典当契约十分广泛，与买卖契约一样重要，成为民间地产和房产交易中一种重要的方式。大部分的民间典当契约，出典后可以进行转让，是少数民族民间不动产交易的一个核心内容。一般来说，分为出典人签名，出典人和中保人签名，出典人、中保人和通引人（或见证人）签名等形式。就其内容和格式来说大致相似，即写明出典人姓名、住址，出典原因，出典产业所在地、名称、数量，出典给何人，议定出典金额、出典和承典双方的利益和应遵守的规定。由于典当田地是田地使用权的暂时的转移，而不是田地所有权的转移，因此在典当契约中一般都写明"钱无起利，田不计租，不论近远，钱到田出，钱主不得阻留文约，田主亦不别典他人，此约两愿，如违，执出文契投赴上陈理论，治罪无辞，仍然照约追给原钱交与钱主是实，恐后无凭，人心难信，立此约存照"等之类的语言，最后是出典人、中保人和见证人签名按手印。

三是借贷契约。借贷契约指借贷双方当事人约定，一方将物交由他方无偿使用、收益之有名契约。借贷必为无偿，若双方约定使用该物之代价，则非借贷。借贷又可分为使用借贷以及消费借贷二种。借贷契约是民间重要的契约形式，民间一般借贷物量少的只进行口头协定，量大的则必须有书面契约。我国古代的借贷契约程式大体固定，一般包括立契时间、债务人身份；借贷原因、债权人身份；借贷性质及总额、借贷条件和到期日、违约责任、借贷人死亡情况下的偿付条款；结尾套用语；立契人名单等部分，这种格式从秦一直沿用至清末民初都没有大的改变。

四是租佃契约。租佃契约是出租人将田产等交付承租人使用，承租人向出租人支付租金，在租佃关系终止时返还田产的协议。租佃关系成立后出租人利用土地的使用权和收益权，通过租佃获得利益，并不转移其田产所有权。在租佃权中有永佃和非永佃之分，对于永佃权，佃者可以对佃权进行处分，如可以出佃，可以出卖佃权，只要佃户不少租，受者不少税，业主就不能夺佃。当然佃主不能杜卖，因为他没有所有权。业主在出卖或出典时，不影响佃主的权利。在收租上，佃户按约定纳租，也有的业主酌给籽种和牛力，到成熟时双方各自出力收，平均分配收获。这在景颇族和傈僳族中都出现过。租佃契约一般写明立契的时间和立契人；租佃原因，如"今因缺少自用事""今来缺银纳粮用度"等。在租佃契约中，还要写明租佃的标的物、田地坐落、田地种类和面积，租价、地租形式和纳租期限，以及出租人在租佃契约中所承担的法律责任。租佃契约根据租佃标的的不同形成不同的名称，如"佃田契""租田批""佃山文约""转佃山契"等。

五是合同文书。民间经济文书中合同文书比较常用，它是双方当事人在办理某事，为了确定双方的权利和义务而订立的共同遵守的案文。古代合同文书涉及的财产和身份领域，远多于契约文书。从各地公布的有关少数民族的合同文书来看，其覆盖的时代广、数量众多、类型较全，包括分业合同、分单合同、租赁合同、商业合同、息讼合同、承役合同、合伙经营合同等。

六是赠与契约。赠与契约是指土地所有者将田地无偿地让渡给他人，或赠送亲友，或赠与女儿作为"随嫁田"，或捐献为学田、寺庙田、族田、义田等。所立契约有送契、捐田契、随嫁田契等之分，赠送的性质也可分为临时和永久两种。

七是分家析产契约。分家析产是少数民族进行家庭财产分配继承的重要形式，在西南少数民族社会中分家析产有两个途径：一是父母在世时诸子分家析产，二是父母亡后分割家庭财产。不过因为土地分散等原因，父母在世时即分家析产的现象十分普遍。有的随着儿子结婚成家后次第进行，有的是以分家的形式一次性把家庭财产的所有权进行重新认定。分家析产是一件庄重的大事，因此多要举行分家仪式，并订立分家契约。

少数民族买卖田地等产业的契约文书，是维护各少数民族产权所有者经济权益的原始凭证，对当事人来说，尤其是买主，更是十分重要，因而必须世代流传。产权转移，契约文书交入他人之手，接手人也要精心保管，因而虽政治动荡和诸多战乱，几百年的老契至今时有发现。一些连续不断的文契，以甲方转入乙方，又从乙方归于丙方，贯通积累，一处产业形成的文契往往最后可达数十件之多，集中反映了数百年来某一民族、某一方田地山荡以及房屋的变迁情况，史料价值尤为珍贵。

下面选取西南地区一些少数民族留存下来的民间契约文书，以此说明少数民族民间经济文书的类别、内容及结构特点。

（一）苗族

中国长期的封建社会基本是以农立国，重农轻商，土地是人们追求的主要财富，所留契约大都是反映土地买卖、租佃关系的，而有关山林的契约却极少。但在苗族村寨，除了留存有大量的土地买卖契约外，还产生形成了为数众多的山林买卖契约，这在其他民族中却不多见，也是苗族契约文献遗产中的重要组成部分，为世人瞩目。

苗族习惯将土地分为公有土地、山林和私有土地。公有耕地不多，山林财产有80%左右为各姓家族、宗族和全寨共有，主要有学田、全寨共用田、游方坡、寨有山林、家族共有山林、坟地、斗牛场等，溪水河流为全寨共有。私有山林则有两类，一是山权、林权都为私人所有，林木主人有权砍伐、买卖、转让、赠送；二是只有林权没有山权。苗族允许土地买卖，在买卖土地时，家族有优先购买权，外族卖主即使确定了田价，只要家族内部有人购买，也只能卖给家族成员。苗族买卖土地产业要订立契约，由卖主请双方主亲族、寨头和中人吃一餐"中饭"，同时买主送卖主亲叔伯兄弟每人一些谷子，谓之"亲房谷"，中人由买卖双方各送一些谷子和钱物作为酬谢。经过"吃中"和接受了"亲房谷"以后，买卖关系就算正式成立了，将来如有反悔，参加"吃中"的人都有见证义务。

苗族的房屋所有权，可以分为寨有和个人所有。寨有房屋主要用于一些集体活动；个人房屋则为个人财产；祖传房屋一般视为家庭共有财产。子女成人后，需分家另住时，按共有财产进行分配，但较好的一份一般留给父母。

生活在贵州深山老林里的苗族同胞，靠山吃山，他们一方面要以自然的山林为生，一方面又为了维持、改善自己的生存条件，经营栽培着林木，并由此形成买卖租佃关系，自然而然地防止着破坏性的开采，形成生态环境的良性循环，这种与自然的和谐相处模式，比只是单纯的政府行为要更有生命力。早在明代中期，这里的苗族先民就已习惯了"开坎砌田，挖山栽杉"的山田互补、林粮间作的生产方式。明中后期，清水江中下游地区木材贸易开始兴起。到清乾隆年间，贵州锦屏等中下游地区木材贸易空前繁荣，并促成了一种较为成熟的封建林业生产关系。在此情况下，产生形成了数以万计的契约文书，称为"中国苗族混农林契约文书"，又称为"锦屏文书"或"清水江文书"。这些契约文书以林业为主，全面记述和反映了清水江中下游苗族和侗族林区经济和社会各方面的发展变化情况，对研究苗族人民的特殊经济生活，以及对研究中国林业发展史都有重要意义，正好为我们从民族的、经济的、林业的多个方面研究提供了一批宝贵的原始资料。

清水江文书是明朝末年至新中国成立初期近400年间贵州清水江中下游和湖南沅江上游等苗族、侗族聚居区域形成并传承至今的宝贵民族民间古籍文献遗产。据目前面世的文书来看，其内容非常丰富，涉及山林和田地、菜园、池塘、屋坪、阴地等土地买卖契和租佃契约、山林股份清单和山林借抵契约及借条、官府文告、民间诉状、分家文书、山场地图、山场清册、契簿、账册、粮册、税单、碑刻、家谱等。它们分散保存于贵州省黔东南苗侗侗族自治州境内的锦屏、黎平、天柱、三穗、剑河、凯里、台江等县市苗村侗寨的农民家中，藏量十分丰富，内容比较广泛，是苗、侗等民族先民在长期生产生活实践中形成的混农林生产、人工营林、木材贸易等经济活动的集中体现，是经济学、法学、民族学、历史学、农林学、文献学等学科研究极其珍贵的第一手资料，具有较高的学术价值和社会价值。

1. 卖契

苗族地区先民出卖或出典不动产，先要讲明原因，还须讲明出处，同时说明产权关系，如"并无外人争论"指的是外人不能干涉，表明了此产业的清晰度。有的买卖契约还有外批语，把正文中未尽事宜加到批语中去。在苗族买卖契约特别是断卖契中常常出现"誓愿歌"，如"一卖一了，二卖子休；高坡滚石，永不回头"，它表明了断卖行为的严肃性和不可逆转性。例如：

姜未乔卖木契

立断卖山场杉木约人姜未乔，为因家中缺少用度，情愿将本名所占之山木一股坐落地名鸠其出卖，请中间到弟媳名唤楼风、胞妹名唤姝蕃，姑媳二家承买为业。当日凭中议定未乔之股，价银五两叁钱正，亲手收回应用。其山木任从弟媳、妹妹二家管业，日后不得翻悔异言。今恐无凭，立此卖约存照。

外批：此山分为六股，未乔占一股。今未乔之股老木嫩木一概大小俱卖在内。余五股，自存。日后照六股修理管业，不得争执。

凭中　代笔□□□
嘉庆六年（1801）六月十九日　立①

姜绍祖、婶娘姜氏迈辇婶侄卖木契

立断卖山场杉木约人文斗寨姜绍祖、婶娘姜氏迈辇婶侄二人，为因家中要银使用，无从得出，自愿将坐落土名培的离山杉壹块，上凭文通与岩湾所共之山木以盘路为界，下凭溪为界，左凭冲为界，右凭岭下以小冲为界，四至分明。此山分为捌股，映辉、绍望二人共占壹股，绍祖、迈辇二人共占柒股。今凭中出断卖与格翁寨范文通名下承买为业，当日凭中出断

---

① 陈金全、杜万华：《贵州文斗寨苗族契约法律文书汇编——姜元泽家藏契约文书》，人民出版社2008年版，第64页。

卖议定价银贰拾陆两柒钱柒分正，亲手领回应用。其山木自卖之后，任从买主修理管业，日后不许弟兄并外人争论。倘有不清，俱在卖主向前理落，不与买主何干。今恐无凭，立此断卖字存照。

外批：此山分为捌股。绍祖先年得买姜得中贰股，又得买姜生兰、老贵、老跳三人贰股，又得买周隆壹股，绍祖、迈辇本名现占贰股，以上柒股俱卖与文通。姜周异名下占壹股，卖与姜映辉、绍望二人。

外批：此山栽之木先年付与孙明远栽，分为五股。孙姓占栽手贰股。我等姜姓地主共占叁股，绍祖、迈辇出卖本名占之股数。日后砍尽，地主捌股，文通管业柒股。映辉、绍望管业壹股。

度中　龙金佼
凭　堂侄姜老贵、相麟

嘉庆二十二年（1817）二月二十六日　卖主姜绍祖　亲笔　立①

陆登奇长坡岭断卖契

立断坡约人陆登奇，为因家下缺少银用无处出，愿将自己祖业坐落地名长坡岭壹块，东至凭买主为界，南至凭陆万才火路为界，西、北凭买主为界，四至分明，并无外人尊伦（争论），要行出断。自己请中问到陆在乾、陆在朝弟兄名下承买为业，当日凭中言定断价纹（银）叁两叁钱整，亲手领回应用。其坡一卖一了，二卖子休；高坡滚石，永不回头。恐后无凭，立此断约存照。

凭中　陆进永　陆仕良
代笔　陆国亮

嘉庆五年（1800）三月二十伍日　立

龙宗玉洞头溪水田断卖契

立永远断卖田契约人龙宗玉，为因家下缺少银两费用，无从得出，情愿将到自己面祖业先祖得□□□□，（坐落）土名洞头溪边冲水田大小伍丘，计禾叁把伍手、载（代）源（原）粮叁禾伍勺，连荒坪在内，

---

① 陈金全、杜万华：《贵州文斗寨苗族契约法律文书汇编——姜元泽家藏契约文书》，人民出版社2008年版，第153页。

要行出断。先尽本房无人承受，然后请中问到本寨龙大儒、（龙）大权贰人兄弟承断为业，当日凭中叁面言定断价足色纹银肆拾两整，一手交足并无短少分厘，亲手领回用度。其田自卖之后，恁从买主下田耕种开垦，子孙世代照约管业，不许房族内外人等弟兄相干。其田倘有来路不明，在于卖主向（前）理落，不与买主之事。次系贰比愿买愿卖，当日凭有酒席画字。（一）卖—了，贰卖子休；如高坡滚石，永不回头；似水归海，在（再）不复转。日后子孙纵有黄金，不得归赎。恐后无凭，立此断约存照。

凭中证：杨廷才（画押）
中吃画字：龙中鳖（画押）
亲笔
宗玉断约
乾隆五十四年（1789）十二月初拾日　立①

2. 买契

姜士朝买山连契

立卖杉木并山场约人下寨姜玉才，为因缺少银用，自愿将到土名杉木山场污格溪□辉虎一块，其山界至：上凭顶，下凭盘，左凭岭，右凭冲，四至分明。其山股数又分为七股，连合名下占一股，石扬名下占一股，佐周、连合二人占一股，清平、起才名下占一股，九堂、绍伦二人名下占一股，祖贵占一股，连合、玉才名下占一股，玉才名下半股，出卖与上寨姜士朝名下为业。当面议定价银五两叁钱正，亲手领回。其山子出卖之后，任凭买主修理管业。恐有来路不清，卖主理落。今恐有凭，立此断卖字为据。

凭中　姜连合
代笔　龙盛周

---

① 陈金全、杜万华：《贵州文斗寨苗族契约法律文书汇编——姜元泽家藏契约文书》，人民出版社2008年版。

嘉庆九年（1804）十一月廿七日①

　　立断卖杉木山场字人下寨姜老什、老祥、老林，为因缺少银用，无从得出，自己请中间到上寨姜士朝名下承买为业，坐落土名污大求山一块。其山股数分为七大股。老什弟兄名下占一大股，出卖与姜士朝名下。当日凭中议定价银拾两正，亲手领回，其山自卖之后，任从买主修理管业，卖主房族弟兄不得异言。如有异言，俱在卖主理落。其山界至：上凭顶，下凭新盘路下两路木为界，左凭岭与姜所士疆为界，右凭大冲与中房地为界，四至分明。一卖一了，二卖子休。今恐无凭，立此断卖契为据。

　　　　　　　　　　　　　　　　凭中　姜德明
　　　　　　　　　　　　　　　　代笔　龙盛周
　　　　嘉庆十年（1805）正月廿八日　立②

姜绍齐买田连契

　　立断卖田字人姜士模，今无银用度，自愿将到先年得买兴才、九香之田，地名井优田一坵，今请中出卖与姜绍齐名下承买为业。当日凭中议定价银四十八两二钱，亲手领回应用。其田任凭买主耕种管业，卖主亲房子侄弟兄并族侄等不得异言。如有异言，在卖主理落。其四至：上凭油山，下凭卖主之田，左凭岭，右凭卖主之田坎下与（以）冲为界。四至分明，今凭中卖是实。

　　内添一字。

　　外批：代纳粮六合五。

　　　　　　　　　　　　　　　　　凭中　姜占鳌
　　　　　　道光十年（1830）二月廿四日　亲笔

　　立断卖田契人范达、连英为因无银使用，无处得出，自愿将到先年得买姜万年之田一坵，地名登敖，今将请中度卖与姜绍齐名下承买耕种管

---

① 陈金全、杜万华：《贵州文斗寨苗族契约法律文书汇编——姜元泽家藏契约文书》，人民出版社2008年版。
② 同上书，第77页。

业。当日三面议定价银五十两正，亲手领回应用。其田自卖之后，任凭买主耕种，卖主房族弟兄等不得异言。今欲有凭，立此卖契字为据。

凭中　姜绍浦、堂□姜宗保
代笔　姜邦彦
道光十年（1830）十二月初四日　立①

3. 租佃契约

苗族的租佃契约通常包括山林、田地、菜地、房屋、铺面、牲畜等，内容主要强调租佃时限、标的物位置、四至、租佃利益股权分配，租佃双方的有关权利和义务等。契尾写明立契时间及凭中、代笔人画押。例如：

姜贵保佃契

立佃种栽杉木字人姜贵保，今佃到姜绍熊、绍齐、钟泰叔侄之地一块，土名培拜破（坡）；又一处，地名汪粟，共二处。议定伍股均分，地主占三股，栽手占二股，限至五年，木植成连（林）。日后长大，照股均分，不得为误，如有不成，任凭地主修理，佃主不得异言。立此佃字是实。

外批：培拜一块，界至上凭祖魂，下凭大冲，左凭李□之木，右凭岩□之木。又一处汪粟，界至上凭岩梁为界，下凭溪，左凭相德之地，右凭光□之地。

道光二十二年（1842）九月廿八日　代笔　姜昌后　立佃②

龙文品、龙光渭佃契

立佃帖字人天柱县高让寨龙文品、龙光渭二人，今佃到文斗寨姜映辉、相德二人名下之地名翁有之山，界至：上登顶、下抵田沟，左凭冲，右凭岭下以浪沟为界，栽杉种粟。其木五股均分，地主占叁股，栽手占贰股。限至五年内成林。如有不成林，栽手并无系分。日后木长大，照依股

---

① 陈金全、杜万华：《贵州文斗寨苗族契约法律文书汇编——姜元泽家藏契约文书》，人民出版社2008年版，第261页。

② 同上书，第369页。

数均分。今欲有凭，立此佃字为据。

今佃帖贰纸【半书】

代笔 姜邦彦

道光十三年（1833）九月廿一日 立[①]

4. 分合同

分合同是确定经济收益分配的文书，主要分为地主与栽手之间的分成合同、众山主内部的分山、分木、分银合同及家庭内部的分关文书等几类。地主与栽手之间的分成合同，表明栽手与山主之间属于山林租佃关系，栽手对山林利益负有连带责任。这类合同是承接佃契而来的，在幼林初成后，一般还要按照惯例再订立一个分合同，进一步确立双方的收成比例。而分山、分木文书，是对山场、林木按份分配，对业权进行细分或分割。各共有人股数的多少直接关系到山场、林木买卖后的经济利益大小，因此，当时的苗族一般采用两种方式将复杂的共有形式清楚准确地表达出来：一种是使用"大股""小股"的分层计算；一种是将整个山场、林木以一定的股额数确定下来，人们各自所持的份额在此基础上表示。分关文书则是分合同中的一种独特情况，它是人们分配处置家庭财产的析产文书。在中国传统社会里，子女长大成人后一般都要分家。分家有很多原因，但主要是从经济方面考虑。几代共居，众人杂处，互相依赖，彼此牵制，生产难以合理调配，生活难以统筹安排，因此通过分家的形式来灵活自主地安排小家庭的生产和生活。现举例介绍如下：

范咸宗、范玉堂等主佃分成合同

立分合同字人范咸宗、咸秀、维远、维祺等四公之山，地名依赖并乌晚溪一所，左凭文斗下寨姜朝琦之木，右凭文斗下寨姜绍宏并四公等之木，依赖下边凭大河，乌晚下边凭范维远之四角，四至分明。先年付与本地范玉堂、玉华贰人佃种栽杉，今木植成林，二比自愿分立合约，言定五股均

[①] 陈金全、杜万华：《贵州文斗寨苗族契约法律文书汇编——姜元泽家藏契约文书》，人民出版社2008年版，第304页。

分，地主占叁股，栽手占贰股。自分之后，栽手务要逐年修理，不得荒芜，倘有此情，栽手毫无系分。其有栽手之二股，恐有出卖，先问地主，如地主不收，另卖别人。凭后无恐，立此合约，各执一纸，永远存照。

立分合同二纸为据【半书】

嘉庆二十四年（1819）二月初九日　地主范绍源　立①

陋见山场分木文书

计开陋见山场杉木分为二股：乔计、党格、香保假三人占一大股，保天、季孙、党格又占一大股，应详弟兄三人得买香保一股，乔计、党格二小股卖与佐周。

保天、党格、李孙一大股，作为五小股，季孙一小股卖与姜启德，启德又卖与映详弟兄，今包慢弟兄名下又卖与姜士朝。

外批：保天五人占一大股作为十小股，应详弟兄占一小股，士朝占一小股，现八股在外；香保、党格、乔计一大股作为三小股，应详弟兄得买香保一股，现二股在外。

道光元年（1821）十二月初三　卖价二百七十三两，分银照此单均派无差。②

姜绍略、绍熊、绍齐分关契

立分关字人姜绍略、绍熊、绍齐三人兄弟，为父亲分占祖遗之田，并父亲所买之田，至今人口日增，田产益广，欲合种以同收，恐彼早而此晏，幸承严父精公平均派，我等弟兄俱属心平意愿，自今分占之后，各照分阄殷勤耕种，世代管业，日后不得异言。其有山场杉木尚未分拨，俟后砍伐售卖仍照三人均分。恐后无凭，立此田产分开字永远发达为据。

绍略收：党庙祖田二坵，魁元长田一坵，党宜田大小六坵，南鸠平鳖、张化共二坵，南鸠文水沟一坵，岩板坡平敖田一坵，坎下旧田一坵，污鸠、绍舜田三坵，水沟下二坵，又官蔼田一坵，捕生于绍滔共一坵，党

---

① 陈金全、杜万华：《贵州文斗寨苗族契约法律文书汇编——姜元泽家藏契约文书》，人民出版社2008年版，第173页。

② 同上书，第554页。

卡一处，皆党令一坵，又一小坵。

绍熊收：官美包六坵，大朝田七坵，朝显田二坵，之丢绍祖田四坵，朝贵田一坵，大孔旧田一坵，岩板坡绍淹田二坵，旧田大小六坵，鸠休田三坵。

绍齐收：南鸠、光具田大小六坵，北堵祖田又伊得买之田大小五坵，污鸠、光周田九坵，朝链田共三坵，南鸠下旧田三坵，皆料共田一坵，故道田一坵，也浪田一坵。内加绍舜田叁坵、宏蔼田壹坵，共加四坵与绍齐占。内除朝理田上下二坵、祖田壹块在□党田上坎，共除三坵与绍略名下耕种管业。

外批：卧天木本绍齐、汝梭、妹申共买栽手，映辉、绍滔共买地主。污晚木一块，绍齐、汝梭、妹申共买。

外将白堵得买朝理田上下二坵、祖田壹坵，在□党田坎上与绍略占，内除绍舜田三坵、官蔼田壹官与绍齐占。

合同为据【半书】
凭中　福保、绍吕
绍滔　笔
道光四年（1824）正月阴九日　立
外批：加细字，换田。述圣笔①

稿邦分银文书

道光十玖年七月廿二日　　分稿邦之银单

东道牛肉五斤，酒七呼，米六件

付四件南休请商公牛肉二斤，猪肉一斤

酒四呼，补柳容走之木，各食猪肉叁斤，党加补开儒之木酒二呼。

开清

绍吕名下占银三两七钱三分，钟灵手领。

【绍】雄名下占银三两七钱三分，【钟】太手领。

钟英名下占银三两七钱三分，世禄手领。②

---

① 陈金全、杜万华：《贵州文斗寨苗族契约法律文书汇编——姜元泽家藏契约文书》，人民出版社2008年版，第231页。

② 同上书，第560页。

5. 典当文书

苗族典当文书通常涉及山林、土地、房屋等不动产，也有粮食、木材、农产品等。典当土地的文书一般不是死当，典当期一般有年限规定（通常为3年）。即使超出年限，只要有钱，随时可以赎回。苗族规定家族有优先承典权利，只有族内无人或族内人作出的典价比外人低时，才能出典给外寨人。签订典当协议时，一般要有双方家人见证。如：

姜开荣典田契

立典田约人上寨姜开荣，为因缺少银用，情愿将到（稻）田壹坵，地名乌杂卡，界至：上凭载渭田，左、右、下俱凭典主田，四至分明，凭中典与姜绍熊四爷名下，实典价银叁钱整，亲手收回。其田自典之后，每年上租谷叁担陆斤，不得短少。今欲有凭，立此典字是实。

凭中　姜老齐
代笔　姜凌汉

道光二十四年（1844）七月初九日　立①

6. 借贷契约

苗族借贷关系寨内发生的很少，多以寨外发生，内容包括借银两、借劳力、借粮食等。在其习惯法中限制借贷年率不得超过50%，不许计算复率，欠债还不清时，家族有代偿责任。族亲间劳力借贷不计利息，大宗借贷按实际利息计算，粮食借贷不论借期长短，均按一年计算，大多是栽秧后借贷，收获后还本利。

为了保障债权能够实现，苗族村寨中还出现了抵押借贷。特别是借贷数额较大时，债权人为使贷出的款或物能按期收回，要求债务人有抵押的物品，如到期不能还债，抵押物品便归债权人所有。其格式一般包括借贷原因、借贷物（钱财、物件等）、借贷数目、抵押物、利息计算、借贷期限、归还时间和违约责任等项目。如下文：

---

① 陈金全、杜万华：《贵州文斗寨苗族契约法律文书汇编——姜元泽家藏契约文书》，人民出版社2008年版，第396页。

范世珍借契

　　立借字人岩湾范世珍，今因家下缺少银用，无处得出，亲自问到文斗寨姜映飞名下，借过本银四两整，亲手领回应用。其银限在十二月还清，不得有误。如有误者，各自换约出当。今恐无凭，立此借限字为据。

亲笔　范述尧

乾隆五十一年（1786）十一月二十四日　　字①

姜占魁借当契

　　立借当字人姜江氏同继子姜占魁，为因有事在司，缺少银用，无出，自愿请中将到坐落土名眼翁田大小贰坵，约谷十三担，今将凭中出当与龙里司寨罗天下名下，实借过本银叁拾两整，亲手领回应用。其银言定，限至五月十五日之内归还，不得短少为（违）误。今欲有凭，立此借当字。

　　外批：过限照月加叁行利。

　　本年七月廿二日将此当业，卖与姜绍熊为业，银价罗天才手收清。

凭中　曾开泰、姜通义
占魁　亲笔
凭中龙绍宾
姜通义笔批

道光十七年（1837）四月初八日　　立②

禾香借当契

　　立借当字人禾香，今因要银使用，无出，自己问到文斗下寨姜映辉名下借本银十五两正，入手收用。自愿将到地名南丢也党田一坵，作当其银。将田内之谷每年以四百斤作利，其银无利钱。十五两现在，利不可短少。如有短少，凭银主下田耕种管业。今恐无凭，立此借当字是实。

---

　　① 陈金全、杜万华：《贵州文斗寨苗族契约法律文书汇编——姜元泽家藏契约文书》，人民出版社 2008 年版，第 41 页。

　　② 同上书，第 334 页。

嘉庆十九年（1814）十二（月）廿八日　亲笔光兴　立①

7. 收条、欠条、领条

姜兴宇等纳粮收条

南鸠一百八十五号姜兴宇扇面形中田，收禾柒秤。应辉收，廷举除。一百八十二号姜生音斜角形中田收禾三秤。应辉收，文德除。岩板坡姜乔三二□□形中田收禾三秤半。应辉收，文绍除。

嘉庆十四年（1809）七月十九日粮房村光鹰推②

罗大等卖木收银字据

立收木价字人罗大、高见、吴金血、吴全银、杨起顺、杨天文、吴德才、吴朝恩、吴老尤、吴全昌、吴老恩、吴老贤共计十二人，今收到卖与文斗寨姜绍礼、映林名下木一单，共计木柒十七株，价银七两零五钱，共计木价银伍佰肆拾贰两捌钱五分正，其银亲手收清，分文无遗。今恐无凭，立此收字为据。

凭中　主家罗大吴华□、孟彦邓基德
凭中　姜朝杰、举周
吴德才　亲笔
嘉庆十四年（1809）七月初八日收③

姜、范二姓欠条

道光十一年七月廿三日起，至十二月初五日止，姜、范二姓寓蒋宏发处，共该饭账酒肉杂项实该钱捌拾柒千陆佰伍拾文，除收外长□□柒仟贰佰捌十文正。

凤章笔④

---

①　陈金全、杜万华：《贵州文斗寨苗族契约法律文书汇编——姜元泽家藏契约文书》，人民出版社2008年版，第139页。
②　同上书，第550页。
③　同上书，第102页。
④　同上书，第558页。

杨登魁领条

　　文斗寨姜钟英、绍奇等与姜相吉、相荣等，所为木地具控之案，今已和息清楚，其帮原差等盘缠销案，一切费用交与龙贵、杨等魁、董兴领出开支。倘开支不清，惟承领之人是问，不与事主相干。所领是实。

道光八年（1828）二月二十一日　杨等魁笔①

8. 账册

请中花销账单

　　光绪二十五年十月十六日晚请中上寨开贤、际春、下寨贤清、永和。

　　付买猪肉四斤，去钱贰钱五十六文。

　　又付买豆腐六件，去钱叁十六文。

　　又付买盐四两，去钱十二文，付买……

　　又付买米八件，去钱□□□四文。

　　又付买丝烟、清油，一共去钱卅文。

　　又付洋烟贰钱，去钱一百廿文七。共开去钱六两七十六文。

　　十七日早，又请中

　　付买猪肉叁斤二两豆腐六件，去钱贰□文。又付买豆□件，去钱□□。

　　又付买□四两，去钱卅二文。又付买酒六件，去钱九十□□。

　　付买米八件，去钱一两四文。付洋烟贰钱，去钱一两廿□□。

　　共开去钱五百七十六文。

　　廿七日晚，又请中上寨开贤、际【春】、下寨交明、贤清、□□、保长永文。

　　付去钱四两，登揆手收。

　　来酒五件，扣钱八十文，共去钱四两八十文。

　　十一月初六日晚，又请中交明、际春、贤清、永和。

---

①　陈金全、杜万华：《贵州文斗寨苗族契约法律文书汇编——姜元泽家藏契约文书》，人民出版社2008年版，第564页。

付牛肉叁斤，去钱一两廿文。

付猪肉一斤，去钱六十四文。

付买米八件，去钱一两四文。

付买酒五件，去钱八十文。

付买盐四两，去钱廿八文。

付买丝、烟、油，共去钱廿文。

付买洋烟贰钱，去钱一两廿文。

初七日早，交明、贤清二人。

又付买羊（洋）烟贰钱，去钱一百廿文。

八共去钱六两五十六文。

十月卅日晚，付去典钱一两，作永文下江用，卅两九钱除付之用，前银一两九钱五分，扣□钱，该钱贰千四百廿五文。

卅一股共请。①

田产添置记录文书

岩板坡上下田太祖并祖遗田，大小六坵，约十五石。得买光模田大小五坵，约谷□石。得买□□田一坵，约叁石。本□□祖帐田一坵，约谷五石。又得买本洪田大小叁坵，约谷十石。又得本德之田二间，约谷十一石。福珍田上边一坵，约谷五斗。□占田一坵，□伍壹□□叁石。寨脚党额田壹坵，叁石。大孔田一坵，约谷五石。得买本元子鸠田大小三坵，约谷五石，抽去又子鸠田大小五坵，约谷十二石。得卖（买）加什寨眼翁田大小叁坵，约谷七石；又得买加什寨学士眼翁田大小三坵，约谷六石。②

9. 其他

布告

一　各里各甲田块土名、东西南北四至，务要开清。某界连某处插立

---

① 陈金全、杜万华：《贵州文斗寨苗族契约法律文书汇编——姜元泽家藏契约文书》，人民出版社 2008 年版，第 570 页。

② 同上书，第 577 页。

某木牌，不得夹杂越界。如有糊混不清，希图欺隐，查出治罪，某田按亩加赋。

一　有田处或冲或坝或溪或膊，亦要分清，四至种立木牌，书写某冲某坝某溪某膊字样，以杜射影。

一　田圻挨次顺开，照依册或先开花户鲜明，次开田圻形土名，四至分列，上中下三等，收禾为某把，以凭查丈，倘不遵式填明或移田换假或以高作下及隐匿漏报者，除田入官外，将□□人一并治罪。

一　花户务必十家互保，如有不保者，即有隐匿□□究治，倘有一户偏报，九家俱坐。

一　争竞未明之田频在县辖者，许甲长、户首平情□处，应归甲者归甲，应归一者归一。倘不服理，自该甲长、户首连民秉公以凭提究。倘系界限不清，与别府州县毗连，即着户首绘图呈并，以凭勘断明白定案入册。如混开报，一经告发，定行重究。①

天柱县告示

再严催定限期，务于二月内缮选齐全送署核对，以凭亲临查丈合行晓谕严催，为此示仰该里户首、甲长、花户人等知悉，务须遵照条规上紧赶办，倘有争竞不明或田亩典当不清或地混从中阻扰，亦遵谕禀究。如再迟延逾限，定行先提户首、甲长重处，以凭玩法误公者戒，决不宽假。务违，特示。

抄白

乾隆五年（1740）正月　日　示

姜门李氏、凌云祖孙卖田官契

贵州国税厅储备处，为颁发印契以资信守事。照得民国成立各府州县印信已经更换，民间所有业契与民国不符，难资信守，前经财政司奉都督命令特制三联契纸发行，各属一体遵办在案。本处成立业将此项契税办法报明财政部，划为国税，俱应一律，前清已税买契产价每十两纳

---

① 陈金全、杜万华：《贵州文斗寨苗族契约法律文书汇编——姜元泽家藏契约文书》，人民出版社2008年版，第587页。

税银二角，未税者纳税银五角；前清已税当契产价每十两纳税银一角，未税者纳税银二角，从奉到民政长展限令之日起征，限五个月内仰各业户从速挂号投税，逾期不投税者原契作为废纸，其各禀遵勿违，切切。后余空白处摘录业户原契，至该业户原契仍粘附于后，加盖骑缝印信，合并饬遵。

姜绍齐得买姜门李氏仝孙凌云干榜一块。产价银伍两五钱，应纳税银二角七□五□，纸价一角。

中华民国二年十月十号　　给

　　　　字第□□□□号产价银五两五钱（骑缝）①

姜永卿致姜登廷书信

姜登廷先生大鉴：悉因我等有共山壹块，地名冉路卡，卖杉木与姜如锡砍伐下河，众议砍价足银壹拾四两二钱八分整，除各食去银□钱，栽手去银□两，地主占□两。地分为八小股，卿占七股，□银□两，廷占一股，□银□两，□手收光洋一元，□钱欠尾银□两，□□□□□□。

　　　　　　　□□□□贰月初九日　　姜永卿　手条②

（二）纳西族

公元7—10世纪，丽江地区的纳西族还处于部落奴隶制经济阶段，史称"越析诏"或"摩挲诏"。南诏统一"六诏"之后，以纳西族为主的越析诏隶属南诏管辖，其经济体制纳入南诏体制之内，属剑川节度使管辖。到牟西的三世孙牟保阿琮时"合归尊主"，形成一个强大的独立部族，不受大理国节制。因此从公元10—13世纪摩挲诏的经济仍处于奴隶制经济阶段，较段氏大理国落后。直到1253年元世祖忽必烈征服大理国后，纳西族才开始走向领主经济。

公元1384年（明洪武十七年）第八世首领阿甲阿保归顺朱明王，受明朝敕封为世袭丽江府知府，并赐姓木，取名木得，共传16代。到清雍

---

① 陈金全、杜万华：《贵州文斗寨苗族契约法律文书汇编——姜元泽家藏契约文书》，人民出版社2008年版，第515页。

② 同上书，第578页。

正元年（1723）云贵总督高其倬上奏说，"木氏居官贪虐派累土人至今控告不已，请将木氏土知府改土归流"，撤销世袭土知府，由清朝直接委派流官知府统治。木氏封建领主从1253年到1724年止，统治丽江府达471年之久。此后，由于清查了木土司的领主庄园，解除了农奴的枷锁，并将领主庄园土地分配给原耕农奴，这些农奴成为私有土地的农民，土地可以买卖、租细，地主经济取代了封建领主经济，这种生产关系的改变，使纳西族的社会经济往前推进了一步，因此"改土归流"无疑是一项重大的社会改革。

从公元1384年（明洪武十七年）到1722年（清康熙六十一年）的338年间是丽江木土司封建领主制的极盛时代，《明史》记载说当时的土司向明王朝岁输每饷白银数千两，岁纳稻谷万石，并组成"夷军部曲"助王骥三征麓川，明皇朝"依之为滇西北屏藩"。这表明当时丽江地区的生产力有所提高，农业和手工业有相当发展，社会剩余产品较多，物质基础较为雄厚，才有可能向明王朝提供如此大量的军饷和粮食。根据史料的记载，这一时期丽江府辖区内农业、手工业、矿业和商业都有相当的发展。例如：农业方面，据《丽江府志》记载，乾隆三十六年（1771）"新设县、所，有丽江府自改流经管历年清出田地一千三百一十九顷九十六亩，暨经征田赋条编夏税秋粮公条等款，统为县经管经征"。这就是说原丽江府共有耕地面积131996亩；田粮赋税中"额征条编银一千一百一十三两一钱四分二厘，额征奉平银一百一十一两三钱一分四厘二毫溢。额条编银二十八两九钱九分五厘；额征公件耗银一千七百四十二两二钱五分一厘；额征税秋米一千五百另九石三斗七升另九勺；额征米六百九十四石六斗五升另五勺；永折银四百八十六两二钱五分五厘四毫"。以上合计岁征银3581951两，米2202石。这表明丽江府在农业生产方面坝区已经是以传统的犁耕为主，因此才能提供如此大量的田粮赋税和白银。

畜牧业方面，丽江府辖区内有丰肥的高山牧场，宜于畜牧业的发展。这里的畜牧种类有黄牛、牦牛、马、骡、驴、山羊、绵羊、猪等。其中丽江马以高大、耐负重驰名滇中，木土司在白沙、宝山等地拥有巨大的畜牧场，粮食、货物并运输军用。山区农民多数都以农牧业并重，一般占有牛、马数十头，羊数百只，因而形成"牛羊遍野、马帮络绎"的景象，每年八月有骡马大会，形成较大的骡马交易市场，这说明畜牧业较为发达。

手工业方面，木土司统治时期纳西族的手工业已经有所发展，主要有制铜、打铁、金银饰、木工、建筑、皮革、织毡、织氆氇、棉纺、刺绣、酿酒、造纸等行业，这些手工业者已逐渐从家庭手工业转变为独立的生产部门，其中如制铜、打铁、织毡、皮革等业已经脱离农业生产，形成专业性的生产行业，到了十八九世纪，还出现了上述各行业的生产作坊及行会。

商业方面，明清之际，丽江府已形成滇藏贸易、川滇贸易的交汇点，每年约有数百驮羊皮、山货、药材由藏区运至丽江出售，然后大理、腾越商人又将边销茶经丽江运往藏区，每年达数千驮之巨。此外，过去藏区巴塘、里塘，四川盐源、盐边、木里一带都属于丽江木土司的势力范围，因此许多四川商人又将各种日用货物经盐源、盐边、永胜运至丽江，然后又将茶叶、皮毛、陶器运往四川销售。这一时期丽江已成为川、滇、藏沿边的商品集散地，商业贸易较为发达，这就是木土司能够称雄一方达300余年之久的物质基础。所以清人所著《滇南闻见录》（下卷）有如下一段记载："丽江……所产则藏绸、藏茧、䍁毯、氆氇、皮革、茜草、红花、催生石，上品答京师，盖以输京局者。"就是说这些产品还输往京城，供国家需用。

商会和商店：据《维西县志稿》记载，丽江地区以"本邑及大理、鹤庆、丽江、剑川、四川各邦人组织成会"。"我邑著名商家以永昌祥，春荣记、德春和、义兴昌著名为商，其他或是行商，抑或资本薄弱，土人则贸易者寥寥无几。谨按……永昌祥已于民国三十三年撤回，春荣记亦经年撤去，现著名商家又添永怡祥、谦益号，至华盛、豫丰昌则早经开设多年者。"

街市方面：据《滇南闻见录》上卷记载："郡城西关外有集场一所，宽五六亩，四面皆店铺。每日巳刻，男妇贸易者云集，薄暮始散。……余思另辟一沟，使水从市外行，非不便民、惧于街市风水不利，因谕街旁众铺，各就门面铺砌石街，于进水之口筑一小闸，晨则下闸阻水，不得入街，暮则放启闸放水涤场使净，俾入市者既免于泞泥，又免于尘埃，而水仍由市流行，当无所碍，各铺家所费无几，而便益无穷，城乡之民无不感惠焉。"这个宽五六亩的集市贸易称为"四方街"，至今五六百余年，还保存着它昔日的集市贸易的风貌。

城镇方面，丽江府治在大研镇，北有象山，南有狮子山，木土司大衙门位于狮子山脚，一进四院，楼台花榭，雕梁画栋，俨然一座王府规格。所以《徐霞客游记》说："土司官室楼阁之华丽，拟于王者，并行僭制。"这座庞大的建筑出自白族、纳西族木工之手，说明当时纳西族的建筑业有较高水平。丽江府城无城墙，据史料称，因为土司姓木，如果建筑城墙，就形成一个"困"字，不利于发展，因此不建筑城墙。除丽江县城外，每年的巨津洲（巨甸）、石鼓镇、宝山甸都是多年酋长千总驻防之地，已形成集市贸易的小集镇。小集镇的形成也表明商业贸易有了一定发展。

矿产方面，丽江府辖区内矿产资源丰富，产铜矿、金沙、银矿、盐矿、软玉、绿柱石、石棉、彩纹岩等。其中铜矿、金沙、盐矿产量较多，文献有如下记载：

沙金：《滇云历年传》卷首载："语云金生丽水，今丽江其地也，江浒沙泥金麸杂之，贫民涛而锻之，日仅分于厘，售蜀贾，转由四方。"檀萃《滇海虞衡志》载："金出于北金沙江，所谓金生丽水也，淘洗得之，工费正等，推掘于平地，得金块大小而利赢。滇志所称丽江金沙江出金，姚安龙蛟江出金，永宁府出金……又较：《续博物志》云，生金出长债诸山，取法以冬或春先于山腹掘坑，方夏水潦，荡沙泥土注之坑，秋始披而拣之，有得片块，大者重一斤或二斤，小者不下三、四两，先纳官十分之八，余许归私，仍累劳效，免征赋。麸金出丽水河赕川，有罪送淘金所，最为重役。"

白银：光绪《续修永北直隶厅志》卷一载：白角山"属滇渠，土州界，与章土州同地方接壤，过四川盐源县界上下出银矿，道光十一年，同知吴兆棠详维开办解课名东升厂又名白牛厂，时有白牛现，因获银矿，故名，二十五年，银内分出黄金，至今采办，解无定额"。此外，鲁甸有乐马大银厂，产银盛丰。

铜矿：产于永北厅西南的元宝山下，最高年产量达十万斤。明清两代由滇矿务局主管，土司协办，厂名得宝厂，每年按期解送京铜，为丽江府属最大的铜矿。

盐矿：丽江府属盐矿井有七处，雍正二年设盐课使一员，管理盐务，又据雍正《朱批谕旨》载鄂尔奏奏折："雍正五年十一月十日，云贵总督臣鄂尔泰谨奏，为新增盐课余息事……查丽江府属之丽江井附近之四小井，可以开煎，臣随于本年五月面商盐道刘亚长委员督灶煎办，据报陆效改获盐斤比前日增，计可获正盐二十六万七千一百余斤，每斤二分二厘，银课五千八百七十六两余较之历年办多获银三千余两。"这说明丽江府属盐矿收入为数不少，因而木土司的财源比较充裕。

纳西族东巴除了用东巴文撰写了大量的东巴经外，还用东巴文记录钱物收支账目，书写契约，在日常生活中也产生了部分东巴文账簿和地契经济文书。纳西族在经济活动中产生的契约账簿极为丰富，仅在清代和民国形成的就有合同、当约、领约、田契、房契、卖约、借约、账簿等多种文书类别，这些经济文书对了解纳西族经济发展状况和社会经济形态均有极高的档案查考价值。

1. 买卖契约

土地、山场、房屋等产业的买卖是在土地成为家庭私有财产以后才逐渐产生的。纳西族地区在清政府对丽江实行"改土归流"政策之前，土地等产业的买卖现象主要集中在木氏土司对于丽江周边官田和民田的收买上，而普通百姓和丽江等纳西族聚居区内部则因领主经济的原因，土地买卖并不普遍。改土归流后，随着大量汉族移民进入丽江等地，再加上小农经济的确立与发展，土地买卖现象便逐渐普遍。

纳西族人的土地等产业买卖多因家中有急事才卖，家族有优先购买权，只有家族内部无人购买才能出卖。土地买卖过程中双方除了都要邀请家族亲人在场外，还要请村寨中有威信的长老出席作见证。契约上一般要表明双方交易的意愿和态度，以及出卖产业的产权状况。如"此系二比情愿，中间并无私债准折，亦非逼迫成交"，"自杜卖之后，所有卖主一切户族人等永不得告找告赎，岁生争议，以示公平"等语言。如：

卖田契

立实杜卖过割田契文约人和惠国，男和瑞和目系白马里龙潭村住民，为因年荒缺少使用无处措办，情愿将自己祖田贰块计上则壹双壹亩坐落巴刺里，东至上节文昌宫长住田止，下节……止，南至……止，西至上节上……下节……止，北至……今凭中证杜卖与大研里民杨顺名下，实受田价银壹佰肆拾八两正入手应用。当日银田两交明，此系二比情愿，中间并无私债货物准折，亦非逼迫成交，自杜卖之后，业经价足粮敷，永断葛藤，任凭买主投税清尾，永远为业，所有卖主一切户族人等永不得告找告赎，岁生争议，如有等情，将契鸣官，自认重罪，其田后应纳条银五分秋米照额批与买主名下之户顶纳于白马里完官，不得贻累卖主。今恐无凭，立此杜卖过割文约存照是实。

乾隆叁拾叁年（1768）拾二月二十六　日立实杜卖过割永断田契人和惠国

　　　　　　　　　　　　　　　　　　　　同男和瑞和目

　　　　　　　　　　　　　　凭中代字人　和班（签名）

　　　　　　　　　　　　　　　见证人　　和玺①

由奴、控奴买卖山场契约

　　立实卖过割山场文约人里由奴、控奴，系鲁甸里扎答却住民，为因缺少使用，情将祖遗山场一形实卖与打米处村，和毛阿立，和习、和那、和玉成名下，永远为业，实授过价银八两整入手应用，并无私债准折，亦非逼迫成交，其山场坐落猪罗，东至西米杵丫口止，西至河止，南至山梁止，北至三岔河止，今将四至开明，自卖之后，任从买主开砍，不致异言，若有户族人等前来争说，国里等三人一力承当，今恐人心不古，立此实卖山场文约存照。

　　再照有国吐山地一块，在于四至之内，当日授过价银一两三钱再照。

凭中人　小管　和长寿　十　奉过银三分

　　　　伙头　和六　　十　奉过银三分

道光二十年（1840）十一月二十六日立实卖山场过割文约人　控奴

　　　　　　　　　　　　　　　　　　　　　　　　　　　国里

　　　　　　　　　　　　　　　　　　　　　　　　　　　由奴

　　　　　　　　　　　　　　　　　　　　　　　　　　　国奴

　　　　　　　　　见证人　　次　日　　奉过银三分

　　　　　　　　　代字　　　周君用　　奉过银五分

　　　　　　　　　递年出种，两半均分，不敢欠少升合②

---

① 《民族问题五种丛书》云南省编辑委员会编：《中国少数民族社会历史调查资料丛刊·纳西族社会历史调查》，云南民族出版社1983年版，第181页。

② 同上书，第183页。

安动初嫫等人买卖地基文约

　　立杜契文约人安动初嫫，同媳初杰、孙正泰，为因念控赈紧急，无奈只得将自己祖遗地基二块上起楼房一所系三间出卖与鹤庆人吕大爷道详名下，永远为业，其房对同本寨老人乡客长议过净银八十两整入手应用当日对众两相交明，此系二比情愿，中间并无私债准折，亦非逼迫成交，其房后亦无钱粮差发，今凭众老人约公言明，递年应着门户银一两，吕姓自然应纳外，有喊小心火烛、念经、杂派俱皆不管，业经言在门户银内，倘有户族人前来争说……自有凭中老人乡约客长准承当班约赴官。

嘉庆十年（1805）五月拾玖日立杜契文约书人安动初嫫

同媳初杰　孙正泰

凭中老人

代书人①

和占元等人买卖山地契约

　　立永杜加卖永无异辞文约人和占元和别妈，系鲁甸打米杵人，为因官事紧用银两，无处借挪，前因杨仪手内当出与本村华二爷万兴名下坐落阿骂色色妥落祖遗山地乙块，后托请凭证文约永杜加卖净纹银叁两整入手应用，以济急需，其他坐落四至俱载原当中，故不重述言明，此地原由杨姓订当，今因和姓事费紧急应归和姓加卖永杜，三面言定，自杜之后，任凭银主投税清尾，和杨二姓子孙世无异辞以及加添等弊，恐口无凭，立此永杜加卖文约为照，□□□。

光绪三十年（1904）五月十八日

立永杜加卖文约人　　和占元　中

别妈

中证人　李国臣②

---

①《民族问题五种丛书》云南省编辑委员会编：《中国少数民族社会历史调查资料丛刊·纳西族社会历史调查》，云南民族出版社1983年版，第181—182页。

② 同上书，第187页。

2. 典当契约

纳西族地区的典当行为比较普遍，但多以不动产田地抵押。在目前发掘整理的典当契约中，包括"活押"和"死押"两种，其中以"活押"最为普遍。活押通常要书写文字单据，由双方协商，或请中间人代议。土地押出后，原来承载于土地的各种封建负担由押出户继续负责承担，但同时保留押出户可以随时赎回土地的权利。而死押把依附于土地的各种封建负担转移给押进者，押出者还须将与土地有关的凭据一并交给对方，并且不能赎取。

纳西族的典当契约，其典当原因主要是家中"急迫使用，无处借贷"或"官事急用"，方式一般是银田两项交凭中人，并申明"中间并无私债货物准折，亦非逼迫成交，日后有银任随赎取，无银永远耕种""银无利，田无租"等情况。例如：

牛阿布典当铺面契约

立典当铺文约书人牛阿布，情因付欠喇嘛寺银两，无处添办，只得请凭说合，将自己祖遗两分，铺面两间，前后天井楼上下转典与吕大爷坤玉名下为业，实授价银三十五两入手应用，当时即明银无利，铺无债，此系二比情愿，亦无逼迫成交，中间并无私账准折，□与诸色人等前来呼说，自有凭至一力承当，日后有银赎取无银永远枉坐。恐口无凭，立此典当文约存照。实授典当铺面银叁拾伍两正，再照。

光绪拾肆年（1888）拾二月　日立
当铺面人牛阿布
凭中人　范美卿
　　　　赵郁才
　　　　松阿朱
　　　　松国才
代字人初联陞
文约存照[①]

---

① 《民族问题五种丛书》云南省编辑委员会编：《中国少数民族社会历史调查资料丛刊·纳西族社会历史调查》，云南民族出版社1983年版，第179页。

干儿苴典当干地契约

立当文约书人伙头干儿苴系本村住，为因缺少使用，今情愿将自己祖遗干地一形出当于本村南山和吉名下，实当文银叁拾两整入手应用，其地坐落黑古罗，东至大河水止，南至岩子止，西至海水止，北至窗瓦菊止，四至开明，其地任随银主种去，日后有银赎取无银主永远耕种，当主不得反悔，今有人心难免，立当是实。

嘉庆十三年（1808）十一月二十二日
立当约人伙头干儿苴
凭中亲人国粮
国栋①

杨诚仪兄弟典当山田契约

立当山田文约人杨诚仪兄弟二人，系鲁甸里打米杵大村，因官事口角借银一项今因无力偿还，只得情愿请凭立约，出当到本处华二爷万兴，实当山田价银壹拾柒两正，入手应用，其田坐落……今将四至开明，银田两项交中间并及贺无物准折，今当同凭其银无利田无租，日后有银之日前来取赎，无银之日随银主开次耕垦，当主不敢暴言。

光绪二十一年（1895）七月十五日
立当山田文约杨诚　杨仪　弟兄二人
见证人　地主和那
凭中人瓦格　奉利银一百五十文②

3. 回赎契约

明清时期，纳西族地区的土地买卖活跃。随着土地价格的持续上涨，民间的田地买卖活动中出现了"回赎"现象。原来以较低价格卖地的业主，由于地价上涨，为了弥补自己的损失，纷纷向买主要求回赎田地或索

---

① 《民族问题五种丛书》云南省编辑委员会编：《中国少数民族社会历史调查资料丛刊·纳西族社会历史调查》，云南民族出版社1983年版，第182页。

② 同上书，第186页。

找加价。如：

辞月退山场契

立吐退山场四至文约人辞月，同男民义、娘耍等父子叁人，系鲁甸登时村住民，为因同打米杵村民和玉成山场四至畏混茂底，习西至之内，兹承伙头甲长小管耆民等劝解合息，情愿当凭中人立吐退出山场凭据，与打米杵村和玉成名下永远收执，自此分过山场，边界以河为界，二比永远亦不得越界，坝种等情，查出甘罚银贰拾两以作入公，二比不致异言反悔，倘若异言愿甘重罚，今恐人心难凭，立此吐退山场四至文约存照。

当凭伙头　瓦禄
甲长　娘八
小管　高禄

道光二十七年（1847）十一月二十四日立吐退山场四至文约人辞日同男民义、娘耍

再凭老民　和林
住主甲长　黑三
代字人　鲍锡朋[①]

4. 借贷契约

纳西族在经商营生、婚丧嫁娶等过程中，由于钱粮及其他生活物质出现不时之需，于是就会发生借贷情况。在纳西族地区的借贷关系中，较为密切的是亲戚、邻居、好友相互之间的小额借贷。这一类借贷一般不计利息，属于互助性质的借贷。在这类借贷契约中一般习惯性约定：几个关系密切的好友，自愿结成睬友关系，以一星期为单位，每人按事前约定数额交给轮流坐庄招待好友的主人家"睬金"，主人家则要热情招待，并负责安排好这一天的吃喝和娱乐事宜。如果某个朋友急等钱用，也可以插队先坐庄。每个人一旦决定加入，在一个轮回没有完成前，不允许中途退出。

另一类属于商业性质的借贷，主要发生于非亲关系的成员之间，包括实物借贷和货币借贷两种。这类借贷要求立有书面契约，文内一般写明借

[①] 《民族问题五种丛书》·云南省编辑委员会编：《中国少数民族社会历史调查资料丛刊·纳西族社会历史调查》，云南民族出版社1983年版，第184页。

贷人姓名、借贷原因、借贷类型、借贷抵押物、借贷利率约定、还款期限，同时对违约责任问题方面，一般写明"如若短少分厘，任随执约理论""如若不清各任保人加倍算利，我保人情愿任承赔还，不敢异言反口"等字样，契尾注明签署时间、订立文约人、保人及代字人等。例如：

杨老太爷、瓦京等人借贷契约

  立借领文约人杨老太爷、瓦京、瓦挥、瓦欲系鲁甸里打米处居住，为因一时官司，急用紧迫银两无处添办，央请凭证人等立约，借到本客籍阮五爵晋贤名下银五两整，入手应用，以济燃眉之急，其银每两行息利小麦三斗，不致短少分厘，如若短少分厘，任随执约理论，恐口无凭，立此借约，存照为据是实。

实凭证保人某张遂之

光绪十一年（1885）三月二十二日立借银文约人杨老太爷

瓦京
瓦挥
瓦欲
代字人张遂之[①]

和德音借约

  立借银文约人和德音，系鲁甸里尾居住，为因众地处丽俱控养羊粮一事，缺乏衙内费用银两一项无处借贷，只得请保立约实借到打米杵大村华二爷号万兴名下实借银三十两整，入手应用，其银利息每两件月式分，当同言定腊底本利如数一并还清，如若不清各任保人加倍算利，我保人情愿任承赔还，不敢异言反口，今恐人心不古，立此借约是实。

光绪二十一年（1895）九月二十七日
立借银人文约人甸尾和德音
是保人上村　瓦欲

[①] 《民族问题五种丛书》云南省编辑委员会编：《中国少数民族社会历史调查资料丛刊·纳西族社会历史调查》，云南民族出版社1983年版，第186页。

代字人　杨近中①

祖父借贷契约存照

道光十二年（1832）四月初一日，祖父借到木里大喇嘛金子三两，每两每月行息三分，立有卷一张，于光绪十年十月十二日本息算明，共还过金子十一两，紫骡一头，沙糖一驮，原卷撤回。咸丰五年（1855）六月初六、初八，祖父手率日程延龄等，因急需银两，借到左所永德喇四爷名下银四百两，行息三分入手应用，立卷一张。又同治四年（1865）正月廿日，因经费缺用，率目阿从元、何耀宗等，以金海螺一对作抵，立卷一张，照三分行息。此两项立卷二张，于光绪十三年（1887）五月十三日两底（抵）面算，除给收外，一力（律）清还，撤卷二张，即刻涂销，并元留存下欠等项，登此存照。②

斯格次尔借银文约

立出借字文约坞丘斯格次尔（注：坞丘是地名，斯格次尔是人名），今来凭证借到陈把事名下，借出白银十两，厂银十两，共计二十两整。比（彼）日当凭证言明议定白银十两，每年行包谷利贰石；厂银十两，每年行银利三两。其银借至本年，本利一并相还，不得短少分厘升合，如若本利均无，一力（律）有保人承耽（担），恐口无凭，立出借约一纸为据。

硬保承还者不拗杂鸡　同在

小官人家黑二保

凭证人　朱官富

代字人　曹风亭笔

光绪三十六年（1900）十月廿六日立出借字人　坞丘斯格次尔③

---

① 《民族问题五种丛书》云南省编辑委员会编：《中国少数民族社会历史调查资料丛刊·纳西族社会历史调查》，云南民族出版社1983年版，第186页。
② 郭大烈：《纳西族法制史研究》，云南民族出版社2011年版，第208页。
③ 同上。

杨结贵借银洋契约

立借银洋文约人杨结贵，为因手艺缺本，无处筹措，只得请凭立借到程把事项下，实借大洋九块，彼时入手艺业应用，并无货利准折银约，两相交明，自借之时言定每月行息五角，月清月款，不致欠少，日后本利不清，有保人是问，恐口无凭，立借字为据。

保人　杨志仁（画押）
光绪十七年（1891）七月十八日①

李学荣借贷契约

立借文约书人李学荣，系巨甸岩古村住，为因使用，今情愿借到打米杵和大爷名下，实借银叁两整，应其银限至三月内如数还清，若有误限，情愿行谷利每两息壹斗。时熟交清，不致欠少升合。

嘉庆二十一年（1816）四月十二日又借银二两整入手应用，其银照前行息。

嘉庆二十年（1815）腊月初五日
立约人　李学荣②

5. 合同文书

合同文书是纳西族民间比较常用的文书种类。通常当事人双方在办理某事时，为了确定双方的权利和义务而订立的共同遵守的案文。如：

和鸣皋、和他那等和解合同

立合同人乡约和鸣皋，为因打米暑寄住民和他那、和他知、和他退、和道香，呈控县辕，有地方耆民在中劝和，二比允息，自和之后地方凡遇公事，一体公同办理，荞粮一项，照依土例即转送维西，兵米不致妄行短发脚价，以后约民和睦，不得藉资挟嫌，如有挟嫌，听凭里民执据鸣官，甘罪无辞，合约是实。

嘉庆二十年（1815）十月初七日签乞人乡约和鸣皋

---

① 郭大烈：《纳西族法制史研究》，云南民族出版社 2011 年版，第 209 页。
② 同上书，第 208 页。

凭中人　和炳①

卖盐斗量合同

立合同客首宜壮怀同鹤丽客伙经堂老人乡约等公同酌议约定，盐店卖盐，盐筒口多有参差不一，今当同较定，凡至拾筒俱用斗量不得更易，至于生易牙用，原系每两四分不得短少，亦不得勾引店内住宿之客商私做生意，隐瞒牙钱，如有勾引歇客做生意，经主人查出罚入经堂、会馆二处告火，至于过往之人不在店内歇宿者、往来生易亦不得借端生事，情缘比公，议合同于道光二十九年（1849）对同□写交质因二比未见认真，今凭营官二位、本境神龛复申旧约，如有不守公议章程罚出银两遵营官神龛议定敬入隍祠功德所有经堂会馆亦不敬入，自此之后，二比再不得异言，欲共有，凭立此合同存照。

咸丰二年（1852）伍月贰拾捌日立合同客首壮怀同鹤丽客伙凭。②

和林苴求让地基合同

立凭据人和林苴，系鲁甸里打米杵住，为因无处修造麦架地基，只得请凭中代字求让到本村佃主和瓦、和那二人名下，让获其老祖坟脚下，坐落更满干地一塔长宽方方二丈二尺，其余不能侵占越界，当同言定，地主念我亲爱庸遇之情，丝毫不取地价，至于佃主，每迁际填作用柴火水物有我担应以及所宜保护填山亦由我永远家认看守，不敢得鱼忘筌，自今以后，若别人到田内践踏各事惟照章程查报，恐我自行忘为，愿退地认罚银拾伍两，欲后有凭，立此执据，世代存照，永远为据。

光绪十七年（1891）三月十日出据文约人和林苴

凭中人　李仪忠

和德银

代字人　和万才　清心③

---

① 《民族问题五种丛书》云南省编辑委员会编：《中国少数民族社会历史调查资料丛刊·纳西族社会历史调查》，云南民族出版社1983年版，第177页。

② 同上书，第177—178页。

③ 同上书，第185页。

摊款合同

立合同中甸土守备、土千总及鹤丽耆民及本城营目团目等。商立合同，为因叛兵张占标等到甸苛索经费银一千三百两。实为地方万民僧俗之事，现在地方平靖商议公摊。该大寺喇嘛应摊银一百二十五两，一味估抗不摊，此款无着，官民等只得禀请地方官做主跟究，若喇嘛不摊此款，三行官民客商誓不甘休，愿同伊等作对，不论到何处上控，我三行事同一体，纸同一张，不得以（里）应外合，鼠头蛇尾，若有退缩推延等情，查出一行全不到者，罚银五十，不到一人者罚银五两，此为定不能求减。为此公立合同是实。

宣统二年（1910）十二月　日立合同人

鹤丽绅民	彭步云
	吕　缅
	赵祚昌
杨乐天	寺绅
	和联陞
土守备	农布汪墩
土千总	松那期丕
	翁杰七里
	齐旺隆布
	松那定柱
	敦农诗实
本寨老民	格　首
	夏班马
	何班鸠
	言　汪
	孙得哇
	叶庆培
营目	陶　详
	杨擎天
	陶　善
团目	冯双甲

陈玉书
梁　泽
苗润然①

和那分祖遗地合同

立分单文约和那同胞兄占元二人之面分，分与和文开毛线干地一块，坐落屋基东至大路止，南至……今将所有地形块数，一并开明，当日同集祖宗人等并央请村中老民，将祖遗两半平分。自分之后，各管各业，日后二十字有余，后添再照。

·凭中老民　和架立　族中人和致忠
杨士华　　　和致贤

光绪三十三年（1907）九月二十四日

立分单文约人　胞兄　和　那
胞弟　和占元②

和氏香等分割田地合同

立合同凭孀妇和氏香、同男和那、同侄和毛、和均等，为因氏等具报和玉成刀棍越界夺业等事，一案报经杨约公，兹蒙约公念在二比亲族不忍令对参商，央同亲族人等在下劝解和息，西木处迁瓜山箐田地自山头至山脚两半均匀分开，其东南方一连并东北山头和均开垦过熟田一形坐落大栗树止饬令和玉成管业河边西北一带，二比均各允服无异，自和之后，照纸各管各业，不得越号侵夺，亦不得异言反悔，隙仇滋事，恐后无凭，立此合同，凭据事实。

道光二十年（1840）四月初四日
代字人　　王玉汝
凭中见证人　和　光
瓦　冲

---

① 《民族问题五种丛书》云南省编辑委员会编：《中国少数民族社会历史调查资料丛刊·纳西族社会历史调查》，云南民族出版社1983年版，第179—180页。

② 同上书，第188页。

第二章　西南少数民族经济古籍文献整理与研究　／　159

立合同凭据　孀妇和氏香
同男和那
同侄和毛
和均①

6. 租佃契约

自清代以后，由于丽江等纳西族地区土地占有的不均衡现象逐渐突出，土地租佃也就逐渐普遍。纳西族在订立租佃契约中，就有关土地租佃在租额、租制、手续、契约等方面形成了约定。如在丽江巨甸乡一带，根据土地占有情况的不同而不同。本村的租率，一般是对分，田赋由租户负担。在外村占有土地，租率按照土地等级来收取，按季按亩缴纳地租等。在丽江鲁甸的丽江县忤峰乡一带，从外地迁来的入户租佃土地需要向"山主"领地（租地）且要立领地契约，议定租额要送"水礼"，佃地要交押金，有的除交银两外，还要牛、马、羊等作押金，过节要给地主送礼物。在宁蒗泸沽湖一带的纳西族地租形式则主要分为活租与定租两种。活租就是分租制，分租根据农作物的不同实行三股份制和五股份制等。而定租的份额主要取决于土地好坏和双方协商的结果。

纳西族的租佃契约，一般写明租佃人姓名、住址，租佃原因，租佃田地四至位置、租佃形式、租金（实物地租），违约责任一般在契约中写明"若有违欠升合，任随地主拨佃另放找佃客，情愿在地不敢多事生非，若有佃客在地多事生非，任随地主拨佃，我领主不敢异言反悔"等语言，最后在约尾有凭中、见证人、订立文约人、代字人签署。例如：

布苴领干地文约

立领佃也文约人以布苴，系鲁甸里打米杵后角落居住，为因先领佃民月心扒，其有佃民牟于容高，难以订立门户，业因看养，以布苴顶立门户、立约，领到和邦元二位名下领乾地一业，甚有收过水理银四两正，入手应用，其有四至坐落于抬石约，不必重开，当日言定递年上纳公件黄腊

---

①《民族问题五种丛书》云南省编辑委员会编：《中国少数民族社会历史调查资料丛刊·纳西族社会历史调查》，云南民族出版社1983年版，第183页。

二斤半，候至秋收之时如数完纳，不敢欠少升合，倘若欠少等弊者任凭佃主□□理论，恐口无凭，立此领约存照是实。

倘若抬佃□户一切等弊犯事者，自立承当不得一累佃主

凭见证人　　杨正泰
瓦今苴
光绪二十一年（1895）八月十五日
立领佃文约人　以布苴
代字人　　杨永资①

咱觅领山地文约

立领山地文约人咱觅，系江东里打屋衣居住，为因祖父手内无留缺少祖遗，无处耕种，只得无奈寻问来请凭证，情愿领到打米处和福元名下山地一形，坐落思利子其，四至具在地主招约之内不必重开，我领主情愿当凭送过水理银五两我地主整入手应用，其地设当凭言定件年时熟冬收不卖包谷杂粮上纳堂石件无不至违误，若有违欠升合，任随地主拨佃另放找佃客，情愿在地不敢多事生非，若有佃客在地多事生非，任随地主拨佃，我领主不敢异言反悔，我咱觅情愿订立与地主领字是实。

凭保人　永××
证人　　旨咱米
光绪三十一年（1905）七月二十四日
立领山地文约人　咱觅

再者立约之日当凭恩恩地主

我佃客不测死之日，只得安葬地主地内，地主当凭言明只得赐佃客安埋，是实为照。②

殷登俊领约

立领约书人殷登俊，系鹤庆大龙阱住，今领到中甸经堂列位大管事

---

① 《民族问题五种丛书》云南省编辑委员会编：《中国少数民族社会历史调查资料丛刊·纳西族社会历史调查》，云南民族出版社1983年版，第186页。

② 同上书，第187页。

名下代修经堂一所，言定来年二月内动工，共来六人，按每工作正银一分，倘手艺欠程潦草充塞者，情愿列位管事另行挑用可耳，再有每工多加与殷姓烟茶银一分，不论在甸另请即由外进来之人，均要照此加算，今领过定银工银伍两，此系二比情愿，词后不得遗补，恐口无凭，订立领约是实。

光绪十年（1884）九月二十四日立领约人　殷登俊
凭中人　杨丽中午
代字　赵挑清①

富宝领佃山地文约

立领佃山地文约人富宝，系鲁甸里后角落居住，为因缺少田地无力耕种，央请凭证人等，情愿领到和总爷占阳本马叔侄二人名下，领山地一形，其地坐落后角落东，实授过水礼布一件，自领之后每年上纳租子净银三斗毛粮四斗，种至秋收成熟如数完纳，不敢欠少外合，恐口无凭，立此领约为据，为照是实。

光绪二十七年（1901）八月十七日立
实凭证人以布苴　谢茶一元
领山地文约人　富宝
代字人　杨永顺　谢钱三百②

和六四领地契约

立领约文约人和六四，系南山里石篝头村居民……领约一纸为因甚□急极贫，地无立锥，情愿请凭国来领或与打米杵和瓦吉名下，实领获乾地一块，坐落……又一块坐落……又山地壹形坐落……又有山地一块……再有现坐落……今领获陆块，俱是四至开明，自立领获之后，世代守本安分，播种繁殖，言定每年纳租壹石，不得拖欠升合，倘若违误田租，任地主将田拨回归主而领者不得异言吱唔，恐口无凭，立此领约永远存照。

---

① 《民族问题五种丛书》云南省编辑委员会编：《中国少数民族社会历史调查资料丛刊·纳西族社会历史调查》，云南民族出版社1983年版，第178页。

② 同上书，第187页。

同治十年（1871）九月二十日
　　　　　　　立领约文约书人　和六四
　　　　　　　凭中　和玉芳
　　　　　　　见证　杨瓦吉
　　　　　　　代字　阮国瑞[①]

7. 加添文约

加添契约的出现源于活卖到绝卖的逐步演进，在少数民族地区许多地方的买卖都是活卖，即使原契中写明永远杜绝等字样，仍然可以找赎。在纳西族的买卖契约中，只要没有订立杜契（绝卖性质的契约），就可以不断进行加添。而且加添行为往往不止一次，且巧立名目，如"因国日无奈之际""因官司账目缺少银，无处借纳"等，最后经过多次加添后买主才能取得完全所有权。例如：

国日加添文约

立加添文约人国日，系三所罗住，为因祖父国更有使宽的山场蜂窝一形。卖过与打米杵和玉成祖上，今因国日无奈之际，只得请凭加添到和玉成名下白银贰两捌钱整入手应用，自此之后，孙孙子子再不致加找分厘，其有使宽的山场蜂窝及一草一木亦不敢沾惹，恐口无凭，立此加添文约存照是实。

　　　　　　道光二十八年（1848）四月初五日立
　　　　凭中人　　娘苴　　奉银三钱
　　　　　　　　　害迪　　奉银三钱
　　　　　　　　　加添文人　国日
　　　　见证人　　永长　　奉银三钱
　　　　　　　　　古作　　奉银三钱
代字人周君用　奉银三钱、羊毛二斤，外有吃食酒一瓶，合银五钱，

[①] 《民族问题五种丛书》云南省编辑委员会编：《中国少数民族社会历史调查资料丛刊·纳西族社会历史调查》，云南民族出版社1983年版，第185页。

又酒二十碗,合银四钱,米三升,合银一钱五分,猪皮肉四斤合银二钱。①

和小窝三加添文约

立加添找补地价文约人和小窝三,系鲁甸里打米署大村居住,为因官司账目缺少银,无处借纳,只得请凭中证所卖西米处挂国山地后实加添到小村和我林名下,实加地价银九两五钱整……之后价足银敷,永断割藤,我卖主情愿抱石投江不至取赎。

光绪贰拾柒年(1901)十一月二十一日立
凭中人 和辉×
见证人 和福元
和瓦辉②

吾苴加添文约

立加添文约人吾苴,系叠不村居住,为因道光三年内有祖阿泽同慈日二人,卖获与打米杵南山和勺大山地一块,坐落四至具在,原契不必重开,当日央请凭中,再加义助银贰两以作挥迪安埋之资,自此之后,不敢再三加找,倘有靠等弊任凭买主理论,恐后无凭,立此文约存照。

同治九年(1870)五月十八日
立义助文约人 吾苴③

8. 雇佣契约

明清以后,随着纳西族地区社会经济的不断发展,雇佣关系逐渐盛行,订立雇佣契约也渐趋普遍。纳西族的雇佣习惯法规定雇佣劳动主要分为长工和短工两种。长工的雇佣时间一般为一年,其待遇也是一年结算一次,并根据工种的不同有着不同的待遇。短工的工酬一般比较固定。在纳

---

① 《民族问题五种丛书》云南省编辑委员会编:《中国少数民族社会历史调查资料丛刊·纳西族社会历史调查》,云南民族出版社1983年版,第183—184页。

② 同上书,第185页。

③ 同上书,第184页。

西族的雇佣契约中，一般写明受雇者姓名、住址，雇主姓名、住址，雇佣事项、雇佣待遇和收入等，契尾写明凭证人、受雇人、代字人及日期等。如：

巴格雇佣合同

立顾长夫文约人巴格，系中甸城内住，今雇到打米处大村瓦欲名下，实顾长夫一名，前往巨甸背米，至中甸城内，当日三面言定，其脚价作合银捌分，倘有路涂（途）不测，各听天命，不敢异言，恐后无凭，立此文约是实。

凭证人　胞弟古处×

同治十二年（1873）七月十四日立顾［雇］长夫人　巴格
代字人　赵学同①

9. 赠与契约

纳西族的赠与契约，包括赠与动产不动产契约及合同、过割据。例如：

和阿恒赠与山地文约

立赐山地信据文约人和阿恒、阿嘛苴，瓦苟同族等三人，系鲁甸里打米杵村民，为因未分祖遗存余山地壹大形，协同情愿赐傈民娘格名下永远为业耕种，实授过水礼市银陆两正入手应用，其地坐落于阿珠色，东至小村瓦吉苴地边梁子止，南腊各行行办梁子止，西马卜阿止底梁子止，北填地内顺大梁子止，今将四至开明每年言定后随纳公件黄腊四两之外，三年二次补纳酒拾伍碗，不论大小羊肉一半，如若纳款不悮，我弟兄子孙永不致以及异言，任凭银主放佃砍挖，不论修造阴阳二宅，永远准其照纸管业，亦不得越界霸占，倘若外有前来净说者，我赐主弟兄亦力家当，再不与银主之事，口恐难凭，立存文约，为据是实。

光绪叁拾肆年（1908）玖月拾肆日立

---

① 《民族问题五种丛书》云南省编辑委员会编：《中国少数民族社会历史调查资料丛刊·纳西族社会历史调查》，云南民族出版社1983年版，第178页。

　　　　　两边凭证人　和福元
　　　　　　　　　　　阿蕨苴
　　　　立赐山地文约人　和阿恒
　　　　　　　　　　　瓦苟
　　代字人　杨学美　谢荼二元①

（三）壮族

广西土司经济持续了1000多年。封建王朝封给土司的土地，不论是官田、官地、官庄、官塘、荒山野岭，一草一木，都归土司支配，他们除按规定留下官田，其余的分配给所属的峒民耕种。峒民分得的土地只有使用权，没有所有权，不得典卖。峒民在领得"份地"后，即依附于土官，被牢牢地束缚在土地上，经受着数不清的剥削。

改土归流后，封建地主经济居于主导地位，地主和佃农之间形成了典型的租佃关系。主要表现在：一是土地典卖开始出现，封建地主开始形成。在土司制度下的土地占有形式有官田和民田之分，民田主要是土民自己开荒的田地，在唐宋时就属于祖传业田，虽然允许典卖，但数量不多，不能动摇土司制度的基础；归土官掌管的官田，数量很多，这些田地如果典卖，就会瓦解了土司制度的基础。据资料表明，在清代乾隆前后经过改流，右江地区的一些官田就已经和民田一样开始典卖了。如清道光《白山司志》载录有乾隆五十九年（1794）广西巡抚姚棻的奏疏，疏中说列镇安府属下土司因用费无度，先向汉民借债，后将官田典卖，朝廷多次明令禁止，采取回赎措施都未奏效。由于土地典买必然导致土地集中，那些深入土司地区经商的商人，利用不等价交换和高利贷剥削，购买田地，"稍以子母钱质其产，蚕食之。久之，高腴地皆为所占"，变成了新的地主；那些分居出来的官族，也仗势兼并民田，成为新的地主。随着时间的推移，封建地主经济的因素在不断扩大。二是由劳役地租为主逐步转向实物地租或货币地租，减少了农奴对土地和土官的人身依附。由于商品交换的发展，过去以劳役地租为主的剥削方式，不能满足土官的要求，逐步改

---

①《民族问题五种丛书》云南省编辑委员会编：《中国少数民族社会历史调查资料丛刊·纳西族社会历史调查》，云南民族出版社1983年版，第188页。

用实物地租或货币地租。三是改土归流后，因高利贷发展，私有土地更加集中。随着交换和商品经济的日益发展，圩镇兴旺起来了。正右江地区内的大小圩镇中，除一般的商业贸易外，当铺已经出现，商贩也比较多，广大农村普遍出现高利贷者。高利贷的剥削极为厉害，农民到期还不清债，就以所押的土地和房产抵债，从而加速了土地的集中。土官在改流后所留下的田产也迅速转移。

此外，随着农业和手工业的发展及剩余产品的日益增多，早在唐代，广西农村的商业活动就十分活跃，出现了作为农村贸易中心的圩场。据史料记载，宋代农村圩场已从过去的不定期集市交换，发展为定期的集市贸易，经济比较落后的左、右江流域也不例外。宋代广西有三大有名的博易场，位于今田东县境内的横山寨就是其中之一。横山寨是宋王朝购买从云南大理方向来的马匹的市场，每年收购战马3000匹以上。横山寨向时也是云贵川及广西民间进行贸易的重要市镇，客商除本流域的人外，还有来自云南、贵州、西川及交趾（越南）的各族商人。来自云贵川的商品除马匹外，还有麝香、胡羊、长鸣鸡、披毡、云南刀及诸奇巧之物，广西及右江流域提供的货源有壮锦、缯、豹皮、文书及诸奇巧之物。由于买马，宋王朝每年将大量的黄金、白银、钱币、食盐及各种商品运输到横山寨来，加上商客云集，客观上刺激了当地商品经济的发展，促进了经济繁荣。

壮族在长期的经济活动中产生的经济契约文书极为丰富，仅在清代和民国形成的就有合同、当约、领约、田契、房契、卖约、借约等多种文书类别，这些经济文书对了解壮族经济发展状况和社会经济形态均有极高的查考利用价值。本书对壮族众多经济文书进行归类并选取其中的例文以示说明。

1. 买卖契约

明清以来，壮族民间土地买卖活动十分活跃，内容包括买卖田地、菜园、山场、林木、房屋、铺面等，数量众多，种类丰富，是研究壮族土地关系转移的珍贵史料。例如：

黄连卖田契约

立约永卖田人黄连，系在西化埠新村住。因为家穷无钱买猪来畜养，不已，自将本分土名那谷婆四包地，先通族内无人承受，不已，问到本村黎父卡，应出本钱一千二百文足，即日亲手钱约两相交割明白。其田归与买主世代子孙管耕为业，父殁子承，兄亡弟接，崩成河海，不干卖主之事，变成黄金卖主亦不敢争夺。此乃明卖明买，非是私买偷卖。口说无凭，人心难信，故立约一张交与买主收执存照为据。每年纳钱粮二十文足。

立约永卖田人黄连
同治二年（1863）二月廿七日①

断卖山场契

立约卖断山场字人本寨潘日晈，兹因上春父亲仙游，急使用钱，无从出处，夫妇商议，情愿有祖父之山业出卖。坐落土名石吊山一处，杂木、桐、茶、杉树一并在内；下凭荒路横斜为界，左凭寨古日德山为界，右凭乾漕为界，上头凭平寨潘业妹山为直上到九重山横路为界，下左凭日眕山为界。另有茶山一块，下凭老路日龙地背为界，两边左右凭干冷为界，上凭大岩山为界，四至分明。先问房族有人无价承买，放（方）可出外，托中问到潘□□名下应言承买，三面言定，时值价钱三千一百文整。其山杂木、茶油、桐子、杉树一并在内，一笔卖断，永不许赎，买主随砍随挖管业。日后不得异言反悔，滋事多端，如有自干其罪，今恐人心不古，愿立断契字一纸，付与买主子孙存照为据。

计开
卖主人　潘日晈
买主人　潘□□
凭中人　潘日明
代笔人　潘日
通道鸡一只

---

① 《中国少数民族社会历史调查资料丛刊》修订编辑委员会编：《广西少数民族地区碑文、契约资料集》（修订本），民族出版社2009年版，第73页。

光绪十八年（1892）岁次壬辰五月十五日面立①

融安黄家寨南朝墓地券

太岁己亥十二月四日，齐熙郡覃（潭）中县都乡治下里覃华，薄命终没归蒿里，今买宅在本郡骑唐里，纵广五亩，立冢一块自葬。雇钱半百，分券为明，如律令。

该券是1980年出土于广西融安县大巷乡安宁黄家寨牛奶坡的一份土地买卖文书。覃姓为壮族大姓，死者覃华当时是壮族先民，地券是活人给死者买地，作为死者到阴间对茔地拥有所有权的凭证，这反映了当时当地壮族先民盛行土地买卖和土地私有制的事实。目前，已出土广西的同类地券，形状、性质、内容大致相同的还有两块。该地券的内容反映了在岭南社会发展比较先进的地区，已经出现土地私有制和土地买卖活动。它是研究古代壮族土地买卖的重要档案文献。

杜品林买得膳田契约

立古买得膳田契人杜品林，系后哨伏均村居住。今因宗祖自生耀买得遗下膳田二占，八十把地，土名唤那产鸭及与那项大小共有十三片，坐落在间洞处兼黄奇超之田。地由生耀买后已传及先祖父管耕，该田约值钱八十千文，至今杜品林永受。欲追还，旧契已失，今将立此新契。经鸣当堂挂号钤盖印信为凭，永为杜姓世代子孙恒业管耕。年中办粮纳赋。异日年上陈理论，仍归杜品林收为世业。今恐无凭，为此立新契存证。

左邻证　杜定香
右邻证　杜伦进
立永远买得膳田新契杜品林
依口代笔

---

① 《中国少数民族社会历史调查资料丛刊》修订编辑委员会编：《广西少数民族地区碑文、契约资料集》（修订本），民族出版社2009年版，第185—186页。

中华民国三年（1914）六月初五日①

2. 典当契约

典当形式是中国封建社会财富转移的一种重要方式，它以田宅等财产为质押以获取借款，其方式多种多样，有"当契包租式""当契包利式""当契交业式"等。如《黄元结典田黎聪契约》《何暖当田契约》以田产为质押获得借款的同时，事主将田产交与对方管业耕种，并以田宅的收益作为借款利息。如原文：

黄元结典田黎聪契约

立约典田人黄元结，系西化埠美村居住，今因急中需钱生理，不已，母子商议，愿将本分祖父遗下城田土名唤那达，共有一边，禾把十六把，地坐落上处，先通族内无人承受，凭中问到同化本村黎聪处实典，取出本钱一百千一二千文足，即日亲手领钱回家生理。当面言定：其田随约交与钱主，年中管耕自割。不论近远，钱无起利，田不计租。钱主不得阻留其田，两无异言。如有异言者，钱主任从执此文约赴上陈理论，甘罪无辞。人心难信，为此立约交于钱主存照。

立约典田于人　黄元结
依口代笔
道光十二年（1832）五月十五日②

何暖当田契约

立约典当田人何暖，系在西化纳逐村住。因为家穷无钱救饥，不已，夫妻商议，愿将祖父遗下粮田唤那土名格群一片，托保凭中问到州城署内李讳太太处，实看田如意，应取出本铜钱一千五百文足，即日亲当保领钱回家救急。其田三面言定：田交过钱主，年中秋收之时，请将钱主临田分把作利。田不论近远，钱到田出，钱主不敢阻

---

① 《中国少数民族社会历史调查资料丛刊》修订编辑委员会编：《广西少数民族地区碑文、契约资料集》（修订本），民族出版社2009年版，第101页。

② 同上书，第57页。

留。典主不敢别卖或有私心。约内有名保承当，年中米养供应，随照伊人同出，典主绝不敢失误。今恐无凭，人心难信，为此，立典约一张与钱主收执存据。

立约人　何暖
中保人　何将
依口代笔
道光二十二年（1842）五月十一日①

3. 借贷契约

壮族民间的借贷活动一般都立有书面契约，立契大多因"急中无钱应用""因为急需，无钱使用"等，不得不进行借贷。契文中一般写明借期及利率，以及违约责任"如有越限悬欠者，钱主任从到家追问，托缚物件牛只赔还"等语，并有保人。如下文：

赵云借钱约书

立约借钱人赵云，系五处托村住。今因急中无钱应用，母子商议，不已，问到同村堂伯农甫田处，实取出本铜钱十千文正，即日亲手领钱回家应用。当面言定：其钱每千每月行利三分正。限至本年十月内本利还清，不敢过期少欠。如有越限悬欠者，钱主任从到家追问，托缚物件牛只赔还，借主不敢狂言波？语，异论生端，反悔是实。恐后靡凭，世俗多讷？，人心不古，立约一纸交于钱主手执存证为据。

中保胞弟　　赵武
立约借钱人　赵云
咸丰十一年（1861）七月二十日
此约书原存大新县雷平镇安平村托村屯②

---

① 《中国少数民族社会历史调查资料丛刊》修订编辑委员会编：《广西少数民族地区碑文、契约资料集》（修订本），民族出版社2009年版，第61页。

② 同上书，第72页。

第二章　西南少数民族经济古籍文献整理与研究　/　171

农勤慈借钱立约书

　　立约借钱人农勤慈，系五处农村居住。因为急需，无钱使用，不已，父子商议，自亲引以凭中问到同化托村入宅农甫钿处，实借出本铜钱二千正，即日就手领钱回家使用救应。当面言定：其钱每千每月行利钱五十文足，限至本年十月内筹办还清楚，一本连利，不敢拖欠。如有拖欠者，由钱主任从到家坐问，若不得，将伊缚绳牛发卖赔还。为此故也是实。恐口无凭，人心不古，所以，立纸一张收执存据。

立约借钱　农勤慈
中保人　家父农通爵
请人代笔
道光二十六年（1846）六月二十一日①

4. 回赎契约

　　壮族历史上土地买卖大多属于"活卖"。因此在壮族民间土地出典之后因为"急需无钱生理""急中无钱应需"又将土地进行回赎，产生形成了回赎契约。这类契约一般写明回赎产业坐落位置、回赎金额及其回赎产业交割情况，如"即日亲手钱约两交明白""其田随约交与，年中自耕自割，赎回世代基业子孙所接，因上手文契别田相共并交与，后日不敢反悔异言"等语，并有保人、见证人等画押。如：

赵必冠退田契约

　　立约愿退田人赵必冠，系恩城分县后州居住。今因急需无钱生理，不已，叔侄商议，愿将祖父买得上年峝贺城田一召，土名唤那马，大小共一片，坐落格标处，凭中问到安平五处峝贺村田丁农振德处，实退赎本铜钱二十千文足，即日亲手钱约两交明白。三面言定：退赎那马城田一召，交与田主。因上手文契与余田相□不能赴交，或日后反出上手文契者名为古纸。或年深月久产出黄金，钱主亦不能退赎；或崩成河海，亦不与卖主之事，亦非折债等情。倘日后有同堂弟兄冒论多端着，系在约内有名人承

---

　　① 《中国少数民族社会历史调查资料丛刊》修订编辑委员会编：《广西少数民族地区碑文、契约资料集》（修订本），民族出版社2009年版，第64页。

当，不敢异言。今恐无凭，人心不古，为此，立退田一纸交与田主收执存据。

中保人　胞叔毓璋
立约退赎田人　赵必冠的笔不代
同治四年（1865）七月初四日①

赵必冠退赎田契约

立约退赎田人赵必冠，系恩城分县东街居住。因为乱世移居五处农村，急中无钱应需，不已，祖并侄孙兄弟商议，愿将三相公祖父自分遗下城田一子，土名唤那果楼，大小共有三片。凭中问到安平五处农村赵龙朱处，实退赎本铜钱四千文足，即日领钱回家应用。三面言定，钱约两交明白。其田随约交与，年中自耕自割，赎回世代基业子孙所接，因上手文契别田相共并交与，后日不敢反悔异言。此乃两相认愿，实钱实约，并非折债等弊。倘后年深月久，或有同堂子侄冒言滋端者，系在约内有名人承当，不敢异言是实。恐口无凭，人心不古，为此，立约一张交与钱主收执存据。

中保人　胞弟赵必冕
立约退赎田人　赵必冠
证见人　祖婆的笔不代
同治十一年（1872）十一月十六日②

梁廷惠赎田执照

世袭安平州正堂李为发给执照，以垂永远事。照得下利村民梁廷惠恳请：愿备本银价一十九元，当堂赎取农乐丰之田，伏乞俯准。等情据此，即准如所请。合给执照。为此，照给梁廷惠遵照。嗣后年中田例粮钱，照例缴纳，上番夫役，概行准免，如遇兵戈扰攘，仍众前往，婚丧二礼，类众办纳毋违。

---

① 《中国少数民族社会历史调查资料丛刊》修订编辑委员会编：《广西少数民族地区碑文、契约资料集》（修订本），民族出版社2009年版，第76页。

② 同上书，第85页。

今将田名列后，须至执照者。计开城田一子，名唤那旁，共二片，每年纳田例钱一百七十五文。

右照给利村梁廷惠　准此

光绪二年（1876）五月十三日①

5. 合同文书

壮族在经济活动中为了明确各自的权利和义务而订立了田地分割合同、换山合同、山场分界合同、征收灯油粮银合同等，以示双方共同遵守。如：

换山合同书

立契字人廖弟埠，有山场一块，想换其之山。问到廖光元二比情愿互换；土名马鞍山一块，换之龙瑶山一块。二比情愿，无言之语异，日后异话不得，二比主人不得异言反悔。若有异言反悔，契纸为凭，存照为据。

二比主人　廖弟埠、廖光元情愿换山

在场子弟盘、子金美二主子

代笔　廖阳星（钱五十文）。

互换马鞍山契

大清道光十九年（1839）三月十七日立换字合同②

征收灯油粮银合同书

立合同兴安县魁星楼，值年征收员张省斋、张培墉，今与龙脊茅城甲长廖家、侯家乡贤等商妥，从前每甲每年应纳魁星楼灯油粮银四钱二分正，作钱四百文正。每年收粮者，执出合同，印色图记对同，即发此据。

章　章　章
记　记　记

（龙脊二甲公立合同存照）

---

① 《中国少数民族社会历史调查资料丛刊》修订编辑委员会编：《广西少数民族地区碑文、契约资料集》（修订本），民族出版社2009年版，第22页。

② 同上书，第161页。

魁星楼

张培墉公局（系长条章）

杨省斋

民国丁巳六年（1917）十月初五日①

6. 分产契约

壮族民间分家析产现象非常普遍，并通过契约形式进行认定，所谓"今恐无凭，立此分书"，分家时，分家人留出公产，有的还要留出自己的养膳产业，之后请凭族亲、中见，按诸子数目将家产品搭均匀数份，分注明白，各立名号，由诸子拈阄而定。通过分产契约，不仅可以了解壮族社会经济活动及其宗族关系变迁，同时对考察其赡养制度也有一定参考价值。如：

分田契约

立遗书公分田产人潘氏，系本宗婶母，受赘为妇。昔我父潘良大，胞叔良厚兄弟二人，家业均兴。父叔两造无嗣。我父况育二女，次女适人，留我在家，招接赘夫潘金元承守家业，遗兴无废。因命蹇无嗣，而夫早逝，诚忠守孀无异。其胞叔所招同族侄子潘弟足为继，生有六男，长次已故。据道光十年，我凭妹夫廖光福、蒙良床二人，招接继兄弟三男抚养为嗣，承管家业，顶当户口，待老送终。今已有孙，母子和睦无逆。因道光十九年，缺人佣雇，接第六男顾养在边，望长佣作，代他娶媳。年今稍长，得妻负恩，留居多载，与家反目，意欲各爨。不已，经请房族中人，将家业均分。六三兄弟，各执拈阄受业，不敢拣择争取，各照分单各管。只奈老四、老五二人，因见六得宠而四五望蜀，起欲争竞，故以凭中又将仓头田一处，价值三两；又拉救田二丘，价值二两；又寨古朗东田三丘，价一两；又寨古八两。每两价禾六十六秤。此数处归与老四、老五二人均占，乃在膳田分出，其余养老膳田，土名那梭田一段，苗禾三十屯，归于直接之子老三管业，永为子孙丧祭之田。六、五、四兄弟三人，不得扯动

---

① 《中国少数民族社会历史调查资料丛刊》修订编辑委员会编：《广西少数民族地区碑文、契约资料集》（修订本），民族出版社 2009 年版，第 189 页。

分散侵占。今我老口公分，兄弟各管业。今凭立书之后，不敢争竞□□生端，后悔异言，如有此者，任凭老三执字到官，自干其逆（罪）。六、五、四者，今恐无凭，确立分书合同，付与老三亲手收存，永远为据。

计开家业田山各处土名于后：

那梭田一处，禾苗三十屯，永为养老膳田，归于老三子孙管业。

又额外均分

寨古田一处　　奇乙山田边一处

更鸾田一处　　大盘山一处

房头田一处　　达落山一处

仓头田一处　　路朝竹山一处

此四处一共该苗二十二屯　此数老三管业

又浪枯田一处苗三屯

凭中人　潘金玉
潘学纯
潘学美笔

道光三十年（1850）庚戌十一月十五日立①

（四）藏族

云南迪庆州中甸、德钦县及维西傈僳族自治县，是藏族聚集区。这一地区，在历史上曾为唐王朝同吐蕃及南诏地方政权角逐之地，宋元时期藏族文化渗入较深。明以来，由于丽江木氏纳西族土司势力的发展，纳西族文化及政治势力渗入，西及盐井地域。到明末清初，随着纳西族木氏土司势力的衰退，藏族的发展及黄教寺院在滇西北的建立，使藏族经济、文化在这一地域又发展起来。入清之后，随着改土归流的推行，自雍正五年起，迪庆藏区开始设流官，但土官、黄教寺院及红教寺院、中央政府在中甸、德钦虽先后设县，但仍然不得不承认土官、寺院势力，并利用他们来维护自己在这里的统治。迪庆在历史上保留有浓厚的古藏族文化传统，是藏族同汉族、纳西族、白族之间的经济文化交流枢纽。

---

① 《中国少数民族社会历史调查资料丛刊》修订编辑委员会编：《广西少数民族地区碑文、契约资料集》（修订本），民族出版社2009年版，第163页。

1. 买卖契约

由于所有权的确定和商业的发达，特别在清朝以后，中央权力进入迪庆基层生活后，导致大量汉民和其他民族同时进入，迪庆藏族的社会经济得到了很大的发展，出现了各种各样的买卖契约。这些契约中说明了买卖产业的原因，买卖产业的位置、数量，买卖的价银，应纳的国家赋税，并对违约责任进行了说明。在契约中还有千总、把总、老民等证人，因此可以说是比较成熟的契约。例如：

江边境阿八和俄戛出卖土地契约

江边境格路湾恰当之子阿八和俄戛二人因他人之债务过多，再三请求购买其三兰湾之田地。本来甸城距江边路途遥远，难以照应此远方之地，但其母子再三请求，不得已而购下，同时一再说明无力种植请卖与他人，但因无人购买，其在三兰湾之干地惟乌扎俄玛界椿为界，计大小十块地为一架，水沟对面大山十一块为一架地。俄布切上下水田大小四十四块为四架地，以上所述六架地作付价银一百四十五两。上述该田地按常规应交纳的田赋税共二克四筒皇粮。接收田地时，本营官亲自前往勘查验地，还有千总阿几、把总伙头丹增等当着当地老民共同勘验。永远不能违反契约。特立此约。如反口按罚金三十两作为赔偿。

阿八、俄戛主仆二人签名盖章
经纪中证人　格弄鲁茸盖章
见证人千总阿几盖章
柏丹增等老民联名盖章
买主营官诺卑盖章①

阿九四弟兄出卖房屋契约

立实卖过割房契文约人阿九、同男、松那、登朱弟兄四人，系中甸本寨夷民，为因父子急缺使用，住居寨东南，有祖遗楼房壹所，坍塌不堪栖止。门前空地一块，原系自己祖遗基业。情愿央请凭中出卖与朱先生正色名下为业。实售价银叁拾捌两正。内有九两半银锭拾两，九两银锭二十八

---

① 香格里拉县人民政府驻昆办事处：《中甸藏文历史档案资料汇编》，云南民族出版社2003年版，第210页。

第二章　西南少数民族经济古籍文献整理与研究　/　177

两。其房楼上楼下俱全，东至背替房，西北至大路，西至水沟面西房檐小铺一间，四至开明当时凭中银房交清，所有差役门户从买主承认充当，不得遗累卖主。此系二比情愿，并非逼迫成交，亦非私债准折，自卖之后，任随买主修葺起盖，永远住坐为业。父子不得占扰丝毫。倘有亲邻乡老人等前来争说，卖主父子一律承当。日后若有反悔异言，藉端抵赖等情，自任罚银一倍或十倍，随执约赴官，父子甘罪无词。今欲有凭，立此实卖过割房契文约存照。

乾隆五十年（1785）五月二十五日
立实卖过割房契文约人阿九（藏文章）
同男松那登朱（藏文章）
凭中　客长　冯启元（画字）
明联祥（画字）
朱云光（画字）
代字　孙国琳（画字）
（房契存照粘连夷书）①

2. 借贷契约

借贷契约在藏族社会生活中广泛运用，因而此类契约在藏文资料中最为常见，《木简》和敦煌吐蕃藏文文书中数量最多的是这类契约。这类契约是民间互通有无的主要方式，分消费借贷和使用借贷，契约中不仅有抵押物，还有保人。例如：

借约

经堂大公上，债务青稞利息三斗一十三筒半无法偿还，只得把家俱及大、小铁锅二口、三格形的木柜子一个当给，说过来年十月初间还清，如敢拖欠等，情愿照此约处理。此据。

欠债人　族人

---

① 香格里拉县人民政府驻昆办事处：《中甸藏文历史档案资料汇编》，云南民族出版社2003年版，第231页。

保人　向巴茸①

悉董萨部落百姓孙清便粟契

（1）二月二十三日，悉董萨的百姓孙清为无粮用，今于永寿寺僧便佛物；

（2）汉斗叁硕，其粟请限至八月末送纳，如违信，仍任其掣夺家资用（抵）；

（3）粟直，如东西不在，及依限不办填还，一仰保人等依时限还；

（4）恐人无信，故立此契为凭。

便粟人　孙清
保　人　孙昌奴
见　人　僧宝积②

3. 租佃契约

自土地私有制确立发展以来，藏族地区就产生形成了大量的租佃契约。从目前收集整理的藏族租佃契约看，其内容和格式为：写明立契时间、主佃双方情况及租佃关系发生原因、出租产业性质、位置及面积、租期、租金及税赋分担情况、保证条款及违契处罚条款，契尾一般为当事人签押、凭中、保证人等诸项。例如：

铺面出租契约

立凭人　朱绍光，今凭到

经堂第人各位铺面一所，每年纳凭二两四钱，言定一年一清，不致欠少分厘，恐口无凭，立此凭约存照。

凭中人　老乡约　阿更阿布（押）
小乡约　阿扎阿拉（押）

---

① 王恒杰：《迪庆藏族社会史》，中国藏学出版社1995年版，第264页。
② 徐晓光：《藏族法制史研究》，法律出版社2001年版，第66—67页。

光绪十五年（1889）冬月初二日　立凭约人朱绍光①

东旺克斯念哇领种益茂属卡一份绝户地的契约

内开：水阴羊年（1943）十月初六日，益茂属卡和东旺克斯念哇开主土丹之间所订一式二份契约内容，兹有绝户江泽阿丹之田地，由克斯念哇再三请求，准其耕种，其房地基、田地、水磨、草场等归克斯念哇，每年应赋税青稞六斗，酥油三十二两，银税现洋一元，归益茂属卡，六项劳役以及其他杂派、兵差第一次折为现洋一百元了结，其他未能预见之天灾人祸不在此例。该绝户地继承权永远属于克斯念哇开主土丹家，所有汉藏僧俗人等无权干预。上列各项内容不能再生异议争执反口，如违上述各项规定，罚黄金三两。

益茂属卡老民其主签章　仓巴培初签章
老民阿诺签章　老格桑签章
伙头鲁茸尼玛签章　伙头丹增签章　伙头达瓦签章
伙头巴丹签章
现任伙头鲁茸签章
"布使"松谋阿布签章
诺追诺杰签章　甲初称签章
浪阿诺签章
户主克斯念哇签章
保证人巴拉人伙头拉杰签章　尼仲江布签章②

4. 雇佣契约

在吐蕃的农牧业生产中，每当人手不够时，需雇佣临时帮工，这种帮工的性质是以劳力换粮食。迪庆藏族在雇人赶驮时也立有契约，同治十二年（1873）七月十四日就有一份这样的契约。该契约中有雇主、受雇人、保人、代笔人，并对雇价、雇运内容、风险分担等问题进行了约定，是一份较为完善的劳役合同。例如：

---

① 香格里拉县人民政府驻昆办事处：《中甸藏文历史档案资料汇编》，云南民族出版社2003年版，第229页。

② 同上书，第274页。

收割青稞雇工契

虎年，比丘张海增……虎年……雇谢比西收割十畦青稞地，定于秋季七月收割。到时不割，往后延期或比西毁约……立即交给僧人（比丘）与当地产量相当之十畦青稞数。假如比丘因摊牌王差不能完成，仍照上述交付。……担保人阴腊赉、郭悉诺山、王玉悉顿、张孜孜等，……比西父子按指引签字。

谢比西签字①

5. 承揽合约

清朝中后期，迪庆地区的林牧副业和矿业有了很大发展。在手工行业和矿厂有一般的劳动力出卖者，也有工头和厂商。工头和厂商把整个工程揽到手，再雇工实施，以谋取利润。承揽时一般要订立契约或合同，一般包括施工内容、要求、用料规格、各方承当义务和所付费用及定银数等，工程最后完工后要按约验收。例如：

领工合约

立领约人王秀彩、王宪言，系剑川西门五马方住，今领到夏老爷、七神翁二位名下彩画油漆经堂一所，其柱子记内面大小十八根，用银珠做油，外面大柱二根，用银珠做漆，至于过梁，用五色彩画，凡有梁上之以及雕刻处，用成照金，经堂门要用银珠红漆，上台隅扇门一纂以及楼梯下之板子四大天王处之走栏……俱系经堂内用出。至于吃食、颜色、油漆与经堂内无干。工价当日言□厂银一百五十两整。彼时收过定银十两整，此系二比情愿，欲后有凭，立此领约存照。

光绪九年（1883）十月二十日间

领约人　王秀彩　王宪言　押

代字　赵敬承　押

领约存照②

---

① 徐晓光：《藏族法制史研究》，法律出版社2001年版，第68页。
② 王恒杰：《迪庆藏族社会史》，中国藏学出版社1995年版，第210—211页。

6. 担保契约

清代藏区商业经济交换活动频繁，往来的客商与房东之间要订立合同，要求共同遵守合同上议定的条文，以保障商业贸易活动顺利进行。因此客商所到之处要进行投保，以便对他们的行为进行一定的约束。从目前收集到的保约来看，其内容一般要写明事由、居留期间、居留户主等，声明"不得借端生事"，最后还要声明被保人如有违约，则将被"驱逐回境"等事项，如此这样方能停留。例如：

保约

立保约中甸本境回民马祯、马和、糟文得、马金等，今于堂众老人前立保约。今为阿墩子回教阿洪（訇）马福来甸贸易，并收取账目，住歇马金家内，自遵案分，不敢滋事生非，求限至本月初十日，即将料理回墩，不敢在甸久羁，如有抗傲，马祯等情愿将回民马福驱逐回境，不敢久留在甸生事。理合出具合约是实。

道光二十七年三月□日

具合约　杨辉周等共三十六户①

保约

立合同客首宣壮怀同鹤（鹤庆）丽（丽江）客伙、经堂老人、乡约等公同酌定，盐店卖盐，盐筒口多有参差不一，今当同较（校）定，凡至十筒，各用斗量，不得更易。至于生意牙用，原系每两四分，不得短少，亦不得引店内住宿之客，私做生意，隐瞒牙钱。如有引歇客做生意，经主人查出，罚入经堂、会馆二处香火，至于过往之人，不在店内歇宿者，往来生意，亦不得借端生事。情缘此会议合同于道光二十九年，对同立写交质，因二比未见认真，今凭营官二位复申旧约，如有不守公议章程，罚本境神翁出银两，遵营官（土守备的俗称）、神翁（土千总的俗称）议定，敬入隍祠功德。所有经堂、会馆亦不敬入。自此之后，二比再不得异言，欲其有凭，立此合同存照行。

---

① 王恒杰：《迪庆藏族社会史》，中国藏学出版社 1995 年版，第 223—224 页。

咸丰二年（1852）五月二十八日立合同客首宣壮怀同鹤丽客伙合同存照①

7. 典当契约

地产在古代是人们的核心财富，一般平民不是万不得已的情况是不会出卖自己的土地等产业的，所以在生活艰难时往往采取典当的形式。典当契约在藏族中也广泛存在，一般写明典当的原因、出典产业的位置坐落、数量、出典价银、出典产业的所有权状况、当事人双方的意愿以及日后赎取的条件等。例如：

牛阿布典当铺面契约

将自己祖遗两分，铺面两间，前后天井楼上下，转典坤玉名下为业，实授价银三十五两入手应用，当时即明银无利，铺无债，此系二比情愿，亦无逼迫成交，中间并无私账准折，当（倘）与诸色人等前来呼说，自有凭中一力承当。日后有银赎取，无银永远枉坐，恐口无凭，立此典当文约存照。实授典当铺面银三十五两正，再照。

光绪十四年（1888）十二月　日立
当铺面人　牛阿布
凭中人　　范美卿　赵郁才　松阿朱　松国才
代字人　初联升
文约存照②

典当田契文约

立典当田契文约人松阿疋同姐丈朱正明，为因账目紧迫，……只得将余阿布当与阿东培初，阿东培初转卖与自己之田，计大小三块，当与先生永茂名下耕种，面同姐夫朱姓，受过当银六两，其中并无抵折，请凭中人，银田两交清楚，嗣后赎取之日，照数偿银，亦不用货物搪塞。其田坐落南门外百鸡寺山脚，此后任随杨姓管业耕种，若有异言，自有朱正明同

---

① 王恒杰：《迪庆藏族社会史》，中国藏学出版社 1995 年版，第 224 页。
② 同上书，第 228 页。

凭中人承担,恐口无凭,立此当约存照,是实。

代字人　孙增祥(押)
光绪十五年(1889)正月二十三日
立约人　松阿疋、朱正明(押)
凭中代保人　王金元
外交存蛮约当约一纸①

8. 捐赠契约

到了清朝中后期,藏族地区的土地所有权发生转换与买卖的事件越来越频繁。特别是藏族地区还出现通过捐赠方式进行土地所有权转换关系的契约。例如:

捐地基文约

立求捐地基文约人云南、江右两省客长杨裕光、钟鹑冒为因赖两省前辈原建有观音圣母阁一□□,年深日久,无人照料,以致庙宇坍塌,并且原基庙窄,有碍齐集会,即今凡我同仁,众志成城,捐助□□,值葺修之际,两省……共议,转求到老爷祥云……实蒙允准捐出庙右傍菌地一块,以助功德,将此菌地,令其调换圣庙首西头营地,以便葺修庙貌,新展威峨,从此每逢列圣会期,自有群贤毕集之所。似此美举,不啻众所共仰,自然神天威格,所求必应,从此获福无量矣。立此求捐地基文约惠存是实。

光绪二十四年(1898)岁在……四月二十一日
立求捐地文约人客长　杨裕光、钟鹑冒
凭中人　钟凌云②

9. 经济诉状

德钦县位于滇西北角,向为滇西北河川南藏区同西藏经济、宗教及文化交往的重要通道。各种土特产品和商品的运输与交换贸易,由驮运商及

---

① 王恒杰:《迪庆藏族社会史》,中国藏学出版社1995年版,第240—241页。
② 同上书,第242—243页。

驮夫和马帮来完成的。当时云南中甸、德钦系联系西藏和四川打箭炉（今康定）的交通枢纽，这种交通贸易往来，是通过驮夫和骡子完成的。从中甸到打箭炉，驮运往返四次可得脚银一百五十余两，分到股银二百上下两，共可得银三百余两。驮队进藏贸易需经过杂哈龙，沿途土匪出没，常常货物被劫掠。入藏贸易中，交易买卖有时不付现金，采用赊欠、计账办法。驮夫多为贫寒之家，为生活所迫，不辞辛苦往返西藏数次，积十一年可攒脚本银二百余两，但皆存驮主处。驮主一旦赖账，驮夫则分厘无着，甚而因欠西藏货主银两而无法偿还债务。驮主多为殷实门户，家中有田产并有驮骡和资金经营驮队运输，其本人往往不亲自进藏冒风险，只是坐收渔利。这里就两份清末中甸藏族驮夫的经济诉状谈起。

知诗农布等呈控松六久诉状

具诉本寨户名知诗农布，父族母戚牛逢吉、牛遇吉、爪然杰、张受禄、爪麦色、马格丹、马札札、余诺皆、余丹丁、宋札拉、马阿布等，今于本寨经堂、老乡约、头目台前，诉为欺孤强霸事情。缘知诗农布与松六九郎舅于今十有数载，永结婚好，后蒙六九提拔，领往本寨神翁家驼脚，进藏贸易。知诗农布去后，伊妻诺诺与婆婆阿主反目绝处，将家居什物搬往伊家，去坐田地门户，自行栽种应酬。嗣知诗农布回甸之际，七神翁家身亡，账目大翻，知诗农布血汗脚银尽行无着，反被背藏账在二百余两。亲戚思念知诗农布夏家独根，赋性朴愚，惟恐量窄，自行短见，只得示问六久。……为此趣情，共诉本寨经堂耆老，乡约头目台前，垂怜做主。……

光绪二十一年（1895）十一月　　日
同具：马格丹等①

知诗农布自呈

具状呈本寨门户民人知诗农布，年四十岁，诉为嫌贫爱富，欺孤谋骗……因本寨神翁不幸病故，账目发诈，小民存有脚本银约在二百余两，尽行分厘无着，反累小民偿还藏账，合藏银三百余金。又进藏属杂哈龙地

---

① 王恒杰：《迪庆藏族社会史》，中国藏学出版社1995年版，第216—217页。

方，遇着瞎苴只固匪党六人与六九有仇，将小民货物被抢及，开费合银一百四十余两。小民孤身，有口莫辩。前后三柱，共无故吃亏银四五百金，均为六九引害，潦倒十数年，上无片瓦，脚无立锥、彼时六九当同亲族盲过，与小民同处同赠，同苦同分。是以小民不辞劳苦，驼脚往打箭炉四转，脚银在一百五十余两，分股在二百上下，均经一手交付六九，二共约在三百有奇，另有清单。……当同小民亲族牛遇吉，伊亲清汪八拉假将伊妹交于同处小民骡子三头，并所长驼脚生理，厂上分担毫不分给。……小民年已四十，上有寡母，不得终养，无家无室，情实可惨。是以哀告经堂众位老民、头目，俯赐垂怜小民孤弱，穷民门户，无辜被伊欺凌，严行做主提究，按照夷情处断，以儆效尤，而正风化，……

光绪二十一年（1895）十一月　日
俱状呈小民知诗农布
被诉欺孤霸贫　松六九
串谋欺弱　杨润寿
嫌贫绝母　诺诺①

10. 商业通行证

　　清朝迪庆地区已有外地人进入中甸开厂挖矿，如出现了"厂民"，除一般驮主外，也有资本较为雄厚，且有政治靠山的驮主，他们持有地方政府颁发的通行证。入藏贸易中要经过各种关津、渡口、税收处、庄户、驻兵处及寺院管事等，须查验证件，一些地方还要收税。再据乾隆年间发给德钦东竹林寺的通知及东竹寺活佛所撰寺院史稿记载，过金沙江奔子栏的渡口，须交渡钞。渡口归东竹林寺喇嘛掌管并收取渡费，以供烟火之资。此制一直沿袭至新中国成立前。如德钦奔子栏的藏族德卑即土把总白丹和培初，地方政府就发给他们藏文商业通行证，其内容如下：

商业通行证

　　兹有奔兰德卑白丹和培初，对藏地方政府的索主德巴，竭力帮助，做很多公益事，因而发证给此证。该德卑等准带随从人、牲口三十余匹及货

---

① 王恒杰：《迪庆藏族社会史》，中国藏学出版社1995年版，第217—219页。

驮，到各地的马草、柴火可以自用，不得干涉。该德卑等所经过藏区南北各地时，所属关卡、村庄、人民、税收处、喇嘛管事、庄户、驻兵、关津渡口来往客商、关津渡口验证放行。不准阻挡，特发此证，切务遵照。

　　土虎年九月一日西藏地方政府办事处①

11. 税票

　　清朝迪庆附近土著居民有所照顾，其他人一律要缴渡银。除渡银外，进出藏的货驮还要收税，一般每驮商品在一个税卡缴税后，就发给税票。至于所运货物及税收办法，可从西藏收藏的一份藏文税票中看出。其翻译的原文如下：

税票

　　康、藏及地区客商应上税的各种货物如下：

　　上好缎子、绸子、丝线、打朱、卡打、诺嘴、阿西、西嘴、虽打、布匹、瓷碗、独学、康定绿皮、藏红花、棉线等，每驮税银十五两。德钦、丹康、康恩各处生产的中甸红皮，半驮七两。中甸红皮每张七分。红毡、红皮，半驮银五两。红毡每张七分，红皮每张一分，黄铜瓢、红黄铜片、棉花、铁器、香、乳胶、木碗、木根，半驮四两。驮运六驮，银四十八两。以上共合银一百六十八两。到关卡税所检查后盖章，所属税务关卡认真检查，无票不许过关。若有瞒关漏税者，货物全部没收，交政府处理。客商买卖时，照货收税，过关卡时，验证放行。此票有效期一年，过期作废，发给新票。

西藏总税局（章）
拉宗检查后准行（章）
拉姑检查后准行（章）
土兔年（1879）六月二十九日

　　这份税单说明，货税是按西藏特殊的办法征收的，不是以斤斗计，而是以驮计，个别的皮革、红毡等，则以张计。铜器、铁器、粉丝、绸缎、

---

① 王恒杰：《迪庆藏族社会史》，中国藏学出版社1995年版，第220—221页。

红糖、线、棉花、乳胶等,是运往西藏的。这里可以反映输藏商品的大致情况。①

(五)哈尼族

哈尼族是跨境而居的古老民族。哈尼族没有传统文字,有关哈尼族先民的社会历史散见于零星的汉文史籍。在哈尼族与汉族融合过程中,自觉吸收汉族有关处理和协调社会积极关系的管理方式和手段,其中的文字契约成为既是规范个体与集体之间关系的有效途径,又是当时哈尼族从事以农耕文明为主的生产实践的原始记录。目前留存下来的有关哈尼族传统契约的材料少之甚少。如清嘉庆《临安府志》卷十八"土司志"载:"夷民不知文诰,每长官司有所征发,则用木刻书字其上。"直到新中国成立前,中国的哈尼族由于没有本民族的文字,常常使用木刻、结绳或其他自然物为信物。在经济活动中,"人们相互之间凡借贷钱粮,互通有无,或典当土地,通常以木刻为借据或典当契约,由当事人双方亲自将表示钱粮数量的符号,用刀刻在一块小巧的木片上,从中一剖两半,各存一半为凭。红河南岸思陀的腊密地区典当土地则用石块为凭据,当地哈尼语称为'科粒',即当发生土地典当关系的双方,用一块与价银等重的石块作凭证,由典权人保存,之后出典人若需赎回,便按石块重量退还典金"。可见,哈尼族传统的契约主要是以木刻、结绳或其他自然物为信物,建立在双方约定俗成基础上的物化形式,更多的是建立在信任和合作互助的基础上的约定。无论是木刻记事还是碑刻记事的方式,都是哈尼族处理社会经济关系的反映,表现出当个人或群体的自利行为受到影响时道德约束的力量是相对薄弱的。当然,由于哈尼族经济社会发展不平衡,受汉文化影响的程度也不一样,互动和学习协调处理族群内部关系以及与其他民族关系的方式和方法也存在差异,因此契约的形式和内容也有所差别。

红河地区的思陀、落恐、搞吾、左能、瓦渣、溪处六个哈尼族聚居区域,在南诏时期属于"三十七蛮部"中的六个部落,各有部落首领统辖。公元937年,通海节度使段思平与三十七蛮部首领会盟于曲靖,借助37个部落的力量,讨灭大理杨干贞大义宁国,建立了以白族为主的段氏大理国。段思平为了感谢三十七部的协助,"即加恩三十七部,皆颁赐宝贝,

---

① 王恒杰:《迪庆藏族社会史》,中国藏学出版社1995年版,第221—222页。

大行封赏"。① 并"敕三十七部徭役"② 思陀、落恐、搞吾、左能、瓦渣、溪处诸部均受封赐，此后由部落经济向封建领主经济转化。

大理国时期经常与邕州（广西南宁）作茶马交易，大理、落恐的马匹即经由邕州西部入境。所以周去非《岭外代答》卷五"经略司买马"条说："绍兴三年（1133）置提举买马于邕。……产马之国曰：大理、自杞、特磨、罗殿、毗那、罗孔、谢蕃、腾蕃等，每冬以马叩边。买马司先遣买马官，赍锦缯赐之。马将入境西，提举出境招之。"文中所说的"罗孔"就是三十七部的落恐部，说明当时落恐部的"和泥"（哈尼）已经参与卖马交易了。

公元 1382 年（明洪武十五年）以后，明朝稳固地统治了整个云南，在哈尼族聚居的思陀、落恐、左能、瓦渣、溪处五个部落设置长官司，分别敕封各部落首领为副长官，世袭统治各部落；搞吾卡原是一个小部落，设土目统治，清雍正年间改为土把总。这一区域哈尼族的封建领主在政治势力方面弱于白族、纳西族、傣族，未能形成统一诸部落的大首领，经济上也远较白族、傣族、纳西族为落后，部落经济仍占主要地位。

现列举清代哈尼族契约，以了解其形式与内容。

该碑立于云南省红河县三村乡哈尼族村寨。据碑文记载，该碑于清嘉庆七年（1802）元江直隶州撰文颁发，民国三年（1914）立，讲述清乾隆十六年（1751）打洞村民罗相文等 9 个自然村落的哈尼族群众筹银 400 两，向娘铺村伙头周者得买下水源使用及水沟开凿权，双方立下卖契以作凭证，以共同遵守。为杜绝后人纷争，又于清嘉庆七年（1802）禀报元江直隶州署，获准颁发执照一份，买主忧于年久日深执照遗失无据可考，特于民国三年（1914）聘请石匠勒石，将执照全文刻于石碑上。该"执照碑"反映了清代哈尼族聚集区立契买卖水源的史实，明确了双方的权限和水利所有权买卖关系，彰显出该地区对水的管理以及在水的使用中所形成的制度在哈尼族社会生活中占有重要地位。

---

① 杨慎：《南诏野史》"段思平传"，明万历诸葛元声《滇史》卷七。
② 同上。

金平马鹿塘水沟合同

具立沟单人户　合同

光绪二十七年苦竹林、马鹿塘、新寨、河头、保山寨众沟户议定开沟。坐落地为平河三家寨子脚大沟水一股，修□□□，议定每个工三毫，偷水犯拿提花银一元，众议罚米一斗，猪肉十六斤，酒三十碗，盐一斤，又如倘有天翻田崩，众沟户议定水口能可以下，倘有田不崩不许可能上能下，拟各照前处罚。

赵进朝水半口，李德受水二口，

盘金恩水一口，朱成保水一口，

陈木腮水二口，李折壹水半口，

陈扯戛水二口，高折彩水一口，

朱一告水二口，赵承明水一口，

盘有明水一口，曹一戛水一口，

赵才理水一口，邓进印水一口，

盘永县水一口，李陡折水一口，

赵金安水一口，李取扯水三口，

朱舍水一口半，李取壹水半口。

立于民国三十三年

甲申岁朱文富买恩水一口来帮补沟底现金陆元正。

《金平马鹿塘水沟合同》是清代哈尼族保存较完整的汉文契约档案文献，该契约围绕梯田灌溉的水源而签订的文字合同，反映出哈尼族独特的沟渠文化，在哈尼族村寨中曾经出现专门的水沟管理者——沟长，主要负责管理和疏通水渠。当个人和集体的生存权利受到影响时，契约就成为哈尼族规范和协调社会经济关系的重要依据。该契约还表现出哈尼族以梯田为中心的农耕文明，不仅是当地哈尼族物权和债权的记录，也是调控哈尼族社会内部与外部社会秩序的重要手段。

（六）傣族

傣族聚居区属于亚热带，资源极为丰富。该地区的主要粮食作物有水稻、旱稻、大豆、蚕豆等。据有关史料记载，傣族地区是我国水稻发源地之一。经济作物有茶叶、砂仁、紫胶、樟脑等，历史上的六大茶山均在傣族地区，是著名的"普洱茶"的主要产地。此外，还有许多珍贵的药物和野生动物。这些丰富的资源，为傣族的商业经济奠定了坚实的基础。据《马可波罗游记》记载：金齿州"其货币用金，然亦用海贝，其境周围五日程之地无银矿，故金一两值银五两，商人多携银至此易金而获大利"。海贝产于东南亚沿海，傣族以海贝为币，说明傣族与东南亚早有商业往来。元朝以后，到傣族地区做生意的人，不仅限于中外巨贾小贩，当地的驻军、内地的官吏、本地的土司，也在傣族地区从事商业。这一繁荣的情景，史籍有不少翔实记载。那时候，傣族有些地区的设街贸易活动很频繁，"五日一街，十日一市"；有些地方"五日一小市，十日一大市"，境内外马帮、牛帮、象队来往络绎不绝。因为商业需要而繁荣起来的商业城镇也逐渐诞生，形成了傣族的贸易中心。对此《西南夷风土记》说："宝藏之富，生齿之繁，莫如孟密；五谷之饶，布帛之多，莫如缅甸、八百；鱼盐之利，贸易之便，莫如车里、摆古。"由此可见，元代以后傣族的商业经济已发展到一定水平。到了18世纪，傣族的商业贸易更为繁荣，纺织、制陶和其他手工业生产又进一步发展，出现了一批新兴的民族商人，他们大多是较为精明的贵族，以封建剥削的方式积累资本，在本地和境外开商铺营业。这类新型的民族商人，西双版纳地区称为"波乃嘎"，意为"生意之父"，德宏地区称为"沙铁"，意为"有钱人""资本家"。

云南省的西双版纳、德宏、孟连、耿马、双江到20世纪40年代还保存着封建领主制度，其中以西双版纳傣族的封建领主制保存较完整。其特点为：第一，宣慰使（召片领）是整个勐泐辖区的土地最高领有者，他是由明皇朝册封，世袭继承，辖区内的一切土地、山川、河流、森林都属于召片领的领地，辖区内的一切人民都是召片领的臣民。第二，依照血统、政治地位和生产资料占有情况，社会上形成一套森严的等级制度。最高等级称为"孟"，第二等级称为"翁"，第三等级称为"召"，即官家，第四等级称为"召庄"，第五等级称为"傣勐"，他们是最早建立村寨的居民，第六等级称为"滚很召"。第三，封建领主经济下包括六种土地所有制，即宣慰使、土司大土地所有制；大臣、官员俸禄田；寨公田，即由族长或头人管理，全寨人共同使用和分配，可以在本户人内"世袭"，但不能以任何形式过户交易；家族田；私田，被傣族称为"纳很"或"纳哈滚"，这些土地在田边地脚开荒出来的，按例三年内不交租，满三年须向村寨交租，满五年即收归公有；佛寺田，即为宗教土地，收入作为宗教

第二章 西南少数民族经济古籍文献整理与研究 / 191

活动的费用。第四，形成了多层次劳役和多重实物地租。第五是家庭手工业依附于农业，形成世代相传的手工业生产。当时的社会已经形成各种家庭手工业户及商人等如金匠（赞罕）、银匠（赞恩）、铁匠（赞列）、木匠（赞卖）、屠户（赞拉）、酒师（赞老）、猎户（赞盘）、商人（乃怀）、巫医（摩雅）、赞哈（歌手）等。这些手工业户和商人、猎户等都是未脱离农业生产的劳动者，主要是以家庭手工业者的面貌出现，农忙时务农，农闲时从事各种手工业和经营季节性商业，因而都是自给性的，只为满足自身需要而生产的小生产者，这就反映了在封建领主经济之下，整个社会的生产仍然是以自给自足的自然经济为主，因此手工业和商业未能脱离农业生产而形成第二和第三产业。

目前保存下来的傣族汉文经济文书为数众多，如嘉庆十七年（1812）《刀德高的当约》，嘉庆二十四年（1819）《刀德高当契》，道光二十二年（1842）《管专线的当约》、道光二十四年（1844）《刀线准当约》，道光二十六年（1846）《刀富国的当约》《西双版纳倚邦土司关于预卖公费茶立约》，咸丰二年（1852）《刀继绪当约》，咸丰五年（1855）《刀辅国当约》，光绪十三年（1887）《刀品阳卖契》，光绪十八年（1892）《德宏地区棉花等价》，光绪三十年（1904）《刀正洪当约》，光绪三十二年（1906）《干崖土司发给刀洛勐口粮田执照》，光绪三十三年（1907）《刀安绪当约》，民国三年（1914）《何秉锐转当契》，民国八年（1919）《干崖土司借契》，民国九年（1920）《龚兴邦当契》，民国十七年（1928）《刀显庭当田给佛爷的当契》，民国二十八年（1939）《姜兆弼送契》《盏西地区征收屠宰数》《刀位准卖契》《刀位准当契》，民国二十九年（1940）《干崖土司借据》等。以下选择几件傣族生活的大盈江地区的契约文书。这些契约从若干侧面不同程度地反映该地区 18 世纪中叶到 20 世纪中叶 200 年来的政治、经济、文化、外务等方面情况，特别是发生在清代的土地买卖典当契约，是研究这一地区社会经济形态特别是货币流通问题的第一手资料。

1. 买卖契约

刀宽勐的卖契

立吐退文约人刀宽勐同子帕朴，为因祖父遗留将［给］自己口粮田，布粮五箩一段，坐落拱母田。其田东至大路，北至土练田，南至黄果树，西至小保田高埂（埂），四至开明。逾年卖主上纳田差银二钱在契。情愿写立吐退与刀专勐买下，实接受价银四十三两整。自度（卖）之后，任从银主耕种，卖主不得异言。倘有家族子孙内外人等争竞，有卖主一力承当。此系二比情愿，中间并无逼迫，亦无私债准折。一日不能取赎，无力不得加找。今恐人心不古，立此永远度段（断）为据。实接受价银四十三两整。

嘉庆十七年（1812）十二月十八日立。度段文约人刀宽勐同子帕朽，永远实□。凭族刀贺准、侄唤等、侄婿秤达猛。代字人刀理众志。①

2. 典当契约

刀德高的当契

立当田文约人刀德高，为因缺少应用，情愿将祖父遗留口粮田一段，布种四箩，出当到其德何二哥名下，净纹银八十两整。其田坐落遮倒尾，其田东至杨家田，南至克家田，西至本家田，北至谢家田，四至开明在契。其粮当主完纳，田有好支银主自见后时，言定逾年每两纳谷一箩，候秋收之日，将田中一色好谷量完，不致短少升合。如有短少，任从银主自行耕种，当主不得异言。倘有内外人等异言争竞，当主一面承当。此系二比情愿，中间并无逼迫私债等情，恐后无凭，立此当契存照。实当银八十两整，逾年纳谷八十箩。

嘉庆十七年（1812）二月初六日立。当田文约人刀德高。其银五两一。称戥子银平。当契为据。凭中 刀有仁。代字各弟刀德富。②

3. 回赎契约

干崖土司乃盈廷退还当田契约

（世袭干崖宣抚）司正堂刀，立收敷支约永远为据。情因杨军门大人临腾，不敷，情愿将族目刀体勐祖父留口粮田，先年当入衙内，情愿退还

---

① 德宏州史志编委办公室：《德宏史志资料》（第十二集），德宏民族出版社1989年版，第205页。

② 同上书，第204—205页。

与伊，坐落翁遮寨脚，布种十二箩，实收原价一百七十两整。日后永为己业，此系二比情愿，中间并无逼迫等情。倘有内外人等异言争竞，有本司一力承当。恐口无凭，立此收数印券文约为据。

实收原价银一百七十两是实

立收数印券信官　刀盈廷
光绪元年（1875）十月初十日立①

4. 借贷契约

干崖土司借契

立印券干崖宣抚司刀保图，于民国三年六月内借到刀润斋刀静庵名下纹银二百四十两，又民国四年十一月初十日又加借来银一百一十两，前后共借着纹银三百五十两。言定每年每两行息谷一箩。自兹之后，即以弄合寨波线过所佃零田租发为息谷，每至秋收即便照券收取，勿论年月远近，银到券归。恐口无凭，特立此银券为据。

民国四年（1915）十一月十二日。立印券干崖宣抚司刀保图。
民国八年（1919）旧历六月十三日复验②

5. 赠与契约

姜兆弼送契

立送契文约人姜兆弼，兹将情愿自己之坐地一所，坐落大门外，四至等载于老纸，与老契一张，一并送归刀团总卓庵员下，为业管理。自送之后，我族子孙内外亲族人等，不得干涉异言。倘谁干涉异言过问，自有我姜兆弼一力承担完全责任，倘谁冒认，准其执字鸣官惩治。今恐人心不古，特立此送契字样为据。是实。

---

① 德宏州史志编委办公室：《德宏史志资料》（第十二集），德宏民族出版社1989年版，第207页。

② 同上书，第207页。

民国二十八年（1939）阴历十一月十八日①

6. 租佃契约

租佃契约

　　立招状田契文约人绮罗练屯主杨新奇同侄东珍、灿锦、灿昆，情愿将先祖承买得盈铅佃田二段，坐落私庄上塘刘家屯，名唤横水河一分，跌马石一分。横水河田，东至大河，南至唐姓田边，西至山，北至老官田边。此系沟。铁马石田，东至蔺姓垦（隔埂），南至段姓田头，西至山，北至大路。是以将二段田名、四至书明在状。情愿立约招状，与油松岭应文余总爷名下，为二段田永佃自招之后，田主当同中人言定其租，永不加佃，永不换任，随照田耕种管业。递年共交租谷四十箩，钱粮在租内，不干佃人不得短少科（颗）合。倘有短少，田主别招佃种，如不差欠，田主子孙不致取拿招佃。其田地方各样开销，佃户完纳，不干田主，设有河汜水充照年减租。此系二比情愿，中间并无勉强，倘有那人争竞，田主承挑。恐口无凭，立此招状为据。是实。

光绪二十四年（1898）十二月初十日立②

（七）彝族

　　彝族民间经济文书是古代彝族社会进入封建经济发展时期，彝族土官和彝族群众在经济活动中产生的文书档案。清代以前形成的经济文书不多，且多载于史志文献。目前发掘整理的民间经济文书主要有账簿和地契等类型。账簿、地契是古代各地区的彝族上层和彝族群众在经济活动和宗教活动中产生的，是研究古代彝族社会经济状况的可靠原始记录材料。今存彝文账簿和地契时有发现，如贵州毕节彝文翻译组就收集到《阿木佃田契约》等六份清代乾隆、嘉庆时期彝族土目与佃农所立的彝文田契，这些彝文田契内容丰富、原始性强，对研究清代水西地区彝族社会形态有

---

① 德宏州史志编委办公室：《德宏史志资料》（第十二集），德宏民族出版社1989年版，第209页。

② 同上书，第215页。

重要的档案凭证作用。目前发现的彝族地区的彝文账簿、地契很丰富，大多尚未译为汉文。楚雄彝族自治州档案馆保存有从武定征集来的一份《账簿》、一张《作斋账单》。楚雄彝族文化研究所收藏有从双柏、武定收集到的六本《账簿》、一份《作斋牺牲账》、两份《地契》。贵州毕节彝文翻译组除保存的六份彝文田契外，还收集到一份金沙县彝族买地《契纸》和两份威宁县彝族《斋账记》。北京图书馆也收藏有一本彝族经济文书《张家的赋册》。彝文账簿、地契经济史料价值很高，尚需进一步整理、研究。

彝族民间经济文书以清代那氏土司档案史料为代表。云南武定慕连乡彝族土司那氏，是明代凤氏土司之后裔。那氏土司在清代形成了大量的汉文文书档案，这些文档原藏于那氏土司官署，1943年由北京图书馆从那安和卿之手购得，近年来，云南楚雄文化研究所和北京图书馆合作，对清代那氏彝族土司文书档案进行了全面校注整理，择其珍贵文档编辑而成《清代武定彝族那氏土司档案史料校编》。该书收录有经济类文档31件，分别形成于雍正、乾隆、嘉庆、道光年间，涉及盐务、财税、设align、公田（也称学田、练产田）、林业以及养蚕等方面，内容丰富，史料翔实，对研究明、清彝族经济发展史有着极高的历史价值。现存彝族汉文经济文书原件有禀文、呈文、限状、卖约、契约、合约、借约、结状、典约等文种，以下分类论述彝族民间经济文书的内容构成、行文格式及研究价值。

1. 买卖契约

这是古代彝族土司和群众在土地买卖活动中形成的凭据性文件材料，土地买卖文书档案提供了私有制经济在彝族社会生活中的产生与发展情况，是研究古代彝族社会形态发展演变的重要参考性档案史料。彝族汉文土地买卖文书在长期的使用过程中，已经约定俗成发展为具有一定行文格式的文书，现分列四川社会科学院出版社1987年版《四川省凉山彝族社会调查资料选辑》收录的彝族土司土地买卖契约文书原件以示说明。

彝族土司间买卖土地契约文

立写出卖山地文约人呞纳、柯亚亚、呞呷弟兄三人手事韩为（寒微）自请凭中说合卖到

火则名下山地一段，坐落荣盘山，下齐王姓为界，正齐卢姓为界，右

齐大路为界，左齐礼足为界，×林树木，×在内，四至×明，无有包×比尔寸土，买价铜钱三十三千文整，其钱一手拨出交清，×无少欠分文。其他凭×火则父子耕种管×，不××言。立约为据。

五谷　　呷纳

出约人　柯亚亚

丰收　　呷呷

牛百户

百户呷

凭中人　呵母　同在

呵铁长

衣　足

光绪十八年（1892）冬月初九日立　代字人肖春字①

彝文田契之一

庚寅年三月初一那一天，步武官安沙巴暨孙安智写，祖孙共四人是真的。写字给不修，把偷晒坐落角湾子一冲写给不修。

戊辰年五月初五那一天，在康熙年间是曾经出过四两银子。康熙、雍正以后，麻栽爷爷，我要扯你这块地方，官奶听了，官奶不同意，仍然转给麻栽爷爷种。庚寅年三月初一日起，加不修十五两银子，和以前四两，一共十九两好银子。

东起抵罗，西至兹利（人名）地界，北抵苗寨大路，南至岩脚沟界。以后子孙万万代，一代抽一个当"直"（按：即奴仆）。官家生了一个孩子，要出一两或二两银子，要出一坛或二坛好酒。另外我家该出十两另八钱银子给官家。

写字那天吃酒吃肉当凭中的是：

陇酉　十　　（画押）

阿吉　十

翁泥巴　十

取兹　十

---

① 华林：《西南彝族历史档案》，云南大学出版社1999年版，第253—254页。

第二章　西南少数民族经济古籍文献整理与研究　／　197

兹姆　　　十

兹鲁　　　十

写字人是尼锁　十

乾隆皇帝掌权三十五年（1770）写的①

彝文田契之二

　　燕翼堂立契约给阿木。阿木出银二十两给官家，向官家顶田地一型，阿普米一块，白木河一段，白和坐落的路上路地二块；阿嘴去湾子路脚地二块；河时门散很落各地一型。屋基园圃、山林竹木，一切抽给阿木，每年应上稻谷三大斗，毛稗五大升，应上猪租三钱，作事赋税、夫役杂派，随唤随到不误，阿木子孙永远管业。作事赋税、夫役杂派如不随唤随到，官田官地址回另安他人，阿木并无异言，立此为据。

那一天的头人　　阿斯　　　三钱

阿扣　　　六钱

鸡腊阿纳　　二钱

嘉靖皇帝十九年甲戌年七月初三日立②

彝文田契之三

　　燕翼堂安，立契约给阿木。阿木出银九两给官家，官家将嫩朱、母几把弟兄二人手下，硬散托水口小田一块，大洋田一丘；兹都的田脚大小田六丘；拉海莫前面的地两块；拉木土小荒地一块；苗寨后地一冲；平山脚地二型；湾子地一冲；看守官房上下荞地一冲；苏察、芝骂两人地界边的两冲起，到卜巴、溜古巴二人地边止。另外，将嫩朱、母几把弟兄二人园圃的屋基，山林竹木，一起扯给阿木。上缴租子稻谷三大斗五升，甜荞租一大斗。作事赋税夫役，往往来来，随唤随到，阿木子孙永远管业。作事赋税，夫役差事，往往来来，不能随唤随到，官田官地，由官扯回另安，阿木并无异言，以此为据。

那一天的头人

---

①　贵州民族学院民族研究所：《贵州彝族研究论文选编》，1985年，第234—235页。

②　同上书，第234—235页。

鸡如纳古巴　二钱

鸡乌巴　二钱

尼撮巴　二钱

洛嘎布吐　二钱

代笔人　理谒　一钱二分

嘉庆皇帝二十年（1815）五月初十日立①

价市卖约

立卖约人价市。今因手事不便，情愿将已水田四斗出卖与嗟假帕名下为业，当日得受价银二十四两整，是时银契两相交讫，并无短少分文。所买所卖，二比情愿。其田坐落蝉牛古，大小六丘，东至沙嗟田，西至沟下，北至沟下，南至周家田，四至界址明白，并无包占他人寸土在内。民粮四升，自纳当差。自今卖后，买主子孙永远管业耕种，卖主无得异言。恐口无凭。立卖契存据。

中证小八马

依口代笔　一璞

乾隆四十七年（1782）九月十二日　立契价市②

土地买卖类经济文书以四川省档案馆收集到的最为丰富，主要有乾隆四十七年（1782）十月十二日《彝民腊用保等出卖水田卖约》、乾隆六十年（1795）十月初十日《彝目腊用保等责成彝民呷保将不守彝规出卖旱地赎回限约》、嘉庆八年（1803）八月《彝民么别保出卖水田卖约》、道光十五年（1835）二月二十二日《彝民丫卡等出卖水田卖约》、道光二十八年（1848）十月十六日《彝民六沛然出卖水田卖约》等。

2. 典当契约

土地典当类经济文书以四川省档案馆收集到的最为丰富，主要有雍正

---

① 余宏模：《清代水西彝族土目彝文田契试析》，《贵州民族研究》1979 年第 1 期，第 52 页。

② 国家民委民族问题五种丛书：《四川彝族历史调查档案资料汇编》，四川省社会科学院出版社 1987 年版，第 295 页。

十年（1732）冬月初十日《彝民噜贺佃当水田当约》、嘉庆三年（1798）五月十五日《彝民窝曲典当水田当约》、嘉庆十年（1805）六月初六日《彝民窝出典当水田当约》、嘉庆十二年（1807）十月初二日《彝族火头窝曲典当水田当约》、嘉庆十二年十月十七日《彝民乌曲典当水田当约》、咸丰七年（1857）九月初八日《彝族秦绪纲典当水田当约》、道光二十五年（1845）《李在仕等物品典当清单清单》等。如：

窝曲当约

　　立写出当水田文约人窝曲。情缘年事空乏，无处出办，今将自己民田出与嗟列名下耕种，比即三面定合，共总前后契约于至乾隆五十五年当价折算白锭银八两整。其田六斗，坐落漫水湾大河边，约种六斗，东至齐吧田属界，南至齐寿长田，西至本宅田为界，北至齐左右吧户田属界，四至清白分明，并无包占他人田地在内，凭中出与当主耕种栽插，不拘年限赎取，银无利，田无租，银到田回，二比不刁证，异言挡勒。恐口无凭，立换当约，日后以为执照为据。

　　实计水田六斗，大小九坵，当价白银八两整，割食在外，猪一个。

　　当约存照

凭中　经理
噜更
窝曲
嘉庆三年（1798）五月十五日①

彝族土司出当土地契约

　　立写出当水田文约夷入补曲，情因手事空乏，无钱费用，只得将己名下水田一分，坐落波泄得，上齐当主田为界；下齐草坡为界，左底以纳水田为界，右底呵恺子地边为界。四界看明，并无紊乱，即日当凭引进说合，出当与××名下管业耕种。比日二家面议，当价铜钱十千文整，其钱一手现交，无有少欠分文。自当之后，随年耕种，夷人不得加当另佃。后

---

① 国家民委民族问题五种丛书：《四川彝族历史调查档案资料汇编》，四川省社会科学院出版社1987年版，第297页。

日赎取，钱到田回。恐口无凭，立当为据。

出当约夷人　补　曲
王　谷　引进夷人　林铃同
见凭夷人　乃　乃
丰　收　百户同恺　在
代字人　王三仲笔
同治十三年（1874）冬月初四日　立①

道光二十五年李在仕等清单

道光二十四年七月初四日，有李在仕邀民合伙当宝利，伊出银九四五钱，李满大、郑老五出钱九千七百文。李在仕三人收过数目：

缝衫子三件，去钱三千九百文。

缝汗衣三件，小衣二条，去钱二千二百文。

买顺毛皮褂一件，皮领褂一件，去钱四千五百文。

买枣马一匹，去钱六千五百文。

取广布十一件，去钱八千七百文。

收花生三十斤，合钱六百文。

收过钱二次，共十千零二百文。

收过烧酒七百五十斤，合钱十七千七百文。

李在仕三人共收过钱五十四千三百文。

李在仕三人在民家住，七月初四日起至十二月止共食饭四百五十餐，酒肉零星，共算明该欠民钱十一千文，伊三人分文未得（给）。②

3. 借贷契约

这类经济文书是指彝族土司和群众或因商业贸易、农业生产的需要，或因经济拮据、生活贫困在钱物借贷活动中产生的文书档案。钱物借贷经济文书对研究彝族的社会经济形态有着重要的史料价值。这类文书原件保

---

① 张晓辉、方慧：《彝族法律文化研究》，民族出版社2005年版，第179—180页。
② 国家民委民族问题五种丛书：《四川彝族历史调查档案资料汇编》，四川省社会科学院出版社1987年版，第323页。

存下来的较多，文书的内容与格式较为规范，一般写明借贷人姓名、住址；借出人姓名；借贷数额、利息；偿还保证；立约时间和借贷人签字等，这些内容可以看出西南彝族地区的契约和中原已基本一致了。如四川省档案馆保存的银钱借约，它们在钱物借贷经济文书中颇具代表性，现全文抄录如下：

杨阿成借贷契约

立借银文约人杨阿成系法济马纳庸上村住人，为因账急迫，无处借贷。请凭中人说合，借到本村堂兄杨秀名下，借纹银九两整，入手应用，其银自借之后，三面言定，每年每月行利三分。斯对期之日，如数算交清明，并无异言，若有欠少分文，自任对罚，倍还银两，不能异言半语，执约理取。恐口无凭，立此借约为据是实耳。

光绪二年（1876）二十六日

立借银文约人杨阿成

代字人　张发耀①

李曾氏借约

立出借银文约人李门曾氏同子复龙。今请凭中借到何合泰名下白银五十六两整，比日三面言明，每两每月行刊一分，其银借至腊月内一并相还，不得短少分厘。恐口无凭，立借字为据。

不误言行

凭中　邓怀元　何日有

代字　李华荣　笔

道光二十八年（1848）八月初八日　立约人前名。②

四川省档案馆收集到的较为典型的彝族汉文钱物借贷、典当经济文书有清道光三十年（1850）六月十一日《彝民李华国借约》、道光三十年六

---

　①　王明东：《彝族传统社会法律制度研究》，云南民族出版社2001年版，第127页。
　②　国家民委民族问题五种丛书：《四川彝族历史调查、档案资料汇编》，四川省社会科学院出版社1987年版，第323页。

月十一日《彝民李华瑢借约》、咸丰元年（1851）七月二十七日《彝民兹果慕借约》、咸丰二年（1852）正月三十日《彝民余文耀借约》、同治十二年（1873）十二月初八日《彝民蔡学忠为彝胞邹永富借钱不还告诉》等。

4. 租佃契约

在彝族地区，本民族内部或夷汉间也有大量租佃关系出现。"其禄耀龙等原系写立租约，其结在洪着干块住坐为佃，后因马百祥跟要解出，并非契文炳所招之佃。"① 这是雍正二年（1724）四月初九武定茂连乡那德洪的禀文，说明当时存在大量租佃现象。租佃契约在彝族地区广泛使用，这类契约在云南楚雄州各地区都有发现，如武定、禄劝、石屏、建水等。例如：

土司岭仁安与汉人朱廷清间减押加租契约

立写收银文约人岭仁安，因前将宣抚司坐落高敲堡门脚水田贰分，旱地一块，佃与朱廷清耕种，随取压佃银三百三十两整，年纳租米八斗，耕种多年，本无少欠。继因争佃人多，小人欺蒙，另行招佃，彼此争竞，凭众理议，退去银二百三十两，留一百作压佃，按年加纳租谷共三十六石，外脚租一石，以至秋收，如数自赴宣抚司署上纳，不得少欠升合，倘有拖欠，佃银扣除，日后取田，非自耕不能退佃。二比仍不得异言别说。恐口无凭，立合同收约为柄。

                   胡文品

                   吉有刚

       合同为柄 凭中 蒋有福

      （字留一半）   王耀山 同在

                   李碧珊

                   衣 都

                   木 居

                   罗良臣

---

① 楚雄彝族文化研究所：《清代武定彝族那氏土司档案史料校编》，中央民族学院出版社1993年版，第120页。

第二章　西南少数民族经济古籍文献整理与研究　/　203

代字人　程绍周笔

××二年九月初八日①

彝文租佃契约

　　官家下的契约是真的，写这个约给老五。老五用十七两银给官家，卜那（白泥塘）的田一段，老五得了这段田，是一辈子的好处。如果不犯事，子孙万代永远耕下去，永不扯土另安。如有犯事、差租，官家的田由官家扯。六大升谷租，另外租子四大斗。

木纳不土五钱

助其不土五钱

纳尾尼尾尼五钱

助其母首五钱

木开纳推五钱

写字人锁甲三钱

乾隆三十年（1765）乙酉腊月十四写②

所占租佃契约

　　燕翼堂安，立契约给所占。凡及戛地屋基一型，上至卜九六为界，下至田边为界，右至山林为界，左至山林为界，给他耕种。官家受银十二两，立此为据。

那一天的管事，总机地方的卜托

左兹皮三钱

卜托煞约三钱

背锁阿克三钱

代笔人工资三钱

嘉庆皇帝七年（1802）壬戌二月初日立③

---

① 华林：《西南彝族历史档案》，云南大学出版社1999年版，第255页。
② 张晓辉、方慧：《彝族法律文化研究》，民族出版社2005年版，第177—178页。
③ 余宏模：《清代水西彝族土目和彝文田契试析》，《贵州民族研究》1979年第1期。

5. 抵押契约

彝族地区在发生天灾人祸急需用钱的情况下不卖土地，而在借贷的基础上出现了地产抵押借贷契约。这类抵押合同抵押物一般为地产，有的抵押土地的所有权和耕种权，如"将己手所置水田五斗出卖与嗟假帕名下为业，当日得受价银二十三两五钱整，是时银契两相交讫，并无短少"；有的抵押土地的未来产出，如"议定每千每年行芊麦（包谷）利息一斗照算，以至来年，头利乙并相还，不得短少升合"。如：

价市抵押契约

立卖契文约人价市。今因手事急迫，无从出办，将己手所置水田五斗出卖与嗟假帕名下为业，当日得受价银二十三两五钱整，是时银契两相交讫，并无短少。所卖所买，二比情愿。其田坐落目山坡。民粮五升，自纳当差。自今卖后，买主子孙永远管业耕种，卖主无得异言。恐口无凭，立卖契存据。

经证　克宜

乾隆四十七年（1782）九月十二日　立卖契价市

母鸡子抵押契约

立写出借铜钱文约人母鸡子今请凭中引进说合借到呷牛子名下铜钱六千文整。比日三家言明，议定每千每年行芊麦（包谷）利息一斗照算，以至来年，头利乙并相还，不得短少升合。如有来年头利不清，母鸡愿将印盘山萧家湾水田一坎（份）压在约内，头利不清，呷牛子过耕栽种，母鸡不得异言反悔别说。恐口无凭，立借约一纸为据。

立出借约人　母鸡子
言可　耽承人　勿巳
凭中人　建打　同在
复也　见凭人　哟价
代字人　陈高升　笔

光绪三十年（1904）腊月初五日①

6. 回赎契约

宵洪瑞回赎契约

满足收付文约人宵洪瑞，系次麻境练冬村住人，为因情愿请中人说合麦地一块，四至所有，退还原主法济马纳庸上村者必名下，接受退麦地价二千文整。入手应用，自出收付之后。除着一纸一贴以为故纸不致重收，倘有异言异语，洪瑞一律承担，鸣官究报，此系二比情愿。出口无凭，立此收付为据。

凭中人　张和酬

同治十二年（1873）十七日立满足收付文约人宵洪瑞②

7. 记账簿

清华大学保存的 7 册彝族记账簿是非常少见而特殊的文字材料。《铺腮阿萨兄弟俩分地账簿》一册，记事为清道光七年（1827），第一项记录分地情况、土地坐落位置和块数，第二项记录分家前所赊出的布匹的赊账人和数量，第三项记录分家前支出赔付项目；《银两借贷账簿》两册，为今禄劝县撒营盘一带彝族的银钱借贷账目；《土司府内粮食支出记账簿》一册，为某年二月至五月间土司府内用粮支出情况记录，如某月某日早饭用粮几斗、晚饭用粮几斗、给工匠几斗等情况；《新年贺岁礼物记账簿》一册，为武定万德土司衙署记录的收取新年礼物账簿，佃户以村为单位送去的礼物有酒、大米、绿豆、蒜、糯米、鸡、芸豆、麻等；《库房粮食猪肉收支记账簿》一册，记万德土司衙署在清道光二十年正月至十月间部分粮食、猪肉入库和支出账目；《田地赋税核定账簿》一册，记载各处田地的赋税数额。这些账簿记载了武定土司每年的经济状况、收取的贡物等情况，反映了这一带彝族地区土地

---

① 国家民委民族问题五种丛书：《四川彝族历史调查、档案资料汇编》，四川省社会科学院出版社 1987 年版，第 380 页。

② 张晓辉、方慧：《彝族法律文化研究》，民族出版社 2005 年版，第 181 页。

占有制和实物地租等方面的实况和从奴隶社会向资本主义社会转化的社会形态，具有很高的经济史研究价值。

8. 经济纠纷文书

新中国成立前，大部分彝族地区都进入了封建领主制或地主制经济时期，经济纠纷文书就是各地彝族或彝汉之间在经济活动中发生纷争时，彝族土官或当事人形成的文书档案。经济纠纷文书对了解各彝族地区的社会形态和经济关系有很高的查考价值。如四川省档案局收藏有一份清乾隆四十八年（1783）二月二十八日冕宁县彝民卜宿向当地官府投递的告状，反映所种业田出卖后，仍然承担纳粮公差等税役之事，该文提供了冕宁县彝族地区土地买卖及彝族群众纳粮当差的具体历史情况。全文如下：

乾隆四十八年二月二十八日夷民卜宿告状

为逞凶抗公，得业骗粮，祈天法究事。情蚁有小田五斗，载粮五升，自乾隆九年卖与同堡内公议，每月派花户二家听差，凡有一切公项，值月之花户传各堡耆宿商办。今遇公差查铜，值月之哑巴坐视不理，蚁向理说，被恶徒凶扭打，衣服扯破，身带暗伤，无奈恶何，只得告乞大老爷台前赏准施行。

被告　哑巴
中证　哪吗七

现存经济纠纷文书原件有北京图书馆保存的武定那氏土司雍正二年（1724）三月七日《土目遗孀那海氏关于庄田为那德溥所占钱粮无从完纳禀文》、雍正二年（1724）四月十四日《那德洪关于分晰田粮地界事禀文》、雍正二年（1724）四月初九日《那德洪关于恶徒谋占凤氏田产事禀文》、乾隆九年（1744）四月初六日《彝民周起凤关于傅朋等鲸吞田价银呈文》等。[①]

（八）白族

以白族为主的段氏大理国是在南诏的基础上建立的。大理国历时316年，维持了很长一段时间，社会经济有了相当发展。体现在：一是手工业

---

① 华林：《西南彝族历史档案》，云南大学出版社1999年版，第268—269页。

和农业比较发达。大理国十分重视手工业的发展，对手工业者给予优厚的待遇，因此冶铁、刀剑、农具、制革、纺织等业获得较大发展；大理刀、桐华布、丝绸织品都远近闻名；特别是木工和建筑业更为出名，白族特有的房屋建筑如三坊一照壁、四合五天井、走马转阁楼等民族建筑形式就是这一时期兴盛起来的。农业方面以水田犁耕为主，种植水稻和荞、麦、豆等多种作物；由于充分利用了苍山十八溪的水流，不仅山麓梯田受到充分的灌溉，就是大理城内巷道也利用了潺潺流水，使整个城市保持饮水和用水之便。二是茶马互市和对外贸易市场的开拓。大理国时期与宋王朝、邕管岭南和东南亚国都有频繁的通商往来和朝贡关系，其中茶马互市是比较大的商业贸易。大理国以产茶、产马著名。曾派遣使臣到邕州（广西南宁）进行茶马交易，因此"大理马"驰名于邕管、岭南一带。大理茶是当时著名的贡品。此外，大理国经常向宋王朝贡献"金装碧玕、刀剑、犀皮甲、鞍辔"等物，宋王朝也以"绵帛、丝绸、彩缎"相赠，这实际上是一种官方臣属之间的以物易物的交换，也是商品交换。此外，"缅人、波斯、昆仑、三国进白象及香物"，这表明大理国与缅甸、波斯和其他南亚国家均有贸易往来。

白族人民很早就研习汉文，加之白族聚居区大理在历史上曾是云南政治、经济、文化的中心，有上千年的文化积淀。用汉文记录的反映白族历史文化内容的典籍、文献、手稿、经卷、谱牒、碑刻、文书等数以万计，它们是研究白族历史文化不可缺少的重要资料。其中，从汉、唐、宋、元、明、清到民国之间的白族文书极为丰富，有的曾为汉文史籍所记录，这些文书档案中有大量是反映白族民间田地产属的文书，史料价值较高，能让后人窥见当时白族社会的文明程度。

1. 买卖契约

明代土地分为官田和民田两种。《明史·食货志》记载："明土田之制，凡二等：曰官田，曰民田。"官田不能转让和买卖，所有权属于封建国家。明代曾在云南鼓励人民开垦荒地、发展农业生产，这些农民开垦的土地和地主占有的土地，称为民田。民田的所有权属于私人，土地可以买卖、出租，但必须承担向国家缴纳赋税的义务。明代大理地区已进入地主经济阶段，买卖土地的契约已普遍可见。这些契约表明明代白族田地买卖是自由合法的。卖主既有白族农民，也有白族乡兵。所卖田地有的是祖遗产业，有的是自己买后转卖的。这些田地买卖得到官府和法律的认可，如契文中明确写有"如有反悔之日，再罚地价一半入官公用""如违甘罚白米拾石入官"等语言。明代白族的买卖契约，其签订程序基本与汉族相同，除了卖主在契约上签字画押外，凭中人和见证人也要签字画押，买卖双方的权利义务在契约中一一书写明白，有的还要摆上几桌酒席，告知亲戚和乡邻。

到了清代，大理地区的土地所有制发生了重大变化，大量自耕农的产生导致了土地私有制度的出现，加之改土归流政策的推行，使白族地区的地主土地所有制建立了起来。当时国家为了征收赋税，对改土归流地区的各民族所有的土地进行清查时，同时也就承认了各民族中各民户对自己耕种土地的所有权。因此清代大理地区的土地交易十分频繁，买卖田地、山场、房屋、地基等产业一般都订立有书面契约，这些买卖契约中有的是"活契"，写明"言定八年之后有力任凭取赎，无力不得借事异言加添""有力三年取，取赎无力不得加添""自卖之后，有力随时取赎"，有的是"死契"，写明"日后有力不得取赎，无力不得加添""自杜卖之后，永为董姓子孙祖业"等语，以便受到政府和法律的保护。目前留存下来的白族买卖契约数量众多，种类丰富，史料价值珍贵。例如：

杨神佑实卖山地契约

实卖山地契文约书人杨神佑系本府表一图金茨禾住，为因缺用，情愿将自己祖遗山坡壹面出卖与本图赵家登合族祭需名下为业，其山坐落江东西山山脚，北至大阱，南至杨姓买小阱，东至山顶，西至开明山后。随税五合，受价海巴佰捌拾索。自此立契之后，任从买主安置坟墓，神佑子子孙孙不得异言争说。如有异言争说之人，神佑一面承当，如违甘罚白米拾石入官，恐后无凭，立此实卖山地存照。

实卖山坡一面系坐落江东，受价海巴壹佰捌拾索，山后随税五合，买主折入本户上纳再照。

万历八年（1580）五月初七日

实卖山地书人　杨神佑

凭中人　高二哥

第二章　西南少数民族经济古籍文献整理与研究　/　209

代字　杨眉泽①

杨奴立卖山地契

立卖山地契书人，男，杨奴。今立地契为因家下急缺使用，别无凑备情愿将大麦地处卖与□□名下为业，议作地价税九百索，每年纳租三石五斗，不得过欠，如有过欠少之日，杨成一面承当，二家各不许反悔，如有反悔之日，再罚地价一半入官公用，恐后无凭，立此地契存照。

实山地价九百索纳三石五斗。

崇祯十一年（1638）腊月
立山地契书人　杨奴
凭中人　罗□□
知见人　段保生
代字　（缺）
借笔　（缺）②

董占鳌等卖地基文约

立永远实卖地基文约书人董占鳌、占魁系太和县周城村住民，今立约为因缺用，情愿凭中将自己面分地基壹块出卖与族叔汉卿弟上松子侄名下为业，知见议作时价为因拾贰两整，入手应用。其地坐落房南，东至路，南至董似龙，西至段作庆，北至买主，四至分明。原无秋税，自卖之后，任随买主起盖，临时不得阻挡，日后有力不得取赎，无力不得加添，此系自己面分，与户族人等无干，倘有前来争说者，弟兄一面承当，恐后无凭，立此永远实卖地基文约存照。

嘉庆七年（1802）四月二十九日
立文约人　董占鳌　董占魁
凭中生员　杨春早　杨高起　杨昌祖

---

① 国家民委全国少数民族古籍整理研究室编：《中国少数民族古籍总目提要·白族卷》，中国大百科全书出版社2004年版，第155页。

② 同上书，第156页。

凭　亲友毕廷学
　　族祖董标龙
　　兄董惟精
　　侄董自芳
代字　生杨树东[①]

杨子堂房契大吉

立卖铺面楼房平房后地文约人杨子堂同男杨经、杨绰、杨冈、杨脖，今立卖契，为因有祖遗自己面分铺面楼房、天井平房、空地一块、后路一所，坐落四排坊大街东面，东至李这后路墙，南至李家房，西至大街，北至朱家房，四至开明。其房系楼房铺面一间、平房一间、后空地一块。照旧址管业并无侵犯他人之处，今因缺用，凭中转卖与李大嫂同万春相公名下为业。实受价纹银肆佰两整入手应用，自卖之后任凭买主住坐管业不干卖主之事。言定八年之后有力任凭取赎，无力不得借事异言加添。此系祖遗已卖，不与户族诸色人等相干，若大有修理共同记账，俟取赎之日找铺，恐后无凭立约存照。

嘉庆七年（1802）九月初九日
立约人　杨子堂
凭中人[②]

卖地文约存照

立卖地人亏老大系白沙空住民，为因缺用，有祖遗山地一块。坐落蜜罗果岔河西边。今凭中亲友说合出卖于本家亏四十四名下管业，东至买主地，南至本家地，西至李光主地，北至买主地，四至开明。议价银壹两五钱应用此地。不随升合钱粮，系是自己面分，不于旁人等相干，如有一人争论，卖主一面承当，恐后无凭，立此卖地契文约存照。日后有银取赎，无银不得加添。

---

① 国家民委全国少数民族古籍整理研究室编：《中国少数民族古籍总目提要·白族卷》，中国大百科全书出版社2004年版，第164页。
② 同上。

第二章　西南少数民族经济古籍文献整理与研究　/　211

清乾隆三年（1738）①

董志良卖房契

　　立绝卖房契人临安卫右千户下舍董一言同男董志良，为因家下急钱使用，别无得处，情愿将自己原买到的楼房--所，前后上下四间并天井平房一间，门扇俱全，东至郑秀房，南至张儒房，西至街，北至祁发信房，四至分明，坐落北门内正街。其房因为歪斜倒塌，不堪住坐，凭中议作时价纹银贰拾肆两重，其银恐有杂色不及银水，每两估时值海巴玖拾卉，共该巴贰仟壹佰陆拾卉整。立契绝卖与前所乡百户所军丁钟大用，钟大节名处永远为业，听从修理住坐。当日房银两相交付明白了当。自卖之后，人尚有口（分）换及各人争竞，买主乙面承当，成交之后，二家各无番悔，如有反悔者□罚白米五斗入官公用。其银色足并无□□，私债准□是二家两厢情愿，别无异词，今恐人信难凭，立此绝卖房契永远为照。

　　实绝卖楼房一所，四至价值在前，门扇俱全，嘉靖贰拾柒年（1548）柒月二十七日立绝永远绝契有照。②

杜卖吉照

　　立杜卖田契文约人张琼系第三区挖色镇大成乡石麟登住，今立杜卖，为因日用，情愿请凭在中说合，将自己祖遗秋田壹坵卖与本乡大舍村董大兄世英名下为业耕种，中间议定实授田价新滇币捌佰陆拾元，已整入手应用，其田坐落塘下甸四至号码俱载新执照，自杜卖之后，任究买主撤税投纳，永为董姓子孙祖业，张琼子孙不得复认业主，此系双方意愿，其中并无逼勒等情，今取弓（？）凭，立此杜卖田契文约为据。

伯张本智

立

凭族

妹张本忠

---

　　① 国家民委全国少数民族古籍整理研究室编：《中国少数民族古籍总目提要·白族卷》，中国大百科全书出版社2004年版，第161页。

　　② 方慧：《云南法制史》，中国社会科学出版社2005年版，第152页。

再凭　王乾元

王　振

代笔　张光宗　凭族兄张　典

民国廿九年（1940）　农历二月廿四日立杜卖田契文约人张琼①

转卖吉照

　　立转卖田契文约人杨富培系高兴村住，今立转卖，为因缺用，情愿凭中将自己买获堂兄杨英培名下秋田壹截，今无力量，仍然照契转卖与本村董盛名下为业，中间议受田价银拾陆两整入手，应用，其田坐落溯内甸，东至沟，南至原主，西至沟，北至杨济培，四至开明，随纳秋粮叁升伍合，自卖之后，有力随时取赎，无力不得加添，取后有凭，立此转卖田契为据。

　　咸丰元年（1851）二月二十日立转卖田契文约人杨富培亲笔。②

实卖存照

　　立实卖田契文约妇杨氏仝男秉义系高兴村居住，今立实卖，为因缺用，情愿请凭在中，将自己祖遗秋田乙垰，出卖与本村纯翁董老夫子名下为业耕种，议受田价旭（？）钱捌拾叁仟陆佰文，再受大洋银伍拾伍元，钱银贰顷整，入手应用，其田坐落门前甸，东至杨浑田，西至董维商田，南至沟，北至沟，四至书明，随纳本户秋粮捌升（？），自卖之后，有力三年取赎，无力不得加添，此系二比意愿，中间并无逼迫等情，恐后无凭，立此实卖文约为据。

　　民国九年（1920）阴历八月八日立实卖田契妇杨氏　仝男杨秉义亲笔

秉健

秉忠

知见族人杨

---

　　① 杨文辉：《一组珍贵的白族民间文书》，《西南古籍研究（2008年）》，云南大学出版社2009年版，第146页。

　　② 同上书，第144页。

五恩（忠）
董其谊（忠）
凭中　绅老董其龙
　　　　董维商
代字　亲笔①

胡闰等杜卖军田文约

立实杜绝过剩田契文约书人胡闰、胡告五，同侄胡继祖、胡纯祖，系何家伍军，为通报兄胡沛先年出卖水田五亩，今兄身故，缺欠殡葬之资，情愿凭中将自己祖遗弟兄叔侄面分此项田五亩叁丘，坐落上潘屯北甸，东至史帝道，西至史发汉，南北至沟，四至开明，立约契国喻菩提阱僧原涛、原泊名下，永远常住香火，勒石为业耕种。实受绝价净银捌拾伍两整入手应用。其田后随纳秋粮三斗伍升，任从折入伊户，自行上纳，不得遗累卖主，此系二者情愿，原非逼迫成交，日后子子孙孙不得异言赎取加添等语，倘有户族一应人等前来争说，卖主一面承当。如违自认甘罚白米五石入官。恐后无凭，立此杜绝过割田契约存照。

乾隆四十二年（1777）三月
立实绝过割田契文约书人　胡闰　胡告五
　　　　　同族　胡继祖　胡纯祖
　　　　　　　　　乡约　王守墓
　　　　　凭中　赵镇　苏士奎
　　　　　再凭　王日穷　王日惠
　　　　　　　　代字　张纯文②

2. 典当契约

典当契约是一种以田宅等财产为质押以获取借款的抵押借贷。典当契约有两种不同的形式，一种是以田宅质押获得对方借款的同时，事主将田

---

① 杨文辉：《一组珍贵的白族民间文书》，《西南古籍研究（2008年）》，云南大学出版社2009年版，第145页。

② 伄澎：《清代大理白族纠纷的解决规范》，《清史研究》2008年第3期，第134—144页。

宅交与对方管业、耕种，以田宅的收益代替借款利息；一种是以田宅为质押获得借款的同时，事主并没交与对方管业、耕种，而是直接以金钱或谷租的形式偿还对方借款利息。目前发掘整理出的白族典当契约，以前者为常见形式。如：

杨世美典契存照

　　立与典地契书人系浪穹县桥后里壹甲甲首杨世美，今立典契，因为家下急缺使用，无处辏备，情愿将祖父遗下陆地壹霸坐落地名庄房，其他买（东？）至路，南至买主，西至横路，北至路，四至开写明白，随纳夏税伍合，凭中杨奴引说合，出典与本里三甲甲首杨豹子名下为业，三面言定议作典价海巴壹百肆拾索，当日地巴两相交付了毕，中间再不必重写收付，其他不拘年限钱到归赎，地无税，巴无利，系是二家情愿交易，并不系准折私债逼近成交，倘有户内亲族叔伯兄弟等人不得争说者，有当争说之人，卖主一面承担。立契之后，二家各不许退悔，如有先悔之人，甘罚地价一半入官公用，恐后无凭，立此典契存照。

　　实立典陆地壹霸，随纳夏税伍合，议交海巴壹百肆拾索整。

万历二年（1574）八月二十六日
立与典契书人　杨世美
凭中说合人　杨奴引
知证人　杨奴寺
知见人　杨添福
代字人　杨显齿
拜羊酒一付①

段五氏典卖文约

　　田壹分大小五丘，坐落红岩街西甸，东至西醮会田，南至沟，西至沟，北至大路秧田，二井坐落田上首，东至沟，南至秧田，西至童始田，北至沟，四至开明。随纳定捌加段焕庭户，贰斗贰升。共合粮肆斗肆升，恐后无凭，立此文约。

---

① 方慧：《云南法制史》，中国社会科学出版社2005年版，第144页。

第二章　西南少数民族经济古籍文献整理与研究　/　215

光绪二十三年（1897）二月
买主　赵□岗
典卖人　段五氏
代字人　周字潘①

抵契存照

　　立抵当田契文约人董世英系第七保住，今立当契，为因家中日用，情愿请凭在中说好，将自己祖遗田壹坵出当与本登董老丹翁族名下为业耕种，中间议定田价国票壹万伍仟元，已整入手内应用，其田坐落寺鼻甸，东至福寿田，南至士才田，西至完才田，北至寿康田，四至书照，自当之后，有力三年取赎，无力不加添，此系双方意愿，并无逼勒等情，取后有凭，立此抵契文约为据。

民国三十三年（1944）阴（历）二月二十日
立抵契文约人　董世英（忠）
凭中　董文标押　代字　董廷玉②

茶应等押当存照

　　立押当山地文约人茶应、茶魁系红岩王新村住，为因缺用，情愿请凭说合将祖遗山地壹段，坐落枇杷箐，押当与定西领后山公项火头管事等，大兄罗光耀、罗兴朝、罗光文、罗学才、周万才、罗举合村名下为业。东至山脚，南至本村官山大墅，西至李姓地，北至飞来寺，地中有各姓坟地不在内，各有灰砖四至不得丈，四至开明，接受价银贰拾贰两捌整入手应用，并无货债准折，随纳六里江十甲，茶国珍户粮贰升伍合，至当之后，粮不得遗累地主，日后有力取赎，无力不至加添，此系二比情愿，并无相强逼迫，恐后人心不古，立此押当文约为据。外批茶占春叁块，王姓壹块不在数。

---

　　① 国家民委全国少数民族古籍整理研究室编：《中国少数民族古籍总目提要·白族卷》，中国大百科全书出版社 2004 年版，第 170 页。

　　② 杨文辉：《一组珍贵的白族民间文书》，《西南古籍研究（2008 年）》，云南大学出版社 2009 年版，第 146 页。

光绪七年（1881）三月二十一日①

3. 借贷契约

明清时期白族地区民间有很多借贷行为，同时也有比较严密的借贷方面的法律规定。从目前发掘整理出的契约来看，借契是有利息的，一般写明双方约定的借贷利息；写明到期不还债的处置，有的是用地抵债，也有的是变卖东西抵债，还有的是借债时已用号票作为抵押。这些借贷行为在白族地区是受到官府和法律保护的，如契文中明确"如有异言，甘认设遍（骗）之罪""如有欠少，将理执"等语言，说明如果出现到期不还债，则将受到法律制裁。例如：

罗杨定借贷契约

立与借约人罗杨定，系三板桥哨兵，今立借约为因家下急缺使用，情愿借到许名下海巴八百索，每月行利三分，不致欠少，如有欠少之日，将地名坐落大麦地陆地壹庄，并青转还钱巴，不得异言，如有异言，甘认设遍（骗）之罪，恐后无凭，立此借约存照。

实借海巴八百索，每月行利三分，如违将地名坐落大麦地陆地壹庄，共青转还钱巴整。

弘光元年（1645）柒月贰拾柒日
立借约人　罗杨定（押）
凭中人　杨犬定（押）
代字人　张萱（押）
借约存照②

亏国梁借约存照

亏国梁系大梅地村住，为因缺用，情愿说合借到蒙化自铜波要分昌名下十四千文整，入手应用，其利议作每年每月行息三十文，按月扣算，不

---

① 国家民委全国少数民族古籍整理研究室编：《中国少数民族古籍总目提要·白族卷》，中国大百科全书出版社2004年版，第168页。

② 同上书，第155页。

至欠少分厘,如有欠少,将理执。欲后有凭,立此借约存照。

道光二十八年(1848)十一月
立约人　亏国梁
凭中保人
代字人①

4. 赠与契约

赠与契约是指赠与人通过与受赠人之间达成的合意,将自己享有所有权或处分权的财产或财产权利无偿给予受赠人的契约。赠与契约以移转财产所有权或其他财产权为目的,具有单务性、无偿性和非要式性等法律特征。明清时期白族地区出现了通过赠与形式转移田地所有权的活动,这些赠与活动立有书面契约,一般写明赠与人姓名、住址,赠与原因,赠与产业位置、面积、四至情况,赠与契约受官府和法律保护,如契文中写明有"自送之后六、八子孙不得因太平盛世复任祖业,倘认祖业任从将约赴官甘罪无辞""如有异言反悔,将约赴官理执"等语言。白族签订赠与契约,一般要摆酒席邀请族内人、邻里作见证,以明确对赠与田地无争议。例如:

亏受龙等人送地基契文约

亏科析系凤仪梅地村住,为因众人面分,有祖遗地基一块,情愿同心合意送与妹亏氏,空地一块,隔日系妹弟李志为菜园,起盖房屋,众兄不得阻挡一言,送地一丈,人心永远住,倘有族内人等争议,兄一面承当,原无受价,李志费酒席银伍分,恐后无凭,立此文送约存照。

雍正元年(1723)十一月
立约人　亏受龙　亏中年

---

① 国家民委全国少数民族古籍整理研究室编:《中国少数民族古籍总目提要·白族卷》,中国大百科全书出版社2004年版,第166页。

在凭人①

亏受龙等立送地基文约

　　立送地基契约文书人亏受龙、亏中年、亏振、亏六人、亏圣详、亏圣海接受亏科杨梅地村住，为因几人面分有祖遗地基壹块，情愿同心合意送与妹亏氏空地壹块，日后妹弟杨志为业起盖，几兄不得阻挡一言，送地一丈人心永远住，倘有族内人等争议，兄一面承当，原无受价，李志为费酒席银伍钱，恐后无凭，立此送约存照。

雍正元年（1723）十一月
立约人　亏受龙　亏中年
在凭人②

亏五十一立永远送田地文约存照

　　立永远送田地文约人亏五十一同男亏六三系赵州梅地村住，为因与胞弟亏六、八分居，中间已有分单自分之后，五十一移居蒙化，白沙空地因离住居太远，不便照管祖业，情愿将所有田地连同分单一纸送下胞弟六、八，永为六、八子孙之业，自送之后六、八子孙不得因太平盛世复任祖业，倘认祖业任从将约赴官甘罪无辞，立此永远送契约存照。

雍正九年（1731）八月十四日
立约人　亏五十一
凭中人③

毕元立送田地文约存照

　　立送田地文约叔毕元同侄毕朋生、毕秀生，为因有祖遗田大小拾丘，坐落吊草冲甸尾，东至路，南至黄家塘埂，西至山岭大路，北至黄家随粮江，二甲一斗五升地壹块。在四至之内不必重开，因无力耕种，情愿凭中

---

① 国家民委全国少数民族古籍整理研究室编：《中国少数民族古籍总目提要·白族卷》，中国大百科全书出版社2004年版，第158页。
② 同上。
③ 同上书，第160页。

送与族侄毕朝用为业。自送约之后永为朝用为业，族内子孙不得异言反悔。田地任凭朝用各种，如有异言反悔，将约赴官理执，恐后无凭，立此送约存照。

乾隆九年（1744）十一月二十八日
立送文约人　毕元
凭中人
代字人①

归契永远存照

立归房文约人杨高亮，系本村住，今立归约，为因不便照管，情愿请凭族人，将自己祖遗西耳房二隔，归于堂弟高唐名下为业照管，其房坐落东至天井，南至大门，屋角留共仝出入之路，西北至原主，四至开明，自归之后永为高唐祖业，任容起盖修理，高亮子孙不得复认业主，此系二比情愿，中间并无逼勒等弊，恐后无凭，立此万年不朽文约存照。

光绪二十年（1894）十二月二十日立归房文约人杨高亮
弟杨高典
凭堂
侄杨朝凤
代字　生董申之②

孙善甫归约存照

立归地基文约人杨高典仝堂侄孙善甫系高兴村住，今立归约，为因祖盛、发遗下地基乙节，情愿请凭归与高堂为业，议受价银陆两整，入手应用，其地基坐落营头甸，东至买主，南至杨开语，西至路，北至董以信，四至开明，自归之后，任荣高堂子孙起盖修理，日后高典并善甫子孙不得复认业主，此系二比情愿，不与户族人等相干，恐人心不古，因此立其归

---

①　国家民委全国少数民族古籍整理研究室编：《中国少数民族古籍总目提要·白族卷》，中国大百科全书出版社2004年版，第161页。

②　杨文辉：《一组珍贵的白族民间文书》，《西南古籍研究（2008年）》，云南大学出版社2009年版，第142页。

约存照。

光绪二十年（1894）冬月二十八日

立归约人　杨高典　亲笔，仝堂侄孙善甫

凭文　生董锡昌

李宪周

再凭　堂兄杨高亮（忠）

杨朝凤（押）

知见　族人杨　耀（中）

杨朝旭①

归契吉照

立归房地文约人杨朝海仝男秉仁系本村住，今立规约，因祖父遗下房地壹块，不便照管，请凭族人，情愿归与族叔杨高堂名下为祖业，修理起盖，议受价银拾壹两伍钱整，入手应用，其房地坐落东北至买主，西至官路古石脚，南至东厕墙，任容照管，一墙包两柱，其东厕之东空地一小块，朝海照管，日后不得为东厕，四至开明，自归之后，永为高堂子孙祖业，任随起盖房屋，朝海子孙不得复认业主，此系二比情愿，中间并无相强等弊，取后有凭，立此归房文约为据。

光绪二十一年（1895）十月二十五日立归房地文约人杨朝海（仝男秉仁）

朝凤（押）

凭　族人杨高典

秉健（中）

秉忠

再凭　寿员李植亭（恭）

代字　生董申之②

---

① 杨文辉：《一组珍贵的白族民间文书》，《西南古籍研究（2008年）》，云南大学出版社2009年版，第142页。

② 同上书，第143页。

5. 加添文约

清朝时期，白族地区田地买卖频繁，地价不断变化，于是在土地买卖契约的基础上产生了大量的加添文约。白族加添契约一般写明原契的基本内容，包括出卖产业坐落、买土地人及其成交价银，加添原因如"急银正用""投税无银"或地价上涨等，卖主向买主追加银两数额等。契尾一般写明立契时间、立约人和凭中情况。如下文：

杨豪杜绝加添盖字地契

立堂复加添杜绝地契书人杨豪，系下江嘴住。今立因添为因故父，杨豹子□日将原买得杨世□等山场一处卖与罗文秀名下为业。至后伊男罗享奴将前地转卖与罗三忍名下，前后价□俱收明白□因父□子绝，凭中仍向罗三忍添□盖字重从海巴六十索，当日兑众地价收受明白，日后不得明生事端，族内弟兄毋得挟害复陷，如违甘当重罪，恐后无凭，立加添杜绝重复盖字永远存照。

实受加添盖字海巴陆拾索整。

天启二年（1622）九月初八日

立加添地契书人　杨豪

凭中人　罗子周

知见人　罗享奴

代字人　罗应时[①]

王式如等价加添文约存照

王式如同堂弟王怀如因先年将青水沟山地一岭，出卖与梅地村亏加弟兄为业，受过价银贰拾两，今又加添贰拾两，前后共肆拾两，日后有力任赎，无力不得加添。恐后无凭，为防亲友众人争议，特立此加添文约存照。

雍正元年（1723）十一月十七日

立约人　王式如　王怀如

---

① 国家民委全国少数民族古籍整理研究室编：《中国少数民族古籍总目提要·白族卷》，中国大百科全书出版社2004年版，第156页。

凭中人①

杨老三杜绝重复加添地契

立文约书人杨老三、杨老四，系丕场住。为因急用银，竭处凑备，情佢族到青场罗老三安、月瓦、瓦生、瓦秀，加银壹两伍钱，丙钱粮、四至，俱在原契。日后子孙弟、男子侄不得争说，如有争说，当官众处。恐后无凭，立此永远杜绝重复加添存照。

乾隆四年（1739）八月

山地契永远杜绝重复加添文书人　杨老三　杨老四

凭中说合　李玉彩、好官、好当

代字　李玉彩②

李喻韩等加添地价文约存照

李喻韩、李钦韩系下关站住，情因有祖遗自己面分山地壹块，坐落清水沟，接受价银柒两，凭中说合出卖与梅地村自马济为业耕种。今因父故，又向买主加银贰两整，前后贰帛共银玖两。自此之后，有力任凭取赎，无力不致加添。今欲有凭，立此加添文约存照。

乾隆十一年（1746）十月十七日

立约人　李喻韩　李钦韩

凭中人

代字③

6. 合同文书

在中国传统社会中土地是人们的主要财产形式，因此产生的土地财产的纠纷就十分普遍。白族地区的土地关系也错综复杂，在买卖、租佃、典当等交易过程中，难免出现归属不清、地界不明、所有权与使用权模糊等情况，因此为了明确双方权益，需要对有关纠纷进行解决而订立合同。合

---

① 国家民委全国少数民族古籍整理研究室编：《中国少数民族古籍总目提要·白族卷》，中国大百科全书出版社2004年版，第158—159页。

② 同上书，第161页。

③ 同上书，第161—162页。

同文书在白族地区比较常用，主要为了明确双方的权利和义务以求共同遵守而订立的文书，其类型包括分割田地合同、分单遗言合同、山场分界合同等。这类合同受官府和法律保护，文约中一般写明双方对争端的解决和达成的约定，"自此之后，各照合同给爷，二比不得借事生端""二比界限开明，日后不得相侵相占"等。否则，"如有违议逞强，侵占霸夺者，将约赴官""如有侵占者，甘罚伍两一科"等。如：

美约合同

  立美约合同人杨郁文、彰文、宗文、秀文、董世贵、世革、世英等，系周承住民，今立美约合同，为因董杨二姓，山地接壤相连，先时界限不清，二比屡起争端，控经厅主黄蒙差构提。据董门碑募，北至杨门虎首为青龙。若以杨门虎首为青龙，不惟杨门地界树木灭迹，并虎首亦杳然无踪矣。按地形势，俟董门还有一条暗青龙，亲友同差人与同董杨二姓人等，妥议公处，着董门地界树木，北至暗青龙，连脊代根直上佛路一并收管。自此之后，各照合同给爷，二比不得借事生端，如有违议逞强，侵占霸夺者，将约赴官。欲后有凭，立此美约合同永远存照。至上佛路董门地界斜北贰丈五尺再照。

乾隆三十八年（1773）七月初二日

  立约人　杨郁文　杨彰文　杨宗文　杨秀文　杨荟　杨右文　杨体文　董世英　董世贵　董世　董世公　董应龙等

乡约　杨清
代字　段圣功①

张秉达合族等合约

  立合同执约人张秉达合族等，董板龙、占鳌等，系太和县周城住。今立合同为因于乾隆五十二、三年，奉上示广种松树，因二姓种松于莲寿山，地势相连，恐后二比侵占，情愿凭中将各所种松地各认界限。张家所种地界东至段养纯，西南至山顶路，西北至董家所种，南北至涧。董家所

---

① 国家民委全国少数民族古籍整理研究室编：《中国少数民族古籍总目提要·白族卷》，中国大百科全书出版社 2004 年版，第 163 页。

种地界东南至张家地，北至涧，西至山顶路，二比界限开明，日后不得相侵相占，如有侵占者，甘罚伍两一科。欲后有凭，立此合同执约存照。

嘉庆四年（1799）四月初九

立合同人　董板龙　伯龙　仲龙　似龙　犹龙　住龙　占鳌　占魁　汉第　汉映　惟精

五家俱有约存照
凭中　董盘龙　段养纯
代字　段作绅①

赵哲士立山形文约存照

立此形文约人赵哲士等，系南邑赵家登住民，为因崇祯年间赵姓鼻祖赵大权原买得李家处实绝过小腰江山田壹岭，与杨元震祖遗地界相连，至乾隆十一年杨元震与李姓争山相控，故于里族赵鹤翔处将原契一纸哄套去，以证伊地四至。后鹤翔屡次取讨，伊凭以假不归返。以赵姓无券可凭，于乾隆二十四年出来侵占。赵族不甘遗累钱粮，合族于四月内控明在案。已蒙本学宗师差构，当堂确询，实查得杨元震卖契与杨世英田地一纸，内有南至赵家登小阱等语，因将所控田地公断与赵族自守祖遗。四至开列于后：东至山顶，南至龙潭，西至河北杨元震地界小阱。四至开明，田后随粮四升，赵家自行上纳。诚恐生员杨元震久后复行侵占，故此呈报山形四至文约，伏乞鸿恩赏准批示，以杜后患，恐后无凭，立此山形文约存照。

乾隆二十四年（1759）四月

立山形生员赵哲士　赵之邻　赵之勋　民赵启旺　赵魁　赵鹤翔　赵神奇　赵品　赵神宗　赵元学　赵启预　赵鹤翔　赵世奇　赵振芳　赵神开　赵起祥　赵启鹤　赵元才②

李成生执约永远为据

李成生息本村住，为因雍正十二年先祖与李庆瑞、李金魁等之先祖李

---

① 国家民委全国少数民族古籍整理研究室编：《中国少数民族古籍总目提要·白族卷》，中国大百科全书出版社2004年版，第163—164页。

② 同上书，第162—163页。

丰同报埂山地粮单一张。坐落西山,壹亩壹分贰厘伍毫,粮单中有李成生之先祖地基,历来各管各业,无异言。今几次易主,乙纸地基系是乙片,此粮的内地基系是李成生、亏宗荣、李成沛三家耕种,有执约,送约四至凭证,勿得以此夺彼,而粮单内之数合各纳各数,各拆各户,不得拖累。恐言难凭,立契宗荣、成沛执约二张,此张立契亏宗荣收执,愿后有凭,存照为据。

咸丰三年(1853)四月三十一日
立约人 李成生
凭证
代字①

7. 租佃契约

租佃契约在古代白族社会中发挥着重要作用,产生着重要影响。在田地租佃关系中,出租人转让田地经营权,收取地租;承租人得到田地经营权,按期缴纳地租,其中包括实物地租、货币地租和劳役地租等形式。白族租佃契约的内容,一般写明租佃原因、租佃土地种类、坐落、面积、租价、地租形式、纳租期限、违约处罚和担保等具体事项,最后写明立契时间、立契人、佃主、知见人等。例如:

赵州西门外租壹报下山产

今将雍正陆年丈现有洽照公报粮草四至开列后,业户毕来生,赵州西门外大梅地居住,有祖遗报下山产壹片,坐落(于波)罗可坎,东至本家地,南至亏树龙田,西至河,北至大路,四至开明,纳江头里二甲,该税壹升伍合肆勺,抄小猓民等,住山吃山,蓄养成器,松枝难保,请凭说合,立约合同,拙手蓄养民吊草村亏姓酌议,蓄主一半,地主一半,日后有事不得异累蓄主。

雍正六年(1728)
立约人 毕来生

---

① 国家民委全国少数民族古籍整理研究室编:《中国少数民族古籍总目提要·白族卷》,中国大百科全书出版社2004年版,第167页。

华三圣立招约存照

立招约华三圣、华相如、华衮系马良荡住民,今有山地两块坐落大领岗,乙块大小箐,乙块东南北至箐西顾家地,四至开明拓到边。五十三年耕种递年纳荞租。大领岗贰斗,大小箐肆斗,种冬荞贰斗,冬荞不种贰斗不有,恐后无凭,立此招约存照。

康熙五十一年(1712)八月十八日
招约人　华三圣
凭中人(画押)①

8. 回赎契约

白族地区民间往往通过租或典的方式从他人手中获得土地,因此产生了许多典卖和租佃的契约,同时出典之后回赎土地时也有回赎契约。如下文:

亏文高立退还山地文约

立退还山地文约人亏文高系梅地村住民,为因(买杨国祥山地)一块,坐落本村对门西山,东至杨国祥,南至杨国祥,西至山路,北至□□,凭中退还原主杨国祥,自退还之后,亏文高再不得异说,如有将赴及,恐后无凭,立此退还山地文约永远存照。

雍正七年(1729)契约二十日
立文约人　亏文高②

亏月得退地文约存照

立退约书亏月得系梅地村住民,为因有地一块,坐落村门首,原纳江头里三甲,变税壹升卖与李盛。今三申又加税壹升,亏月得照旧还价玖钱六分,地仍旧归还李盛,加税壹升地税亦归李盛,二比说明立写退约。因三甲里长施四明告赴赵州凭原差杨文远,立此退地文约存照。实退地一

---

① 国家民委全国少数民族古籍整理研究室编:《中国少数民族古籍总目提要·白族卷》,中国大百科全书出版社2004年版,第157页。

② 同上书,第160页。

第二章 西南少数民族经济古籍文献整理与研究 / 227

块，随新加税共贰升，收原价玖钱六分。

康熙二十二年（1683）八月七日
立约人　亏月得
凭中人（缺）①

9. 抵换文约

亏福宁等抵换文约

亏福宁、亏根发系本村住，今立抵换，为因妻身故，无处扦葬，请族乡老中人说合立约抵与本村毕照名下坟地壹穴，任由扦葬，埋二冢，天罡五尺，明堂五尺，左五尺，右五尺。自立约之后扫坟拜墓认坟不认地，坐落房背后中间，其中并无相强各纳各粮，日后毕照长子奉祀祖亲香根之资，亏祯寿终之事一力承办，户族人等不致一言相争，若有争竟。欲后有凭，立此抵换文约为据。

光绪二十五年（1899）正月初五日
立约人　亏福宁
凭中
知见
代字生②

杨国治等永远抵换合同文约

杨国治、杨国材，系太和县上乡周城村住民，今立约为因先年买获蓟麻涧第三盘磨乙座抵换与堂兄弟董友人名下起盖水碓，转将友仁买获之磨抵来仍作水磨，位次中间，并无添头，文以磨换磨粮各照新履完纳，自立抵约之后，各管各业，永不得异言反悔。此保二比意愿，并无逼勒相强等情，立此永远抵换文约存照。验契，卖主姓名：杨国治等。不动产种类：磨壹盘。坐落：蓟麻涧。面积：无。卖契：一纸。四至：东至杨五喜，南

---

① 国家民委全国少数民族古籍整理研究室编：《中国少数民族古籍总目提要·白族卷》，中国大百科全书出版社2004年版，第157页。
② 同上书，第171页。

至董汝明，西至山涧，北至山涧，卖价：银拾捌两。纸抵费：无。注册费：银壹两。原契几张：无。业主：董友仁。中人：张子玉、张照宇、张瑞征。民国三年（1914）9月21日给。

光绪十六年（1890）二月二十二日

廪生　张子玉

凭　贡生张照宇

生员张瑞征

代字　生员杨廷盘①

10. 分家文书

在中国传统社会，百姓"分家"要以契约形式认定。分家以后，如发生土田争竞或土地买卖，到官府诉讼及过割时，相关的契约文书需要出示给官府进行验查，因此分家文书是具有法律意义的凭证。分家文书的名称很多，如"分家文书""分单""遗言存照""分关约书"等。白族留存下来的分家文书，记载了家庭构成状况及分家原因，如子女"婚配成人，因为母亲年老，难以掌管家务"或"树大分枝"等。文约中还要说明分家办法，请族中长辈、分家人同辈共同主持，将家产拨出存众、赡养父母、酌量多给长子长孙的部分，再不偏不倚分成若干份。同时强调"自分之后，各管各业，不许倚强凌弱，混赖不遵，立此分单为记，若有争竞等情，当官告理，恐后无凭，立此分单，永远存照"等语，最后是族长见证和代字画押。例如：

董家分家文书

立分单文约董母王氏系大积朋约大舍村居住，膝下所生二子，各皆婚配成人，因为母亲年老，难以掌管家务，今同族长人等将房产、田地、器用等件言明，对众均分，其余母亲养膳贰圩在外，自分之后，各管各业，不许倚强凌弱，混赖不遵，立此分单为记，若有争竞等情，当官告理，恐后无凭，立此分单，永远存照。

---

① 国家民委全国少数民族古籍整理研究室编：《中国少数民族古籍总目提要·白族卷》，中国大百科全书出版社2004年版，第169页。

一　母亲养膳贰坵，内寺鼻甸壹坵，文宣甸壹坵。

一　长子董乾面分：祖房外所，主房靠北朝南壹方，中堂楼上长子照管，楼下兄弟共仝顾祖应客，祖房内所耳房靠北朝南梁头圈房壹间，祖田小渡甸壹坵壹分坵，东至胞弟，南至坡，西至喜阳，北至坡下，壹坵，东至天性，南至坡，西至重治，北至坡。

一　次子董坤面分：祖房外所，耳房一方中堂楼上次子照管，楼下共仝出入，大门，祖房内所面房靠西朝东梁尾壹间，祖田小渡甸壹坵，壹分两半，下一半次子面分，后朋甸四方田壹坵，文宣甸贰坵，酸箐甸秧田壹坵，东至振家，南至坡，西至甲庚，北至坡。

董彪

董萃

董凤（情愿）

凭　族长　董定邦　董治邦（忠）

董起凤

民国四年（1915）腊月初六日立分单文约董母王氏

民国八年（1919）二月初八日母亲王氏身故，殡葬缺用，将养膳田内寺鼻甸乙坵，族长共同妥议，着价洋银伍拾元，着钱玖拾千文，除费用外，下存钱叁拾千文，文宣甸乙坵着价钱叁拾千文，二项下存钱陆拾千文，长子董乾面分：内寺鼻甸田价下存叁拾千文，次子董坤面分：文宣甸田乙坵着价钱叁拾千文，二子均分，日后不得异言，如若异言，恐后无凭，立此内分为据。

凭　族长　董萃凤（中）
蛟
代字　堂叔董萃柄[①]

毕玉保遗嘱分单文约

毕玉保系今因所生五子，长子有室有家，次子、三子亦无嫁娶，四字、五子并无生配，自合树大分枝，所有房产、田地、树林居分，自分

[①] 杨文辉：《一组珍贵的白族民间文书》，《西南古籍研究（2008年）》，云南大学出版社2009年版，第146—147页。

之后，各照分单管业。所分得开□子后，一分得耳房下壹隔，又分得大重蜜中田壹丘，又分坐落好口莫田壹丘。又分得坐落大麦地约沟下田二丘，又塘底空地一小块，一分得坐落房下塘底一丘，一分得坐落好口莫树林一分，又分得坐落各头害地上首壹块，又一分得坐落房地一块，又分得坐落房地壹块。又分得坐落亨惜往塘底壹分，又分得托罗子登地壹半。

同治十二年（1873）十一月初
凭中
代字生①

鲁氏马氏分单遗言存照

立分单遗言书人鲁氏、马氏。分立分单，为因有子与婿二人，夫在日所有产业未经分开，今凭亲长将所有田地房产除自己养膳外，均分与子与婿二人为两份。自立分单之后，各照单管业，永不得相争，恐后无凭，立此分单遗言存照。一份鲁氏养膳：下甸五光门内秋田壹丘，粮叁升；坡头长田门内秋田上壹丘，税陆升；西山脚秧田大壹丘，壹升叁合。一份马氏养膳：下甸西田门内秋田上壹丘贰升，坡头石□门内夏地壹丘，税六升；坡头沟上叁丘，贰升四合；元田壹丘分与阿弟，税壹升；长田下壹丘分与阿仁，税贰升叁合。一份董杰分得：下甸丁田门内秋田下壹丘，肆升；砂坪大小贰丘，税叁升；杨天在田叁丘，税壹斗；其下甸大宽硬秋田大小贰丘，作董杰读书完亲之弟。房：董伦住坐北楼西上下二隔，董杰住坐西楼北上下二隔，南厢房伦东壹隔，杰西贰隔，西楼中上下二隔与园地俱共同。再照。

乾隆二十一年（1756）四月初二日
凭中　叔祖贡生、董明高　杨魁国
代字　叔董建远　董杰②

---

① 国家民委全国少数民族古籍整理研究室编：《中国少数民族古籍总目提要·白族卷》，中国大百科全书出版社 2004 年版，第 168 页。

② 同上书，第 155—156 页。

11. 收付文书

收付文书类似于今天的收条,是收到钱物者写给送交人的凭据。白族的收付文书通常包括标题、正文和落款三项。标题写明"收付书"或"收付存照"字样。正文一般要写明收到钱物的数量、物品的种类、规格等情况。落款部分写明收钱物的人员、凭中及代字人的姓名,署上收到的具体日期,一般还要画押。如:

罗享奴地价收付书

立与收付书人罗享奴,系浪穹县下江咀巡检司三板桥哨兵民,今立收付为因原日故父,罗文秀备价买到□岩场杨伦、杨豹子等陆地壹段,今无力出卖与族兄罗三忍名下耕种,今地价海巴前后共收三次,约共巴贰仟伍佰索足,其巴一一收受明白,中间并无欠少压索,尚有日后享奴弟等不得异言,如有此人等甘认挟告之罪,今恐无凭,立此收付存照。

实收地价海巴贰仟伍佰索足,前后共收割羊酒叁席整。

明天启元年(1621)十一月二十九日
收付绝词书人　罗享奴
同弟人　罗双添
凭中人　罗保子
借笔　杨汝泉[①]

收付存照

当日田价艮(银)贰两五分对众交清,不必重立收付再照。

立收付文约人生杨霖寿民、董荣老民、王玺、董发祥、杨上培、李正培仝系高兴村住,今立收付,为因踩田缺用,将杨光生祖父手内卖与本族杨义荣(右侧三小字:田一坵),至族侄杨耀手内将此田伙出,公众合村士老因此公同妥议,转送与杨光生名下为业耕种,实受价银贰两伍分整,其田坐落上园内甸,东至沟路,南至赵学富,西至董久安,北至原主,四至开明,随粮本户纳,自立收付之后,永为杨光生祖业,不与户族人等相

[①] 国家民委全国少数民族古籍整理研究室编:《中国少数民族古籍总目提要·白族卷》,中国大百科全书出版社 2004 年版,第 158 页。

干，恐后无凭，立此收付文约为据。

光绪六年（1880）八月十五日立收付

生杨霖（沛然）、王玺、李正培（中）

文约人　老民

寿民董　荣（耀老）、董发祥、杨上培（忠）

赵廷阳

凭乡老　杨汝弼（上）

杨尔时（押）

李成秀（忠）

再凭乡约　李上义

代字　杨永培（天禄）[1]

---

[1] 杨文辉：《一组珍贵的白族民间文书》，《西南古籍研究（2008年）》，云南大学出版社2009年版，第140—141页。

第三章

西南少数民族经济古籍文献的特点与价值

第一节 少数民族经济古籍文献特点

一 收藏状况

少数民族经济古籍文献留存了各族人民历代经济发展记录，它们不仅仅具有保存历史的价值，对今天社会建设特别是少数民族地区的经济建设，仍有着现实的启迪和借鉴作用。少数民族经济古籍文献涵盖全，分布广，体式多，不间断，内容详尽记录了古代各族先民生活中经济活动的方方面面，是我国弥足珍贵的文化遗产。经济古籍文献虽然在古典文献体系中未形成专科，但它的内涵却极其丰富，表现为以下四个方面：一是涵盖全。土地、赋税、贸易、货币、财政等各类政策、制度，农业、手工业、商业、运输等各类产业，衣、食、住、行等各类活动，凡是古代社会经济生活的所有领域，无不留下了详略不等的记载，涵盖古代经济的方方面面。二是分布广。数量巨大的经济古籍文献，分布在古籍文献的各个部类，经、史、子、集的各个类别中，几乎都有涉及经济的文献。三是体式多。古代经济文献既有正史食货志、政书食货部、类书食货部等较为规整的体式，也有奏议、专著、单篇文章、笔记小说、统计资料等灵活多样的体裁，更有档案、文书、账册、契据等弥足珍贵的原始文献。丰富多样的文献体式，全方位展示出社会经济生活的各个层面。四是不间断。下面以契约文书的分布来说明其基本收藏情况。

少数民族经济古籍以机构公藏、民间私藏、就地保护、自然散存四种状态存在于世。机构公藏指被图书馆、档案馆、博物馆等公藏机构收藏；民间私藏即个人收藏；就地保护保存，指分布或收藏在历史文化名城

(街区、村镇)、古建筑、古遗址及风景名胜区的有关古籍，根据国家或地方的有关政策法规对其实行就地整体保护；自然散存主要指散存于乡野民间的没有采取任何保护措施任其自生自灭的古籍。四种存世状态的古籍中，机构公藏的数量最多，以书籍、文书类为主；自然散存的次之，以铭刻类、口碑资料居多；就地保护与民间私藏的较少，但往往很珍贵。

目前发现的契约文书档案中，汉、魏晋、南北朝一直到唐、宋、元、明时期的数量都极少，件件都是珍品。存世的大都是清道光以后至民国时期的契约文书。现存清代契约文书收藏在我国主要分为官方收藏和民间收藏，官藏契约文书主要收藏于中国第一历史档案馆、中央档案馆、全国各省市历史档案馆中和博物馆、图书馆、高等学校、科研单位，全国总数大约有40万件，作为收藏档案的法定单位之一，各级档案部门仅收藏有一小部分契约文书档案。我国的契约文书也有部分极珍贵的契约原件流失在海外，被国外的博物馆、图书馆、大学等组织及个人所收藏。

具体说来，在清代四川自贡井盐契约文书收藏整理方面，20世纪80年代，自贡市盐业历史博物馆、自贡市档案馆等单位陆续选编公布了自1732年（清雍正十年）至1952年自贡地区盐业契约、文书900余件，并汇编了《井盐史通讯》与《自贡盐业契约档案选辑》（中国社会科学出版社1985年版）。在此基础上，四川师范大学彭久松于1986年在《盐业史研究》上陆续连载发表十篇《自贡盐业契约考释》：其中"连载一"全面考释了整个自贡盐业契约现存状况；"连载二"释读同治九年（1870）金海井文约一件；"连载四"释读同治三年（1864）洪海井文约一件；"连载七"释读清代同治八年（1869）涌福井文约一件；"连载八"释读清代同治十一年（1872）龙海井文约一件；"连载九"释读清道光十六年（1836）双福井文约一件；"连载十"释读清光绪三十年（1904）龙海、洪川井文约两件。

此外，20世纪90年代初，四川峨眉山市档案馆发现一批宋代、明代和清代的珍贵庙宇和田地契约档案资料，共计10卷（册），273份（张），数量较多的是田地、房产契约档案。

贵州少数民族经济文书的收藏整理，以清水江文书为代表。清水江文书又称"锦屏文书"，是贵州黔东南苗族侗族自治州以清水江流域为中心，自明代以来形成并保留下来的民间文献资料。其主体是清代民国时期的土地、山林买卖契约、租佃契约、借贷契约、财产析分合同等。由于这些文书首先在锦屏县被发现，并且在清水江中下游流域锦屏、黎平、剑河、天柱、三穗5个文书重点保护县中，最先引起中外学者重视并开展研究的是锦屏县的文书。因而，自2006年贵州省成立省、州、县三级锦屏文书抢救保护领导小组以来，清水江流域文书在政府文件中统称"锦屏文书"。2010年3月，国家档案局第三批中国档案文献遗产名录所采用的名称仍然是"锦屏文书"。近代来，清水江中上游的台江、黄平、凯里、麻江以及舞阳河流域的岑巩都有文书发现。截至2011年年底，锦屏、黎平、剑河、天柱、三穗、台江、岑巩七县档案馆征集进馆的契约文书已达10万件。据专家保守估计，清水江文书民间蕴藏量在30万件以上。目前发现最早的清水江文书是天柱县发现的明成化二年（1466）的田地清退契约，至今已有546年。清水江文书的突出特色是还保留原生态的保存状态以及完整的归户性特点。在数百年历史长河中，这些文书不断产生，又完整地由家族保存和传承下来。它为研究中国封建社会晚期西南少数民族地区的经济与社会发展史提供了宝贵的民间文献资料。[①]

彝族的经济档案史料也非常丰富，收藏于中央和西南地区的一些档案馆、图书馆、博物馆和民族研究所等文化机构。四川省档案馆珍藏有大量的凉山地区清代彝族档案原件，该馆与四川省民族研究所合作对馆藏部分汉文彝族档案史料进行了分类整理和编研工作，编撰了《清代冕宁县彝族档案资料选编》《清代巴县档案有关马边彝民资料》等档案材料，刊载于四川省社科院出版社1987年4月出版的《四川彝族历史调查资料·档案资料选编》。

民间收藏整理方面，由于契约文书特殊的生活实用意义，加之契约本身具有的地方性和民间性，所以在我国民间，也有很多个人收藏和尚未被发现的契约文书。近20年来，新发现的民间契约文书不下10万件。民间收藏主要以个人收藏爱好为主，例如近期各地发现了为数不少的清代契约文书：2010年1月在贵州开阳县苗族村寨发现一份清代户贴和完税凭证；2011年4月10日，在重庆发现清同治元年一份田土买卖契约。2011年5月6日，四川宜宾市发现清代嘉庆房屋契约，历经200年仍完好无损。

---

① 龙泽江：《清水江文书整理的分类标准探析》，《兰台世界》2012年第5期，第5页。

2011年6月重庆市秀山土家族苗族自治县获悉，一份清同治元年（1862）的田土买卖契约文书在当地发现，这份契约历经150年岁月仍完好无损。

国外收藏整理情况。国外近30年对我国清代契约文书的收藏与研究成果也颇为显著。日本也在"二战"后经由东京大学经济学部教授内田力藏、古岛和雄保管而于1980年移交给东洋文化研究所一部分文书，至此，东洋文化研究所中收藏中国清代契约文书就有12个编号，一共3165件，以卖田契、卖房契和纳税执照居多。厦门大学的杨国桢在东京期间对东洋文化研究所的契约文书做了调查，将其结果写成文章，1986年载于滨下武志等编《东洋文化研究所所藏中国土地文书目录·解说（下）》，啸鸣《本刊主编杨国桢赴日本研究和交流》（《中国社会经济史研究》1985年第3期）对之有详细介绍。日本学者从20世纪初就对中国清代契约史研究十分重视，近30年发表的著作有：1983年、1986年相继由滨下武志等编《东洋文化研究所所藏中国土地文书目录·解说》（上、下）两册资料集；1987年由科大卫等编《许舒博士所辑广东宗族契约辑录（上、下）》（东京大学东洋文化研究所附属东洋学文献中心）。美国哈佛燕京图书馆也收藏许多中国清代契约文书，数量仅次于日本收藏。1997年，山本英史《关于哈佛燕京图书馆所藏的清代契约文书》（《东洋学报》第79卷第1号，1997年）详细介绍了美国收藏中国清代契约文书的现状。岸本美绪《东京大学东洋文化研究所契约文书研究会的30年》（《史学月刊》2005年第12期）对日本东洋文化研究所1975年开始的"契约文书研究会"作了详细讲解，包括研究会的研究方法，研究成果等，作者也曾亲身编著过东洋文化所收集的清代契约文书，并参与了滋贺秀三编撰的《中国法制史——基本资料的研究》（东京大学出版会1993年版）中"明清契约文书"一章。这些契约文书在国外的整理与公布，使学术界对清代契约文书的研究更为丰富。①

---

① 刘洋：《近三十年清代契约文书的刊布与研究综述》，《中国史研究动态》2012年第4期。

二 形式特点

1. 制作材质

西南地区是少数民族聚居区，各个具有不同经济文化类型的民族曾经在各自的文化生活中经历了不同的生态环境，创造了形态各异的文化传承方式。各少数民族古籍文献载体的产生和发展，与汉文古籍文献的产生和发展有着密切的联系，凡是汉文文献有的载体种类，少数民族古籍文献中都可以找到，类型包括树皮、纸草、甲骨、兽皮、蜡板、泥板、金属、铅板、砖刻、石刻、竹木、绢帛等。

竹木质经济古籍文献。竹简和木简是古代少数民族文献之一，藏、彝等少数民族都有竹木简文献存世。如彝族使用木质牍和竹简记载租赋和贸易等经济活动的情况就很普遍。据彝文文献《水西大渡河建桥记》碑文载："慕块卧乍山，其下有宽广的庭院，木刻竹简，多如柴堆，载纳家的租赋，记租赋的来路。"其他史料方志也有关于彝文木牍的记述："木刻……有所贸易，亦用木刻书定于上，要誓于神，故不叛……"

石质经济古籍文献。少数民族经济史料另一个重要的载体是石质。为了流传久远，不致朽烂、缺脱，少数民族先民就把重要的经济活动内容刻写在碑碣上，镌刻于石面上，书写与摩崖间，以传后世，它们是少数民族文献中重要的一个部分。目前发掘整理的白族、藏族、壮族、彝族等少数民族碑刻、摩崖等经济文献非常丰富，值得我们深入研究。

纸质经济古籍文献。纸的发明具有划时代的意义。自从造纸术传入少数民族地区后，极大地促进了少数民族地区文化的发展。纸出现在彝族社会后，彝文古籍的制作有人工抄写、雕版印刷、铅印和石印等多种方法，其中的经济契约文书，以人工抄写的本子最常见。造纸术从内地传入藏区后，就开始使用纸张作为书写材料。一般是用黑墨或红墨抄写，也有用金粉抄写的。13世纪从中原传入木刻印刷术后，各地藏区建立了印书场所，开始了大规模的雕版印刷，版本主要是木刻本。藏族传世经济古籍中，不乏用以上质料作为载体者。苗族的纸质经济古籍，以清水江文书为代表，通常使用的纸质材料有毛边纸、棉纸、土纸，规格大小不一。此外，许多少数民族也根据自己的自然生态环境，创造出独特的造纸法，如傣族的薄棉纸、构皮纸等特色纸；白族的土纸；纳西族的土纸等。目前留存下来的少数民族经济古籍文献主要是纸质的，但纸张的类型很多样，对研究少数民族民间造纸术很有利用价值。

金属制经济古籍文献。古人为了使记录传至久远，避免朽烂缺脱，于是铸文字在坚硬物质上，所以器皿、钱币、印章、钟鼎被作为文献载体。加之少数民族居住地大多矿产资源丰富，这也为少数民族在记载信息过程中选择金属材质提供了便利。如彝文文献《尼苏夺节·金属采炼》记载："朵白大山上，那里有金矿；阿纳大山上，那里有银矿；俄明高山上，那里有铅矿；亩独大山上，那里有铜矿；龙可大山上，那里有铁矿……"史料反映了彝族地区的矿产十分丰富，并为本民族先民所开采冶炼利用，以铸造印章、钟鼎、器皿、钱币等。除了彝族外，西南其他少数民族居住区域的矿产储备也很丰富，因此历史上留下了一批颇有价值的金属铭文存世，其中的古钱币（金币、银币、铜币等），不仅历史悠久，存世量大，种类丰富，而且颇具特色。

贝叶经济古籍文献。贝叶文献一般出现在中国西南如云南傣族地区和西藏藏族地区。贝叶是一种属于棕榈类的植物"贝树"的叶子，用贝叶制作的文献不怕水湿，经久耐用，兼有实用性和艺术性，以贝叶为材料刻写的文献大多是贝叶经，也有少部分刻写民间生产生活的内容，反映民族当地经济活动的情况，参考利用价值很高。

其他材质经济古籍文献。包括骨文、皮书、布书、瓦书和陶文等遗存，数量不多，价值珍贵，尚需进一步收集、整理和研究。

2. 结构形式

经济古籍文献的结构是指文献内容的构成部分。官修经济古籍中，当属食货志最为规范。我国有着注重修史的传统，历代史官推崇秉笔直书的职业精神。因此，历代正史中的《食货志》有着极高的史料价值，是研究我国经济财政历史发展轨迹的基本史料。食货志是中国纪传体史书中专述经济史的篇名。语出《尚书·洪范》"八政：一曰食、二曰货……"《史记·平准书》开食货志先河，《汉书》始称食货志。以后各史食货志篇章渐多，如《宋史》《明史》食货志有二十余种子目。历代食货志大都取材于原始的档案材料，经过一定的整理加工使之整齐系统，其中用简介性的语言勾勒出一定时期经济的大致轮廓和经济制度变化的轨迹，分别记述田制、户口、赋役、漕运、仓库、钱法、盐法、杂税、矿冶、市籴、会计（国家预算）等制度，并按各种制度的变化分类编写史料，为了解历代政府的经济政策和当时社会经济状况提供了重要线索。

而民间经济古籍，主要是历代遗存下来的契约文书。有关契约的构成部分问题，前辈学者已有论述。民国时期王恺豫认为，一个完整的契约可以分为以下十部分：

（1）起首语，必冠与契之首行。盖明示此为某种性质之文契。其下则书立据人之姓名，如二人应并列，二人以上则酌量分载。

（2）率同语，应置于首行立据人姓名之下。所以同子××、同母×氏者，示连带负责。兄立据而同弟××、叔立据而同侄××、夫兄立据而同弟妇××、夫弟立据而同嫂××者，则大率用于共有之产，故亦须连署也。凡连署者，于契末年月日后均须具名签押。

（3）因由语。即立契原因。

（4）叙物语，叙述所以立契之实物，率皆置于因由语下。必须详细载明，特别注意。即详细说明标的物来历、数量、四至及附属物等的语句。

（5）凭中语，大率皆置于叙物语下，所以示为中保说合，负连带责任者也。

（6）收价语，表示价银于立契时，已经全数收足，或仅受若干者。其位置则在契之中段。

（7）任凭语，表示与产断绝关系者为多。凡债的契约与物的契约，通常皆置于文契之后段。

（8）声明语。即说明契约中的交易金额、利息、租金及其时间等项目。

（9）负责语，一面示无纠纷，一面示有意外时，立据人切实负责。其位置则在末段。

（10）结束语，即所以结束全文者，置于每契之最末段。①

今人张传玺则将我国古代契约条款分为八项：买卖时间、标的（买卖土地的坐落和四至）、钱主姓名、契价和交割、业主担保事项、业主署名画押、中保人署名画押等。

---

① 王恺豫：《大众契约程式》，上海大众书局1936年版，第8—30页。

3. 用语特点

经济古籍文献是我国少数民族经济生活与精神习俗文化的物质载体，是少数民族文化遗产的重要组成部分。至今留存下来的经济史料、契约文书，为研究古代少数民族用语特点提供了最大的可能和有力的依据，特别在古代少数民族文献词语的研究中有着独特的价值。

（1）方言俗语

方言俗语是各少数民族祖先世代创造积累起来的宝贵文化遗产，契约文书是最具地方性特征的文献之一，因此在古代文献词语的考释，特别是方言词的考订中具有独特的价值。西南少数民族契约文书中含有不少方言俗语词，具有重要的词汇学、方言学、辞书学价值，较真实地反映了同时代的口语，对它们进行考察，有助于汉语词汇史研究。通过对西南少数民族经济契约文书中方言俗语词的考释，可补充《汉语方言大词典》漏收的词语、义项和语例，为研究各地区少数民族方言、探讨近代汉语词义的演变提供丰富的语料。

方言俗语如壮族经济文书中出现的"度活"（指的是度过，过）、"花利"（指田地等所得的收益）、"禾把"（是指连穗带秆的稻捆子）、"冷苗""岷田""氓田"等词语。彝族等少数民族经济文献中出现的"火头"（"火头"是少数民族地区实行土官制度时土职名称，彝族语又称为"遮古"，其职责为管理庄田，相当于内地村长）、"顶田地"（指的是转让或取得土地经营权）、"扯给"（彝族方言语，相当于拨给）、"揞勒"（是指勒索、刁难）、"过割"（旧时指田宅买卖、典当或赠与所办的过户或转移产权手续）、"打兑"（是指债权人转移债权）等。白族经济文献中出现的"跐田"相当于"踩田"，是白族地区白族口语的表达，意思是"种田"。傣族经济文献中出现的"一迲"（是傣族等少数民族地区口语表达，即一起、一块、集中起来的意思）、"坝田"（是指堤岸旁边的田地）、"隔埂"（是指田地里稍稍高起的分界线，像狭窄的小路）。藏族经济文献中出现的"营官"（是藏族土守备的俗称）、"神翁"（是藏族土千总的俗称）、"斗靶"（藏区土语，意为制造假契，进行陷害）、"确磕"（藏区汉语土语，意为敲诈）、"挖牧场"（藏区俗语"挖"意为窃夺）、"三柱"（藏族土语，意为三项）。

(2) 习惯用语

不同的少数民族在经济活动中常用一些习惯用语,包括任凭语、声明语、负责语等,以此表达交易者的经济生活状况、交易态度、决心等内容。

起首语。写明立某契约合同,立契约合同人姓名及住址等内容。少数民族族契约合同中常用"立（典当、合同、凭据、永远卖地、永远卖屋、永远卖树、永远卖筋竹、永远卖河、领山地、约借钱……）人××,系……居住（住民）"等用语。

因由语。写明订立契约合同的缘由。订立买卖、典当、借贷、租佃契约合同的原因有很多,一般包括家境贫寒、还债、办丧事、急用、买物件等,因无钱使用,无计可施或不得已,将家中土地等产业进行典卖。其用语常常表述为"为因……等事"或"今因……。"例如"今因债逼,无钱偿还""因为家境贫寒,无钱救活""今因急需无钱使用""今因母亡丧事,无钱殡葬""因时苦寒节,无钱足用""今因手中窘迫,无本贸易""家穷无钱买猪来畜养""家穷无钱买谷米播种""因年迈力弱,无可活计"。

凭中语。写明有中人、保人或凭中人、中保人从中说合、见证、担保,订立此契约合同。一般在契约文书中注明"凭中""族长""中保""里、甲长""宗族长""保长"等词语来说明中人的身份,常用语为"请凭中（保人、甲长、族长）……。"例如"请凭中证立约纸""请凭亲族人等,于中说合""请凭中见证""请引凭中问到",等等。

声明语。这部分说明契约中的交易金额、利息、租金及其时间等项目。少数民族的交易与财产分割等经济活动,一般都有中人参与契约签订的全过程。中人制度体现在声明语的书写用语上,除了双方交易者外,根据参与交易者数量的不等,通常用"当面言定""两面言定""三面言定""四面言定"等语进行引领,以此表明以上提到的协商内容。例如壮族契约合同中常用"取本钱×××,即日亲手当保领钱回家支用",以此说明交易金数额、交易金领取的时间和当时的状况（"亲手""当保"等）；傣族常用语为"实（借、接受、当、加找……）净银……"或"实受×××,转杜主人手取用",只说明领取交易金的数额。苗族常用

"言定价银×××，亲手领足应用""当日议断价钱×××，亲手领足""当日凭中议定价钱，一手交足亲手领回""亲手领足，分文不欠"等语。

负责语。写明交易无纠纷或发生纠纷时立据人需要负责的内容。如壮族契约中的"此系明买明卖，并非折债等情""明买明卖，并非盗卖私买""此系明买明卖，实钱实约"等语，以此说明交易的正当性、合法性。为了表明卖主的心愿，还有"其田变出黄金亦不敢言赎；若崩成河海亦不干卖主之事""其田日后崩成河海者，不干卖主之事""田日后变出玉者，田主不敢一田两卖""不论何方打鱼鳖，分派先问主无人""断无昧良之心，盗割之弊等情""此系明卖明买，并非折账等弊""两相久依，不敢异言"等语。

纳西族契约中也有"价足银数，永远割藤，我卖主情愿抱石投江，不至取赎"等语言。

苗族契约中的负责语也很有特色，如"一卖一永远，二卖子孙无分。二家意愿，各不反悔。如有一人先悔者，将约赴官理落""一卖一了，二卖子休""高坡滚石，永不回头""一断一了，日后纵有黄金不得归属"。

傣族契约中的负责语常用"此系二比情愿，中间并无逼迫，亦无私债准折""此系彼此同愿，于中并无相强等情""倘有内外人等异言争竞，有卖主一力承当"。

这些习惯用语，真实记录了少数民族地区依据契约文书进行社会管理，协调各种社会利益关系的状况，对研究古代民族关系和经济社会结构有重要的参考价值。

（3）加批语

加批语是指"正文已完，忽又忆及某事而必须记载，或为特别事项有另批之价值者"。[①] 加批语作为契约文书的末尾部分内容，属于选择要件，是一份完整契约的有机组成部分。"加批语"是契约中最为灵活和生动的部分，作为兜底条款，可以补契约之纰漏，使契约内容更加完备。加批语一般都有一定标识，有在起首位置写明"再批"或"又批"二字，末尾写"又照"二字的；有的在起首写明"外批"或"后批"二字的；也有的在起首写"外批"二字，末尾写"又照"二字的，等等，还有的

[①] 王恺豫：《大众契约程式》，上海大众书局1936年版，第34页。

不做任何标识，直接加批于契后。

立契时加批的内容主要有以下几种，以苗族《清水江文书——九南篇》为例：

一是标明字仪、过割、代笔、画字钱，有的价银已收也以加批的形式出现。如《杨胜海塘三保山断卖契》"立外批：此约内之核桃、杉木、杂木，于光绪十三年（1887）又四月十九日妣（批）与堂叔龙顺管业，当日（异）议定断价钱壹仟叁佰八十文整，清（亲）手收足应用。其山自卖之后，任凭买主修理管业，卖主不得异言。恐口无凭，立此妣（批）字是实发达存照"。《龙新连南岳庙茶山断卖契》"外批：其业如有不清，在与（于）卖主理落"。《杨胜谟雷公辐茶山断卖契》"外批：杉木三珠（株）士熊管业"。

二是说明契内标的物的相邻关系，如《茶山断卖残契》"外批：光绪十一年（1885）正月廿三日，此约内之山批与龙元章管业，卖主不得意（异）言。恐后无凭，立此外批字是实"。

三是说明契内标的物瑕疵，包括田地是否当年完纳粮税等。

四是有无上手老契及是否交与买主或老契作废署名。

五是正文内有无添字迹涂改，若有添字或涂改，可加批"内添×字，或涂×字"。如《杨正朝冲归神茶山断卖契》"外批：内添一'分'字"。《龙兴才洞头茶山断卖契》"内添：'用''洞'二字"。

六是契内涉标的的详细信息，如土地四至等。如《陆昌连灭江流坪杉木断卖契》"左平龙朝茶山边为界，右平水毫（壕）为界，上平田坎下为界，下平起黄地头为界，四至分明"。《王定银土冲岭核桃山换字》"外批：冲令口绝抵右边龙冬生核桃山为界"。

七是价银是否于当日收足及是否另立有领价契等。

（4）吉祥语

契约文书中的各种吉祥语中国人做事都讲究吉利，今人如此，古人更甚。具体到本文要说的契约，古人在立契时不但要选良辰吉日，而且经常在契约的结尾大书几个比较吉利的字，如租佃契约中的"丰年大熟"、买卖契约中的"永远大吉"、租房文契中的"兴隆大发"等等。下面以少数民族契约文书中出现的一些吉祥语为例，说明少数民族经济文书的吉祥语使用情况。

苗族《陆可照洞头荒冲草坡断卖契》"子孙永远发大（达）管业存照"

《陆可照归引草坡断卖契》"立此断约一纸，永远发达存照"

《陆美才高达茶山断契》"立此断卖文契永远发达存照为据"

壮族《王班典当田契约》"天里（理）仁心"

《黄陈卖地契约》"天里（理）人良心"

《农文忠卖树木契约》"永远天长"

《农严永远卖田契约》"天长地久"

彝族《秦绪纲当约》"五谷丰收"

《伙头窝曲当约》"田禾茂盛"

《么别堡等卖约》"子孙世守"

《谢长益等合约》"神天赏赐　矿发连塘"

《李洪贵等佃约》"碛发连塘"

《李曾氏借约》"不误信行"

苗族《吴王保石榴山冲荒地卖契》"天理仁心永远子孙收执用者"

《潘贵银登寨祖业田租禾断约》"断约信行在后，永远收照"。

（5）纪年方式

古人根据12种动物习性，附会五行学说，配以十二地支用来纪年。一般认为，十二生肖纪年起源于北部边疆少数民族地区，后传入中原并流行于西南边疆少数民族地区。敦煌石窟中发现的经卷中就有关兔年、马年的记载。留存至今的西南少数民族的经济古籍文献中也不乏十二生肖纪年的情况。

彝族一般采取十二月历，用十二兽肖纪年、纪月、纪日。但各地的十二生肖不尽相同，如川滇黔彝族十二兽为：鼠、牛、虎、兔、龙、蛇、马、羊、猴、鸡、狗、猪；哀牢山彝族十二兽为：虎、兔、穿山甲、蛇、马、羊、猴、鸡、狗、猪、鼠、牛；等等。彝族对十二兽肖纪年非常熟悉，各地彝族均会根据它来推算年岁，用以纪月纪日。

藏历是用五行搭配十二生肖纪年，即以鼠、牛、虎、兔、龙、蛇、马、羊、猴、鸡、猪、狗12种动物名称来取代年代，与夏历的干支配合法相同，以12年为一小循环，60年为一大循环。此种纪年方式周期较短，只有12年，故每隔12年属相年号要重复一次。

傣历是一种阴阳合历。年是太阳年，以太阳沿黄道十二宫运行一周为一年，岁首设在太阳进入白羊宫首之时；月是阴历月，即以月亮的一个圆缺周期为一月。一年分12个月，单月30天，双月29天，但八月份一般只有29天，隔数年有一次"八月满"，即八月份的天数为30天。在日序的累计上，将一个月分为两半，初一至十四叫"楞恨"（意为月上），分别称为楞恨一日、楞恨二……至楞恨十四日。十五日叫"楞丙"（意为月圆日）；十五日之后叫"楞笼"，分别叫做楞笼一日，楞笼二日……至楞笼十四日（当月二十九日）；最末一天叫"楞拉"（意为月黑日）。傣历和汉历一样地使用干支。傣语称干支为"咪嘎宰"，"咪嘎宰"由十天干、十二地支组成60个不同的称谓，用以纪年记时。傣族的十天干分别为旮、拉、睐、勐、背、尬、戈、陇、到、噶，合称"咪比"（意为年母）；十二地支，傣语称为"鲁比"（意为年子），分别由十二种动物名称组成，即宰（鼠）、抢（牛）、雨（虎）、冒（兔）、西（龙）、赛（蛇）、萨阿（马）、咪（羊）、先（猴）、劳（鸡）、些（狗）、改（象）。古时的地支中没有牛，而代之以麒麟，但现已改用牛。

西南少数民族的经济古籍文献中纪年方式很复杂，既有传统的皇帝年号/干支纪年/月/日的纪年方式，也存在地支纪年的方式，或使用以上本民族习惯的十二生肖纪年的方式，还有多种纪年方式混用的情况（传统纪年与干支纪年混用；传统纪年与十二生肖纪年混用等），需要我们在分析中具体辨明。这些情况的存在，说明少数民族在学习借鉴汉族纪年方式的同时，也保持了本民族特有的文化内容。

三　内容特点

1. 体现了西南地区少数民族社会经济的真实状况。

目前留存下来的经济古籍文献，内容涉及面广，包括农业生产、工业、商业、盐务、矿业、贸易、人口、物产和赋税，有官府颁布的经济文书，如禀文、札文、呈文、契文、告示、执照、清册、粮单等；也有民间普通民众所签立的经济约定，如有买卖契约、租佃契约、典当契约、借贷契约、加添契约、赠与契约、退还契约、收付契约、对换契约、赋役、计账等，绝大多数涉及土地财产等经济关系。这些经济古籍文献体现了西南少数民族历史上在土地制度、商业贸易、工农业生产等领域的面貌，价值珍贵。

例如通过西南少数民族经济古籍文献的研究，可以了解和掌握自元以来西南少数民族地区土地制度转移的真实状况。元代允许民田进行买卖交易，在西南经济比较发达的地区，如云南中庆路、大理路等地区已经出现了土地买卖。元碑《太华佛严寺常住田地碑记》记载了至元二十三年（1286）至至元二十九年（1292）间，太华佛严寺"于安宁安登庄、和尚庄、新生甸三庄，自备价银所买田地"的数目和卖方当事人的状况以及所收租粒数量；元碑《盘龙庵诸人舍施常住记》记载了33项买卖田地事宜。另外，元代在西南地区广设学校，学校均有学田。据《元史·世祖本纪》记载：至元二十九年，元朝在今建水、石屏、澄江、曲靖、武定、楚雄、保山、丽江、鹤庆、姚安等少数民族聚居区，都先后建立了儒学。寺院、学校是较大地产的所有权人，而这些拥有大量田产的寺院和学校不可能亲自耕种这些田地，一般是招人佃种，收取地租，于是就形成了土地租佃关系，产生了佃权。另外，元初在开始屯田以前，滇西和滇东北等地区已经出现了不少拥有"已业田"的个体家户，主要来自土著白族的民屯户除了耕种自己的"已业田"之外，也向云南行省官员们佃租土地耕种，说明在西南少数民族社会中开始出现族际间的土地租佃。明初在各地设许多卫所，据《明史·食货志·田志》载，中央王朝在西南地区的汉族聚居区和靠内地区的府、州、县进行有组织的大规模屯垦和移民，土地租佃关系当时就主要发生在汉族移民屯垦区以及汉族与各少数民族相互交错地带，并未深入少数民族聚居区。明代正统以后，西南地区屯政废弛，屯地的私有已成大势所趋，士卒大多变成佃农，屯官大多变成地主。同时由于屯军逃亡，造成"虽有屯田之名，而无屯田之实"的状况，屯地大量抛荒，不得不将其"招佃于人"。屯政的废弛带来土司地区亦开始出现招佃土地或招引游民开垦。这些潜入土司地区充当土司佃户的逃散屯军，虽然为数很少，客观上也促进了土司地区租佃关系的形成与发展。明中期以来，西南地区屯田的大量典卖和租佃已成普遍状况，至明末，甚至出现土司典卖庄园或者抵押土地的情况。云南靠内地区的少数民族地区"十八郡中各有土司，今仅能自存者，独姚安、北胜、蒙化、沅江数土府耳（应加上丽江）。余皆势微而地小，贫弱已甚，往往乞贷汉人；山庄彝民尽为准折（抵押）。名为土官，实一齐民耳"。明代《束力赐悉檀寺常住碑记》（碑在云南鸡足山悉檀寺内）中多处载有北胜州土官高世昌、舍目高云汉、高运、高保等出卖自己庄田的记载，且记载中已经有土地的绝卖与典卖之分。《黔南职方纪略》记载了明代贵州地区至嘉靖年间，各卫招佃者比比皆是，在土地的流转中，招佃人和承佃人之间反客为主的事情时有发生，甚至一些地方的土司，在改土归流以后，为维持原有生活方式与消费，竟逐步变卖家产田地，沦为佃户。清代，内地汉族地区人口的剧增导致人地关系的紧张，形成内地汉民向西南地区的大规模自发移民，加之"改土归流"的大规模实施，使汉族和少数民族之间的佃权和典权在明代的基础上更为发达。在原土司地区，残存的土司、土（目）地或者被变卖典当，或者招民租佃，西南少数民族社会内部也形成了租佃和典卖关系。《清代武定彝族那氏土司档案史料校编》中收录了多起佃户与地主间因佃种土地而产生的案件，清楚地反映出清代云南彝族内部出现的契约化租佃关系。《黔南职方纪略》卷六记载了清代贵州地区的土地租佃、典卖状况。其中像黔东南苗疆这样尚停留在原始公有制末期或农村公社阶段的地区，雍正"改土归流"后，"各省民接踵而来，占地置产，而屯田渐渐破坏"，改变了原始状态，出现了大量土地租佃、典卖状况，至乾隆年间，"当买田土亦用木刻居多"，住在高坡的"生苗"也开始了典卖土地。[①]

2. 体现了西南少数民族地区土司土官的经济社会关系。

西南是一个少数民族聚居的地区，经济古籍文献中涉及中原王朝对民族区域管理的特有制度——土司土官制度。这种古代中国边疆地区特有的制度范围涉及湖广、四川、云南、广西诸省，并一直延续到民国，部分地区的土司制度直到中华人民共和国成立才最终消亡。西南少数民族的土官土司所承受行省和朝廷定期或不定期的经济负担主要有三项：一是差发，相当于田赋课税，每年土官土司要向所在行省交纳一定数量的银子，作为国家地方财政的常年收入，但在腹地府州县土官地区是根据当地户口人丁和田亩多少直接征收的，而在边远土司地区只是规定一个数字来征收；二是朝贡，这是土官土司每隔一定时间和在承袭、庆贺、谢恩等时不定期向

[①] 朱艳英：《元明清时期西南少数民族地区土地所有权制度的变迁》，《玉溪师范学院学报》2008年第12期，第10—11页。

皇帝呈献贡品，主要有金、银、象、马、犀角、琥珀、玉石以及大理石、蟒蛇胆、麝香、孔雀等；三是征调，凡遇战事朝廷可征调土兵出征，土官土司要出人、出马并自筹粮饷。

西南各少数民族的经济古籍文献，涉及西南地区的壮族土司、彝族土司、傣族土司、纳西族土司、苗族土司在征收租赋、修筑道路、屯田垦殖、贡献方物等方面的经济活动，还有许多关于少数民族土官土司在政治、军事、行政方面的原始记录，是我们考察地方与中央王朝、少数民族与中原王朝、土司与地方官府、土司内部的经济社会关系等方面的珍贵资料。

3. 体现了西南少数民族地区社会经济的区域特色。

如在货币的使用上，现存的经济古籍文献记录了西南少数民族地区流通货币的独特性和多样性。《马可·波罗游记》记载了傣族早期使用贝币的情况："其货币用金，然亦用海贝，其境周围五月程之地无银矿，故金一量值银五量，商人携多银至此易金，而获大利。"《新唐书·南诏传》记载：南诏大理地区以"缯帛及贝市易。贝之大若指，十六枚为一觅"，贝币的基本计量单位为觅，一觅为十六枚。《云南志》记载："凡交易……以缯帛幂数计之，云某物色值若干幂。""帛曰幂，汉四尺五寸也。"《云南志》还记载了云南少数民族用盐和麝香作为货币使用的情况："蛮法煮盐，咸有法令。颗盐每颗重一两二两，有交易则以颗计之。"又载："麝香出永昌及南诏诸山，土人皆以交易货币。"《明史·食货志》载："洪武十七年，云南以金、银、贝、漆、丹砂、水银代秋租"，规定云南可以用贝币和土特产缴纳租税。民间留存的许多契约文书也记载了云南少数民族流通货币的特色，如明代白族的一份契约《罗享奴地价收付书》，内容记录说："……今无力出卖与族兄罗三忍名下耕种，今地价海巴前后共收三次，约共巴贰仟伍佰索足，其巴一一收受明白，中间并无欠少压索，……实收地价海巴贰仟伍佰索足，前后共收割羊酒叁席整。"《广西少数民族地区碑文、契约资料集》中收录的契约资料也充分反映了清代广西少数民族的货币使用情况，其类型包括纹银、普丝银、光洋、东毫、西毫、青边钱（十净京钱）、正圩钱、换圩钱、原手钱、次钱、薄皮钱、砂板钱、鹅银钱、铜仙等，而且这些货币币值和货币比价差价不尽相同，研究价值很大。云南少数民族经济文献中也载录了云南历史上使用货币的情况，其类型包括大洋、英洋银（即小洋）、栅河银、纹银、大龙元、新币、铜钱，等等。这些经济史料充分说明历史上西南少数民族货币使用很有地方特色，对考察当时当地的经济特征有着重要的参考价值。

此外，在数字计量方面，西南少数民族经济古籍文献中保留了许多富于特色的习俗。如基诺族的记账木刻采用十进位法，最小单位刻在木刻的左端，十倍和百倍于最小单位数依次向左。当右端最小单位数达到十个的时候，就在它左方的适当位置刻上表示十的刻痕，十位数到达十个时，也依次而行。在土地面积大小和土地的数量方面，西南少数民族没有完全使用汉族地区的亩、分等计量单位，而是按照当地风俗习惯和方言来使用。如壮族契约文书中有关土地田产面积的计量单位有"丢""卒""子""召"等字，其中"一丢"为1.5亩，"一子"为3亩，"一卒"为7.5亩，"一丢卒"为2.25亩，"一召"为3亩等。在苗族一些契约文书中，还经常出现"把""手""勺""合"等字，它们是苗族、侗族人民使用的一种计量单位，都采用十进制。收割谷禾时，以手捏谷禾满手为1手，10手为1把，10把为1挑；勺、合为容积单位，1合为0.4市斤，10勺为1合，10合为1升，10升为1斗，10斗为1石。① 在其他少数民族的经济文书中还出现了一"坵"、一"井"、一"截"、一"背"、一"箩"、一"型"等计量单位，它们也是按照各地民族习俗和方言对田地面积的笼统计量，实际都是指一"块"土地的意思。

4. 体现了西南少数民族地区经济法律制度的面貌。

西南少数民族经济古籍文献保存了大量经济法律史料，内容全面，资料翔实，涉及各时期土地法律制度、赋税的法律制度、农业生产的法律制度、货币的法律制度、商业的法律制度、矿业的法律制度、移民垦殖的法律制度、物权债权的法律制度等，是查考和研究西南地区历史上各少数民族法律制度发展演变的重要参考。

---

① 陈金全、杜万华：《贵州文斗寨苗族契约法律文书汇编——姜元泽家藏契约文书》，人民出版社2008年版，第102页。

第二节　少数民族经济古籍文献价值

一　经济价值

如果对国内外学术界的整体研究动态进行研究即不难发现，长期以来，由于受制于官方文献记载的疏漏和民间成文文本的匮乏，既有的研究成果多局限于东部所谓汉文化"先进"地区，西南广大的地缘结构——特别是少数民族聚居区——则较少纳入研究者的视野，因此留下了难以反映中华文明整体全貌的遗憾。

此外，中国历史上历来重视官府文书史料的收集、整理及保存，可以说，中国古代文书史实质是一部中国官文书发展史，对于民间百姓和组织形成的历史痕迹却鲜有载录和保存，因此"天下始治"的里胥和民间文书史料得不到应有的重视，其流传基本处于民间的自觉行为，特别是偏远少数民族地区的民间文书更是处于自生自灭的状态，今天能够留存下来的原件就十分稀少和珍贵。

中国古代社会主要以士大夫阶层为社会核心，因此保存下来的档案史料以偏重王室、偏重政治为特点，即反映政治的史料多，反映经济、文化的史料少，有的虽也涉及部分经济文化史料，但主体倾向仍以政治为主，这一现状对我国民间经济活动的研究特别是少数民族古代经济的研究设置了障碍。

西南地区少数民族的经济活动历史悠久，经济文化丰富多样。西南地区属于典型的南方农耕类型区，以农耕经济为主，还包括手工业、矿冶业、商业等产业。手工业以制陶、纺织、煮盐为主；矿冶业包括银矿、锡矿、铜矿、铁矿等的开采及其器具的制作；西南地区的商业发展也较早，秦汉时期西南对内地和境外的贸易就已发展起来，有关情况《史记》中均有记载。现今留存下来的西南少数民族经济古籍文献，为我们剖析这一地区古代经济不同类型及其发展状况，研究中国经济发展中的一些规律性问题提供了可能。

现存的少数民族经济古籍主要是明清两代和民国时期的文献，反映的是各少数民族民间社会的经济生活。这一时期的经济文献数量丰富，种类繁多，具有很强的连续性。这些反映土地、财产、税赋、房产、商业、贸易等方面的经济文献，是近距离接触少数民族民间社会的文献，对各民族经济发展研究有着极其重要的价值。如其中反映的土地所有关系，农业、手工业和商业发展状况，各民族间的经济交流与对外贸易情况，经济活动规范及制度情况等方面，具有很强的参考利用价值，同时是研究各少数民族社会经济发展阶段的重要线索。

少数民族经济古籍文献具有较强的原始凭证性和权威性。在大量留存至今的经济契约文书中，立约双方在中证人、邻人、族人、保人等公证下所立契约，受到立约双方及所有公证人的承认，并得到官府、社会的认可，具有原始凭证性，为立约双方的权利和义务提供了切实保障，任何一方违约都将付出相应的经济和社会成本。因此，这些少数民族的经济契约文书的权威性并不比国家法律逊色。由于少数民族地方文化习俗的差异，也会出现某一契约内容与国家法律相悖的情况，此时，社会舆论往往会支持契约的有效履行，而国家法律则显得苍白无力。特别是明清时期和民国时期的经济契约文书，由于年代较近，有些与现今地方、组织、个人的权益仍有着直接或间接的关联，因此，仍具有重要的凭证价值，在处理资源纠纷、地界纠纷、遗产纠纷等历史问题时，有的就必须查用民国甚至明清两代契约。例如，清水江经济文书中蕴藏着大量的地权运动和经济交往信息，因此又是研究明清以迄民国社会经济史极为重要的第一手原始资料。清水江文书的具体内容涉及土地山林租佃契约、土地山场买卖契约、析产分家合同、财产清单、纳税执照、诉讼状辞、家规族谱、乡规民约、政府文告等，不仅反映了苗侗少数民族地区或乡民基层社会具体而微的各种生活事象，而且也提供了从西南边缘地区观察和认识传统中国的特殊视角，必然也有利于凭借原始资料获取更多的具有中国自身理论和经验特色的社会经济研究成果，撰写更加完整而全面的大、小传统长期复杂互动的大型中国通史。

二 民族学价值

中国现存的大量经济古籍文献，一般都产生在历史上文化经济较为发达的地区，而且多为较先进的汉民族所签订。少数民族由于封建王朝的民族歧视和压迫政策，大多生活在偏僻山区，那里几乎与外界隔离，文化落后，经济发展迟缓，他们留下的经济古籍文献十分罕见。过去很多学者在研究中，注意和强调了汉族移民在开发少数民族地区中发挥的作用，而很少有人能站在当地少数民族的立场来说明他们在相对封闭环境中的生存状况及与外界的联系，他们社会发生的历史性变化，以及他们在这种变化中扮演的角色。除去一些观念认识上的问题外，文字资料的缺乏也是一个重要问题。少数民族经济古籍文献对于研究少数民族的经济活动有着重要的价值。

经济古籍文献是少数民族古籍的一种。中国一些少数民族有自己的文字，一些使用汉字，无论何种文字签订的契约，都反映了当时当地特定民族的政治、经济、历史状况，有着重要的文献学意义。现在这些东西已越来越少，一方面由于历史变迁，自然损毁，另外1949年后历经"土改""文革"，这些经济古籍文献大都作为封建遗物被付之一炬，所存日渐稀少。目前仍有一些民族有零星分散的经济古籍文献存在，如彝族、傣族、藏族、纳西族、苗族、白族、哈尼族等，应该尽快整理出版，作为重要资料保存，以利研究工作的开展。

三　史料价值

对于历史研究来说，充分利用史料文献是提高其学术研究水平的必要途径。过去的研究只注重官方文献，忽视了民间散存的大量文献史料，导致了研究缺乏全面性和多元性，造成平面化和概念化。而少数民族的经济文书比较全面地记载着各少数民族民间的经济活动状况，充分反映了各民族经济交往中的物权和债权行为，内容涉及土地关系、矿产、房产、耕畜、贸易、商品的买价、卖价、租价、典价、工价、赋税、货币、度量衡以及相关的法规制度等珍贵信息，是研究经济史、民法史、商业史、财政赋税史、土地制度史、阶级关系史、民族关系史的重要资料。

经济文书记载的是立约双方的权利和义务关系，内容十分具体琐细，正是这一点构成了契约的史料特色。由于契约数量巨大，所涉内容广泛，为历史研究提供了其他档案文献所无法提供的大量微观史料，使我们能够更加准确地研究历史、再现历史。

首先，经济文书记载了不同历史时代、不同地区的种种财产，诸如土地、房产、耕畜、生产物和商品等的买价、租价、典价、工价，以及赋税、货币、度量衡等珍贵的数字资料，这些资料不仅可以有力印证（或否定）官文书和史志语焉不详的记载，还填补了官文书和史志废置不用所造成的空白，为研究少数民族经济史提供了更多途径。

其次，经济文书是研究少数民族法制史的第一手资料。所有权制度是社会现实的占有关系即所有制的法的表现，不仅特定的社会所有制形式有与之相适应的所有权制度，而且所有权制度的变化也反过来影响和促进所有制关系的变革。在这个意义上，所有权史的研究是社会经济史研究不可忽视的一个侧面。所有权史的本质是所有权内部结构的运动。根据现代法学的研究成果，所有权本身存在一个立体的内部结构，其内部结构的运动即是不同层次权利和不同权能的分离组合，而人们通过不同的乡规民约实现了这种分离组合，契约文书就是实物证明。通过对少数民族经济文书的研究，可以了解各民族不同历史时代社会生活中的种种法权关系，对研究把握少数民族法制史脉络将大有裨益。

最后，在广泛搜集经济文书的基础上，既可对地方史进行全面研究，也可就某一专门领域或某个专题进行研究。例如，从土地、房屋等不动产买卖，可以研究土地制度、土地兼并情况；从售卖原因，可以研究灾患民生；从买卖、租佃、典押、借贷、贸易、雇佣、卖身等交易价格，可以定量研究地方工商、金融、物价、物产等情况；从买方情况统计分析，可以研究不同时期财产的流动、社会的变化。

总之，经济古籍文献的学术价值主要表现在历史研究中，因为占有丰富、可靠、真实的第一手史料是历史研究的基本要求，民间档案所记录的原始性、客观性、完整性成为其历史研究的首选资料。明清社会历史悠久，文化底蕴深厚，社会生产生活中所遗留下来的档案资料较为丰富，其中以官藏为主。如中国第一历史档案馆和全国各地省市档案馆所保存的档案史料。官藏档案大多反映官方的政治活动。相比而言，民间档案却能真实地反映出社会历史现状，在历史研究中具有重要的意义。由于民间档案能"补官方档案之缺失、避官方规定之限制"，因而拥有"补史之阙，纠史之偏，正史之讹"的神奇力量。

第四章

西南少数民族经济古籍文献资源的开发利用

第一节 西南少数民族经济古籍文献的编纂与研究

一 少数民族地区的经济史料编纂及研究

古代西南少数民族档案史料的重要价值越来越引起人们的重视，为了满足社会各界对西南少数民族经济档案史料的利用需要，各地文化机构进行了档案史料的编研工作，刊录出版了一些价值很高的西南少数民族经济史料，并进行了一定研究，参考利用价值很大。下面做简要整理及介绍：

《云南省博物馆馆藏契约文书整理与汇编》（8册），林文勋编著，2013年由人民出版社出版。该书按地区（昆明、宜良、安宁、楚雄、保山、腾冲、镇康、澜沧、新平、丽江、宁蒗、维西、红河、永胜、文山、路南、通海、镇沅、宣威）整理云南各地契约文书3000余件，内容包括买卖契约、租佃契约、典当契约、赋役收据、账册、统计册、分家书等，各地区不讲归户性，按契约种类进行分类，收录最早的一件文书为明嘉靖二十七年（1548）签订，最晚的迟至1950年，历明、清、民国至20世纪50年代初，以清代和民国的资料居多，反映了云南及周边地区的土地买卖及经济社会概况。契约文书是历史的文字记录，是鲜活历史的载体，从这一点说来，《云南省博物馆馆藏契约文书整理与汇编》的出版具有创新的意义。

《中国少数民族古籍总目提要·纳西族卷》，国家民委全国少数民族古籍整理研究室组织编写，2003年由中国大百科全书出版社出版，是我国少数民族古籍整理工作的成果之一。纳西族古籍是纳西族传统文化的重要载体，包括用纳西族文字及汉文书写的、反映纳西族历史上的物质动力和精神活动内容的手稿、经卷、典籍、文献、谱牒、碑碣、楹联，以及纳西族民间艺人通过记忆或背诵的方式代代相传的史诗、神话、中长篇传说等口头流传下来的作品。全书有四部分：甲编为书籍类，乙编为铭刻类，丙编为文书类，丁编为说唱类。其中，文书类收录了大量的买卖土地的地契、放债和收租的账单、交易账本等，多份文书原件用东巴文书写，为便于研究已译为汉文。这些古籍文献能够清晰反映出古代纳西族人民的经济生活情况，对研究当时当地的土地占有情况、买卖规则、货物交易等经济问题都具有重要意义。

《中国少数民族古籍总目提要·哈尼族卷》，国家民委全国少数民族古籍整理研究室组织编写，2008年由中国大百科全书出版社出版，是我国少数民族古籍整理工作的成果之一。哈尼族系一跨境民族，国内哈尼族主要聚居行政区是云南省红河哈尼族彝族自治州、普洱市、玉溪市和西双版纳傣族自治州，除主体分布在中国云南省外，在缅甸、泰国、老挝、越南诸国都有分布。哈尼族古籍浩瀚绚丽，以其独具的特点和丰富的内涵而引起学术界的关注。全书分为甲乙丙丁四编，分别是书籍类、铭刻类、文书类和讲唱类。文书类收录的典券、且妈簿、钱粮赋税、执照等经济类文献，能够真实而生动地呈现出古代哈尼族人民的经济生活状况，可为研究古代哈尼族社会经济状况提供参考。

《中国少数民族古籍集解》，《中国少数民族古籍集解》编委会编纂，云南出版集团公司和云南教育出版社2006年出版。是经过50多位专家十余年努力编纂而成的一部关于少数民族古籍的工具书。新中国成立后，少数民族古籍的整理得到了党和国家的重视，特别是1981年中共中央发出《关于整理我国古籍的指示》，以及1984年国务院办公厅批转国家民委《关于抢救、整理民族古籍的请示报告》，强调了民族古籍工作的重要性和迫切性，并批准成立了全国少数民族古籍整理出版规划领导小组。为弘扬各民族优秀的文化遗产，便利各方对民族古籍成果的利用，推动今后民族古籍工作的提高和深入而编纂此书。全书内容包括：（1）各民族文字及民族古文字记载的文献资料，其中包括译自他种文字的译本；（2）记载有关我国少数民族资料的古代汉文文献；（3）有代表性的民族文字和汉文碑铭；（4）部分用公众民族文字书写的历史文书；（5）各民族时代流传下来的具有文学和历史价值的口头资料。本书共收古籍书目近4000本，并附有图片200余幅。释文力求简明、准确、科学性、知识性并重，尽量使读者通过条目释文获得该古籍文献最基本的知识。

《四川彝族历史调查档案资料汇编》，《中国少数民族社会历史调查资料丛刊》修订编辑委员会四川省编辑组编，1987年由四川省社会科学院出版社出版。是国家民委《民族问题五种丛书》编辑委员会主持编纂的系列丛书之一，在深入四川彝族地区做了充分调研的基础上，将收集到的社会历史资料加以整理、编辑出版。这对我国少数民族社会历史的科学研究工作，具有重要的参考价值。全书共有四部分，分别为土司资料选编，家支资料选编，近现代彝族反抗斗争调查资料选编和清代冕宁县彝族档案资料选编。其中第一部分的土司资料选编中有很多关于土司统治地区社会经济结构的文献，可以为了解四川地区土司统治下的社会经济情况提供重要资料。第四部分冕宁县经济类档案文献，收录的农业生产和土地关系、开矿、借贷和商业三类档案，是研究清代四川地区农、工、商方面的情况的重要资料。

《民族问题五种丛书》——云南省编委会《中国少数民族社会历史调查资料丛刊》，云南省编辑委员会编，分别由云南民族出版社和云南人民出版社出版。云南是多民族省份，除汉族外有22个少数民族，分布地区占全省总面积三分之二以上。各少数民族由于历史原因和特殊的地理条件，社会阶级的发展极不平衡，呈现历史发展阶段的多样性和差异性。这一系列丛书由中共云南省边疆工作委员会、云南省民族事务委员会对云南省境内阿昌族、白族、布朗族、傣族、佤族、纳西族、独龙族、景颇族等少数民族社会历史情况进行调查研究，从政治、经济、民俗、宗教信仰、生活习俗等几个方面进行介绍。其中，经济方面从生产力、生产关系的角度详细介绍了少数民族地区的生产生活情况、土地关系、人民的赋税徭役等问题。

《中国少数民族社会历史调查资料丛刊》是国家民委《民族问题五种丛书》之一，内容有20世纪50年代中央访问团收集的资料，全国人大民委、中央民委等组织民族社会历史调查以及民族识别等工作所搜集到的资料。这些资料集中记录了我国少数民族社会历史的基本情况，是民族研究和民族工作中的重要参考资料。它们是了解我国各民族社会历史的重要文献，对研究者而言更是不可或缺的历史资料。

《中国社会科学院经济研究所藏近代经济史料初编》，中国社会科学院经济研究所编著，2013年由国家图书馆出版社出版。作为刚刚过去的历史时期，民国距今时间最近，与当前的现实关联也最为密切，因而对民国历史的研究向来为各界所重视。全书汇集中国社会科学院经济研究所系统收藏的抗战期间大后方出版发行的重要物价资料20余种，主要是抗日战争时期及之后的物价、生活费方面的史料，其中相当部分是油印件，个别为当时的密级文件，价值很高。如《重庆市物价指数》《重庆市物价指数月报》《重庆市物价指数专报》《四川省物价汇报》等，是研究当时国计民生状况的珍贵史料，对近代经济研究具有重要意义。

《右江流域壮族经济史稿》，杨业兴、黄雄鹰主编，广西人民出版社1995出版。汇集和叙述了右江流域近代壮族经济发展史，第一章首先对右江流域历史沿革及经济史作了概述，其后的章节分别对近代壮族经济史几个重要方面做了专题研究，分别是：土司时代右江地区社会经济形态及经济发展概况；岑毓英、岑春煊父子的发家史及经济思想和措施；右江地区第一个最大的民族资本主义企业——黄恒栈的创业及其发展；近代百色镇的兴盛及其对四周民族经济的影响；近代右江地区对外贸易概况及边境贸易；右江流域鸦片的种植与贸易；右江革命根据地财政经济建设概况。右江流域这七个方面的经济史料在中国近代史上具有一定的影响，它们集中和典型地反映了近代壮族经济发展史概况，是许多史学家和学者历来所关注的问题。全书第一次比较全面和系统地叙述这些问题，可以说填补了右江流域近代壮族经济史的空白，为今天发展百色地区少数民族经济提供参考和借鉴。

《云南各民族经济发展史》，杨毓才著，云南民族出版社1989年出版。云南是一个多民族省份，中华人民共和国成立前，各少数民族还处于各种不同的经济发展阶段，因而存在着原始的、奴隶制的、封建领主的、封建地主的、商业资本和银行资本的多种经济并存的特殊社会经济状态。绪论部分首先介绍了云南的自然地理和资源概况以及各民族人口经济现状。之后的章节介绍了云南各民族的原始生产形态、奴隶占有制诸形态、封建领主经济的形成和向地主经济的转化、近代资本主义工商业的出现几个阶段云南少数民族地区的经济发展情况。从原始的氏族公社时期直到民族资本与地方垄断资本的发展和衰落的货币制度、土地制度、贸易制度等经济问题都进行了梳理，为研究少数民族地区的经济史和经济现状提供科学的、历史的依据。

《西双版纳傣族社会经济史料译丛》，1958年全国人民代表大会民族委员会办公室编写并刊印，是中央访问团第二分团、中共云南省委边境工作委员会、云南省民族事务委员会以及各地、县委、各民族工作队几年间对云南省少数民族地区的社会经济情况进行大量调查工作，收集大量资料的前提下整理编写的。全书为西双版纳傣族自治州社会概况——傣族调查材料之一。内容包括西双版纳的负担、征派的记载和规定，西双版纳景洪灌溉系统及其管理制度，西双版纳的傣族封建法律和礼仪规程，宗教情况访问四大部分。第一部分具体通过西双版纳对清王朝负担的记载，宣慰使、议事庭及其官员对人民各项征派的规定，各勐土司对人民的各项征派规定三个层次来介绍西双版纳地区的历史上经济发展状况。这些材料可以提供比较真实的傣族社会经济发展情况和与之相适应的上层建筑的资料，可为研究西双版纳傣族当时的社会面貌提供参考。

《清代地契档案史料》，四川省新都县档案馆收集、整理了现在稀见的清代从嘉庆十年、道光、咸丰、同治、光绪至宣统（1805—1911）107年间的地契，年代较为连续，内容翔实丰富。四川省新都县档案馆所保存的清代地契档案，都是由卖主所立，买主存执，体现了民间产权转移的原始契据。这些地契档案中，嘉庆十年至二十年（1805—1815）的有5件；道光元年至三十年（1821—1850）的有20件；咸丰元年至十一年（1851—1861）的有6件；同治二年至十三年（1863—1874）的有21件；光绪元年至三十四年（1875—1908）的有138件（其中除光绪三十二年短缺外，其余每年均有）宣统元年至三年（1909—1911）的共6件，各年都有。每件地契都记述着变卖产业者的姓名、田产的地址、水源、田地亩数及其周界、价格、弓尺长度与变卖原因；记载着买主与族中约邻的姓名，并加盖有官府印记，是当时具有法律效用的真实凭据。这类地契档案揭示了中小业主承担沉重的苛捐杂税的情况，也反映了农村土地兼并的严重情况，通过档案中地价涨跌起伏，反映了政治与经济的稳定与否，对清代土地政策等经济问题的研究有重要意义。

《自贡盐业契约档案选辑》，自贡市档案馆主编，1985年由中国社会科学出版社出版。这是一部研究我国井盐历史的档案资料。由自贡市档案馆与北京经济学院、四川大学合作编辑。书中收辑自贡地区各类契约档案850件，是从自贡市档案馆所藏三万余卷盐业历史档案里发掘出来三千余件契约中整理选辑的，绝大部分均系第一次公开发表。时间范围从1732年至1949年，前后连续二百多年，通过对开凿盐井约、井灶租佃约、井灶买卖约和其他契约等几类契约的研究，可以了解这一时期自贡井盐全行业的生产经营各方面的关系和特点。自贡在我国历史上有盐都之称，这一产业长期存在和发展的历史，从一个侧面反映了中国封建社会到半封建半殖民地社会手工业经济特征及变化，一直为国内外研究中国经济史的学者所重视。这部资料生动翔实，具有较高的史学价值。

《当代中国经济大辞库·少数民族经济卷》，陈虹、哈经雄主编，中国经济出版社1993年出版。少数民族经济卷的内容分为三个方面：少数民族地区经济、少数民族经济史和少数民族经济思想史。少数民族地区经济是少数民族经济的中心、重点和主要内容，是中国国民经济发展的一个重要组成部分。少数民族经济史的研究是为了服务现实，只有深入研究少数民族经济产生和发展的历史，了解各个阶段的发展情况，才能科学地预见未来。各少数民族经济产生和发展的历史，史料丰富，非常有特点，是少数民族经济的重要组成部分。少数民族经济思想史是少数民族社会上层建筑中的一种意识形态，它是由少数民族经济基础决定的，随着少数民族经济的产生和发展，建立在这个经济基础之上的少数民族经济思想史也随之产生和发展。少数民族经济思想源远流长，内容也十分丰富。全书从这三个方面的研究，对加强民族地区经济社会发展十分有益，也有利于把理论研究与应用研究结合起来，加强民族经济学的研究。

《清代冕宁县彝族档案资料选编》分为四大类，九小类，十四个条目。第一，行政管理类。一、机构：1. 分县、游府；2. 夷兵挽班制；二、土司：1. 额设；2. 袭替；3. "主文"与"字识"；4. 奖惩及其他；三、治安：1. 禁令；2. 案例；3. 用兵；四、彝汉关系；五、人口买卖：1. 奴主掠夺；2. 汉夷串卖；3. 出卖与典当。第二，经济类。一、农业：1. 农业生产；2. 土地关系；二、开矿；三、借贷、商业：1. 高利借贷；2. 商业贸易。第三、习俗、家庭类。一、宗族家庭；二、婚姻；三、习俗。第四，西番类。选编的清代冕宁县彝族档案史料有 320 余份，由清代冕宁县、宁远府、建昌道、渠县等地方官吏和冕宁县等地彝族土司、彝族群众所形成；其种类有移会、清册、牒、牌、详册、详文、陈条、禀状、申册、辞状、札文、诉状、恳状、结状、保状、判词、息状、告状、领状、印结、报状、存状、供状、告示、甘结、名册、缴状、悔状、卖约、当约、限约、典约、借约、领结等。所录档案形成于康熙至光绪年间，最早的为康熙六十一年（1722）六月四日《陈士位等告状》，较晚的是光绪三十四年（1908）《冕宁县移交清册》。

《清代巴县档案有关马边彝民资料》，是清代巴县、重庆府、重庆镇的地方官吏和川督山、宝兴等及巴县彝族土目和群众道光年间形成的，其种类有札、咨、禀、移、奏折、折、详、移会、结状、申、领结、印结等，汇编收入的档案文件 28 份，内容涉及马边彝族地区掳掠、筹办银饷、抚恤赏赐等方面，是记录清代凉山彝族社会情况的原始材料。

《武定凤氏本末》，原载于清人檀萃所撰的《农部琐录·土司制》，记录了武定凤氏土司家族从南宋孝宗淳熙年间（1174—1189）至清朝乾隆末年（1796）六百余年的兴衰历史。《武定凤氏本末》是个传抄本，讹误错简、夺漏迭出，加之间杂彝语同音字词，许多地方不易读懂。云南省社会科学院的何耀华对其进行了校勘、注释、笺证。《武定凤氏本末笺证》不仅对原文进行了全面的释证，而且以《武定凤氏本末》为中心刊录了大量的汉文彝族文书、碑刻档案。如文书档案有明代吕光洵的《请改土设流疏》、邓世彦的《武定府改土设流记》《东川土官禄氏献上归流始末》等。

《清代武定彝族那氏土司档案史料校编》，云南楚雄彝族文化研究所编，1993 年由中央民族大学出版社出版。清代云南武定慕连乡彝族土司那氏，是明代凤氏土司之后裔，其先祖为宋代淳熙丁未年（1187）罗婺部长阿而，传至明代矣本子阿英世系云南布政司左参政兼土知府，于弘治三年（1490）奉例姓凤，明末凤继祖争官仇杀，被改土设流。凤拔改立和曲州土舍传者峨。至万历三十五年（1607）因郑举作叛，峨立奇功，获按院周监军道康题奉勘令奖励，升合曲州土官传那备，那备为那姓一世。那氏土司在有清一代形成了大量的汉文文书档案，这些文档原藏于那氏土司官署，1943 年由北京图书馆从那安和卿之手购得。该书刊录的那氏特殊文书档案共分为以下八个大类：政治类；军事类；经济类；司法类；谱系；立嗣类；鸦片问题类；其他类。其中经济类收录文书档案31件，分别形成于雍正、乾隆、嘉庆、道光年间，涉及盐务、财税、设街、公田（也称学田、练产田）、林业以及养蚕等方面的内容。该书刊载经济史料数量多，内容丰富，史料翔实，对研究明、清土司制度和武定彝族社会经济发展史、那氏土司兴衰及民俗学都有极高的历史价值。

此外，中国少数民族社会历史调查资料丛刊，云南人民出版社1986年出版的《云南彝族社会历史调查》、《云南巍山彝族社会历史调查》和1991年出版的《大理州彝族社会历史调查》也刊载了数量丰富的汉文彝族档案史料。如《云南巍山彝族社会历史调查》收录有刻于明清记录巍山彝族信奉道释情况的《合建玄龙寺碑记》《重建巍山青霞观碑记》《巍宝山常住田碑记》等。云南巍山彝族留存下来的这些金石档案文献，内容丰富，资料翔实，是研究南诏史和彝族宗教历史的宝贵资料，特别为后人研究这一地区彝族寺观土地所有权关系提供了第一手史料。

《云南史料目录概说》，云南大学方国瑜教授编著，中华书局1984年出版。全书共三册约100万字，刊载了大量历代封建王朝所产生的官方汉文少数民族史料和少数民族土官及群众形成的汉文历史档案。其档案类型不仅有为数众多的文书，还有极其丰富的金石铭文。如重要的汉文少数民族文书档案有王元翰的《滇民不堪苛政疏》、魏源的《西南夷改流记》等，金石铭文有《盘龙禅庵诸人舍施常住记》《普光山智照兰若记》《段信苴宝立常住记》《重建阳派兴宝寺续置常住记》《太华寺常住田地碑记》《通海普光山智照兰若记碑阴常住记》等。书中刊载的档案文献或全录或辑录介绍，并对每份档案的出处、内容和载录情况进行了细致的稽考，极大地提高了收录汉文少数民族经济档案史料的研究利用价值。

《铁虎清册》，共60件，原件系藏文，现存西藏自治区历史档案馆，本书根据藏文原件由格桑卓噶等编译，中国藏学出版社1991年8月出版。《铁虎清册》的形成是在藏历铁虎年（清道光十年，1830），西藏地方政府为增加财政收入，解决差赋负担不均的问题，对西藏卫、藏、塔工、绒等地区的部分宗豁的土地差赋进行了清查，并将清查结果报西藏噶厦政府审核，加盖印章，制定清册，定名为《噶丹颇章所属卫、藏、塔工、绒等地区铁虎年普查清册》，简称《铁虎清册》。该书为我们研究西藏封建农奴制度下的领主庄园制，提供了详尽可靠的第一手材料。它如实记载了政府、贵族、寺庙对生产资料的占有情况，农奴和差民需要支应缴纳的各种徭役赋税，以及差赋中可以减免的"四大减免"等情况，是研究西藏农奴制度和生产关系的珍贵材料。

《西藏亚东关档案选编》（上、下），中国藏研中心与中国第二历史档案馆合作出版的一部书籍，该书对亚东关档案进行选择、校勘、翻译和编辑，由中国藏学出版社于2000年4月出版。全书共辑录亚东关英文档案1401件（不包括附件），时限自1889年1月至1914年3月。亚东关保存的档案主要有两部分内容，其中一个方面就是关于西藏与印度贸易的系统报告。在亚东关存在的20年间，根据《中英藏印续约》，亚东海关始终不征关税，其业务仅是对进出口货物检验，对货物种类、数量、价值登记造册，按月、按结（每季为一结）、按年统计，上报总税务司署。亚东关设关以前，西藏地方与周边国家的传统贸易没有文献记录，亚东关档案中对藏印贸易的系统记录，对研究西藏地方与周边国家的贸易历史显然有着重要的价值。

《中甸藏文历史档案资料》，香格里拉县（原中甸县）人民政府驻昆明办事处编，云南民族出版社2003年7月出版。该书是迪庆档案管理人员和修志工作者首次对部分留存下来的藏文历史档案进行整理翻译的一大成果，原件分存于香格里拉县（原中甸县）档案馆和县文化局。该书是一项对藏文历史档案的抢救性成果，书中整理翻译了藏文历史档案66份，有56份是清康熙十三年（1674）至宣统二年（1910）间的历史资料，其中包括土地执照类，如《洪台吉颁给土司松杰的执照》；赋税执照类，如《和硕特亲王颁给土司松杰对新开地给予免征赋税的执照》；买卖契约类，如《江边境阿八和俄戛出卖田地契约》；底簿册类，如《奔子栏扎西洛丹宗所属各项规章制度底簿册》；契税文告类，如《中甸抚夷府同知冯为买卖田地房屋契税告示》，等等，真实地展现了清代云南藏区的社会经济面貌，填补了迪庆藏区历史的空白。

《中国云南德宏傣文古籍编目》，尹绍亭、唐立、快永胜、岳小保编，是云南德宏傣文古籍书目的集大成者，共普查老傣文古籍2000余种，经考订筛选，完成编目近900种，171万字，所收录条目分为文学、佛经、历史、语言、医药、天文、法律、礼仪、占卜、咒术、其他11种类型，每类目录排列顺序以德宏傣文的声母、韵母、声调顺序排列。每本书依次按分类书写材质、文字、语言、著作年代、抄写年代、册数、全书页数、抄写情况、残损情况、显微照相、收藏者、调查人员、调查时间、文献内容、备注等项目进行著录。书名以老傣文、国际音标、汉文顺次书写、文献内容、备注等项目进行著录。书名以老傣文、国际音标、汉文顺次书写，表格用汉文、老傣文、英文书写。正文（内容提要）用汉文书写，其中内容提要是本书的重点与进行普查工作的意义和价值所在，全书力求以精练的文字概括每本书的核心内容，让读者一目了然，了解傣族文献的丰富，为广泛、深入研究提供重要线索。

《中国云南耿马傣文古籍编目》，尹绍亭、唐立主编，云南民族出版社2005年出版。该书是云南耿马傣文古籍书目的集大成者，所收录条目分为历史、天文、文学、占卜、其他等类别。书名以老傣文、国际音标、汉文顺次书写，表格用汉文、老傣文、英文书写。本书大幅度地增加了"文献内容"（正文）栏目的分量，而且采用了汉、傣两种文字书写；大部分编目附录了入编古籍原貌的前言和后记；书后还附录了傣文史书，并作了汉文的全文翻译，如《耿马宣抚司礼仪课赋底簿》。

《中国云南孟连傣文古籍编目：傣汉对照》，尹仑、庸立、郑静主编，云南民族出版社2010年出版。书内收集了云南孟连傣族地区所藏的古籍，所收录条目分为历史、语言、文学、习俗、医药、天文、宗教等类别。书名以老傣文、国际音标、汉文顺次书写，表格用汉文、老傣文、英文书写。正文（文献内容）用汉文书写。年历用傣历、公历两种年历标注。其换算方法是公历年减去638年，余数即为傣历年。该书的重点是向读者展现了所收集的傣文古籍的文献内容，其内容翔实可靠，不仅提供了该地区古籍文献的线索，特别对深入研究傣文古籍有着重要的参考价值。

《德宏史志资料》是德宏傣族景颇族自治州史志办根据州史志编委会的决定，在收集、掌握大量翔实的第一手古今傣族历史文献的基础上编研出版的一套史志资料丛刊，所刊录的资料"重点选录当地珍藏的有关记载德宏史事的孤本、善本资料，特别是翻译整理当地少数民族文字记载的史料，如有关地方史事、民族史事的文书、档册、传抄本以及家谱、私人著述、日记等；对于已经刊载的各种书刊上的有关德宏的史料，凡有参考和使用价值的，亦酌量选编收录在内"。《德宏史志资料》从1984年内部发行第 1 集开始，到 1994 年止共出版了 16 集，其中 1—10 集为内刊，11—16 集为德宏民族出版社公开出版发行。《德宏史志资料》刊载的汉文傣族档案史料极为丰富，载录既有官方汉文傣族档案史料，又有民间傣族汉文档案史料；既有公文、契约、账簿、印票，又有官印、木刻、碑刻、摩崖等档案类型。其中的文书多为清代和民国文书，所收录的清代汉文傣族文书有盈江县档案馆保存的清代光绪年间滇西地方官府撰写给干崖宣抚司公牍原件，原文刊载于《德宏史志资料》第 7 集，重要的官文书有《腾越厅为商办公事札》《腾越厅为采买兵粮事札》等。第 12 集收录的契约比较丰富，傣族地区的土地契约 22 件，汉族地区的 12 件，景颇族地区的 13 件，傈僳族地区的 8 件，德宏地区田赋、税捐、杂派类文书 13 件，德宏地区物价与商务活动文书 4 件。该书还同时收录了德宏地区经济、交通、外贸等方面的史料，都以原件呈现，资料翔实可贵。该书所刊载的汉文傣族经济档案史料很多，其内容具有较强的原始性，是研究傣族经济史、地方史、西南边疆变迁史的珍贵文献资料。

《版纳文史资料选辑》是西双版纳傣族自治州政协民族文史资料工作委员会为反映傣族社会历史发展情况的各种文史资料而出版的一套资料丛刊。该选辑资料多来源于档案馆、博物馆、文化馆以及当事人的口碑文献材料，收录了大量历史价值很高的汉文傣族档案史料。其中有关傣族经济史料的文书有道光二十六年 (1846)《预卖公费茶立约》、光绪二十九年 (1903)《思茅府等地方官府关于各傣寨采办贡茶的札文》等。上述汉文傣族历史文书原件保存于西双版纳州政协文史资料室，为研究傣族社会经济状况提供了第一手史料。

《中国傣族史料辑要》，云南省少数民族古籍整理出版规划办公室编，云南民族出版社 1989 年出版。该书汇集了清代以前汉文古籍史料中有关傣族的部分。全书分为五个部分，一是考古学者发掘的有关史料，辑录了西双版纳地区的新石器时代遗址、曼龙飞塔、干栏、景真八角亭、孟连宣抚司署等文物考古资料。二是唐宋以前的滇越、獠及金齿茫蛮。三是元史中的金齿白夷以及车里军民总管府、元人李京《云南志略》诸夷风俗、金齿百夷等史料。四是收录了明代百夷的五种史料。五是清代傣族史料等。该书汇编了 19 世纪以前有关中国傣族的汉文文献史料，内容涵盖了军事、政治、民族事务、土司制度、改土归流、谱牒、民情风俗、物产等各个方面的历史资料,是研究傣族源流、政治、经济、文化等方面的一部全面、系统、完整的档案资料汇编。

《广西少数民族地区石刻碑文集》,广西民族研究所编纂,广西人民出版社1982年出版。该书共收有碑文151件,内容反映了在土司统治下少数民族地区的社会经济和文化教育概况。该书的资料是经过多年调查而收集积累下来的原始性材料,其中不乏壮族地区生产生活的翔实记述,是研究壮族历史上经济发展状况不可多得的史料。

《壮族历代史料荟萃》,覃兆福、陈慕贞编,广西民族出版社1986年出版。该书从二十四史、类书和地方史志等古籍中摘录、汇编有关资料,分为族源、地理、政治、人物、经济、社会六大类。每一大类下再分小类。各类内容相互掺杂者,则按主要内容分类。每一史料均附一题目。该书是研究壮族经济史的重要参考资料。

《广西少数民族地区碑文、契约资料集》,广西壮族自治区编辑组编纂,广西民族出版社1987年出版,该资料集收录的碑文、契约、告示、族谱等资料,主要是1956—1957年间广西少数民族社会历史调查组壮族组在壮族地区调查收集的,其地域上涉及南宁地区的大新县、天等县、扶绥县、崇左县、龙胜各族自治区;桂林地区的荔浦县、兴安县、恭城县;百色地区的靖西县、西林县、凌云县、平果县;河池地区的罗城仫佬族自治县、环江县、南丹县、都安瑶族自治县;柳州地区的来宾县、忻城县、三江侗族自治县;钦州地区的上思县、防城各族自治县。内容包括碑刻、官方契约文书和民间契约文书三类,原文刊载,数量丰富,堪称广西少数民族地区契约资料的汇编巨著。该书最可贵之处在于对所收契约及资料的采集时间及原存出处都有明确记载,且具体到了乡和村,最大限度地保存了契约的原生态,是研究该地区历史上少数民族经济状况、土地转移关系和法律制度非常重要的史料。

《中国少数民族古籍总目提要·白族卷》,国家民委全国少数民族古籍整理研究室编,2004年中国大百科全书出版社出版。该书第一次系统介绍了白族古籍的总体情况,基本上反映了白族古籍的概貌,是研究白族历史文化的工具,具有较高的收藏价值和实用价值。书中收录了从汉、唐、宋、元、明、清到民国之间的白族文书档案,有的文书为汉文史籍所记录。这些文书档案反映了白族在政治、经济、文化方面的概况,其中反映白族民间田地产属方面的文书档案，史料价值很高，对研究白族社会经济有较大查考价值。该书收录整理的白族文书档案达98件，如《大理石采运之难（奏章）》《粮单》《典卖文约》《集股兴办滇越铁路扎》等。按年月时间顺序排列，类型包括官府文书和民间文书，内容涉及买卖契约、典当契约、借贷契约、租佃契约等，明确记录了文书档案的原文、书写时间、版本情况、残损情况、收藏情况，并作了内容简介。

《大理历代名碑》，段金录、张锡禄主编，云南民族出版社2000年出版。该书是"碑刻王国大理"的历代名碑铭文和拓片影印件集成的一个善本，是碑刻经典之专集。该书本着"去粗取精，去伪存真""取其精华，去其糟粕"的原则，对大理地区所有的古碑进行了一番筛选，选择了其中有一定史料价值的石碑180多通，每通都附拓片的影印片，拓片在前，碑文在后，使读者对碑的全貌有所了解，并逐篇写了简要的说明，利用起来方便、简单，一目了然。该书内容收录了大理地区政治历史、城池迁移、文教发展、宗教发展、道路变迁、桥梁修筑、水利建设、矿山开发、环保、军事、社会等情况。如通过《鸡足山石钟寺常住田记》《标楞寺田记》《云龙盐课碑》《西云书院地产碑》等碑文，从中我们可以探索考察出大理地区经济发展的有价值的史料。

《白族社会历史调查》（四），张旭编辑，云南人民出版社1991年出版。该书首次较集中地向社会呈现了古代白族的第一手资料，其中刊载了由田怀清、张锡禄选辑整理，李朝真审定的《大理白族古代碑刻和墓志选辑》，共著录发表有关大理白族历史、文学、艺术、语言、宗教、经济等方面的古碑156通，近40万字，为世人瞩目。

《贵州苗族林业契约文书汇编（1736—1950）》，唐立、杨有赓、武内房司主编，东京外国语大学出版2001年3月第一卷出版，2002年第二卷出版，到2003年该汇编已经出版三卷。这是第一次对锦屏文书进行的系统整理，也是这批尘封百年的资料第一次原汁原味地在世人面前显露。书中汇编契约等文书800余份。

《贵州文斗寨苗族契约法律文书汇编——姜元泽家藏契约文书》，杜万华、陈金全编著，人民出版社2008年出版。该书收有姜元泽家藏的契约等文书664件，考虑到研究时的需要，还包括一部分含有契约内容或与林业经营密切相关的契约抄、誊契簿、山林登记簿、山场地图及官府通告等文书。全书从实际生活出发,运用人类学素描的手法,勾画了一则18—19世纪中国南方山地少数民族法律生活的图景,呈现了苗族基层社会法律秩序的基本构成。

《贵州敦寨明清土司契约文书》(九南篇),高聪、谭洪沛编著,民族出版社2013年出版。该书内容包括山林买卖契约,田土买卖契约,典当借贷契约,财产析分合同,租佃经营合同,屋地、菜园、池塘、阴地买卖等,契约文书以林契和田契为中心,且有相当数量的反映少数民族地区土司制度、宗族组织自治和当时社会治安,甚至是军事活动的文书,对研究明清以来西南少数民族地区重要的土司制度和社会生活诸方面具有重大的意义。此外,本书编集了多份明朝时期的契约文书,异常珍贵。

《贵州锦屏林契田契精选(附〈学馆〉)》,收契约等文书160余份。

《贵州锦屏林契田契精选》,收有14份林契田契照片。

二 少数民族地区的契约及论文研究

少数民族地区的契约文书相对比较稀少,但发现的契约文书都很有参考价值。杨有赓《清代苗族山林买卖契约反映的苗汉等族间的经济关系》(《贵州民族研究》1990年第3期)记录黔东南文斗苗寨产生于清代的山林买卖关系和租佃关系,对贵州苗族山林买卖契约与我国东南各省的田地买卖契约的比较研究,可以展示苗汉等族之间经济关系。王宗勋《浅述锦屏山林契约档案》(《贵州省档案学会纪念建党80周年学术交流会论文集》,2001年)反映清代中期以至民国时期锦屏等清水江下游苗、侗族地区封建林业生产关系,是研究我国南方少数民族经济和社会发展的重要资料。他的《从锦屏契约文书看清代清水江中下游地区的族群关系》(《原生态民族文化学刊》2009年第1期)以中国第三大历史文献——《锦屏契约文书》为基础,对清代清水江中下游地区民族关系的整合问题提出自己独到的见解。姜秀波《古人与自然和谐共存的样板——读解清水江清代林契》(《当代贵州》2003年第5期)通过解读清水江林业契约,论述了清代民间保护生态环境的情况。罗洪洋、张晓辉《清代黔东南文斗侗、苗林业契约研究》(《民族研究》2003年第3期)认为锦屏人工林业的发展得益于上述契约有效地保护了人工育林者的产权,较好地调整和规范了各方的利益分配关系。罗洪洋《清代黔东南锦屏苗族林业契约的纠纷解决机制》(《民族研究》2005年第1期) 研究我国清代在边远的黔东南锦屏苗族、侗族地区林业契约的具体形式，为研究少数民族契约文书的形式提出了不少宝贵意见。罗洪洋《清代黔东南锦屏苗族林业契约之卖契研究》(《民族研究》2007年第4期) 对我国清代黔东南地区人工造林事业的探究。单洪根《锦屏林业契约文书——清代林业生产关系的活化石》(《凯里学院学报》2007年第5期) 论述了锦屏林业契约文书发现的过程，并对锦屏林业契约文书进行分类，分析锦屏林业契约文书产生和发展的背景，说明锦屏林业契约文书是清水江流域林业生产关系和早期资本主义的"活化石"。罗康隆《清代贵州清水江流域林业契约与人工营林业的发展》(《中国社会经济史研究》2010年第2期) 研究了贵州清水江下游侗族人工林业的形成与发展。对林业契约文书的追踪研究中，谭洪沛《数十万贵州清代林业契约文书将有新家》(《中国林业》2010年第3期) 报道了总投资1782万元的锦屏文书特藏馆建设工程破土动工，将清代数十万贵州少数民族清代林业契约文书系统分类保管，为以后学者研究带来方便。程泽时《清代锦屏木材"放洪"纠纷与地役权问题——从加池寨和文斗寨的几份林契谈起》(《原生态民族文化学刊》2010年第4期) 从加池寨和文斗寨的几份林契看到中国地役权制度的原生性。单洪根、龙泽江《林业契约与林权改革》(《林业经济》2010年第8期) 论述了苗侗等民族在长期的林业生产实践中形成的有效的管理方式和经营智慧的体现。罗康隆《从清水江林地契约看林地利用与生态维护的关系》(《林业经济》2011年第2期) 通过对林地契约文本所反映的社会实质的解读，揭示清水江流域各族人民高效利用林地资源和精心维护生态系统的完美结合[①]。罗树杰《论壮族土司田地契约文书的类型——壮族土司田地契约文书研究之一》(《广西民族学院学报》1999年第1期) 对广西大新县改土归流前的田地契约及相关文书进行分析。王明东《清代彝族地区土地买卖、典当和租佃分析》(《云南民族学院学报》2002年第3期) 分凉山彝区和云贵彝区来说明汉人在彝区买卖土地的问题。

---

① 刘洋:《近三十年清代契约文书的刊布与研究综述》，《中国史研究动态》2012年第4期。

第二节　西南少数民族经济古籍文献资源的利用

一　少数民族经济古籍文献的整理

少数民族经济古籍文献的整理应该充分尊重文献原貌，最大程度保留文献呈现的原始的相关信息。基于上述标准，经济文书整理应遵循以下规范，一是对文书原有物理形态的描述如书写材料（纸张）、大小、尺寸、残损程度、花押、印签、文体、书式等要在整理过程中加以详细说明，因为这些物理形态都保留了相当重要的信息。二是文书的整理应该采取依原件格式逐行逐字释录原文的方式，忠实历史文书原貌，通过文字释录最大程度体现文书原貌。此外，要重视对文书俗字、俗语及方言的深入研究，以保证文书释录的准确性。以往研究语言文字和研究历史文献的结合程度还不甚高，今后要加强对古文书语言文字的研究，只有把文书语言文字文意疏通，方可整体上把握文书及其内涵思想。三是文书的整理要充分注重出土文书的考古发掘报告和传世民间文书的寻获状况，以便对文书来源有比较细致的了解，充分保留文书的归地性和归户性，为进一步深入研究文书所涉及的宗族、地域文化等提供扎实可靠的文献资料。四是今后文书的整理要采取上图下文或左图右文的方式，最好采用彩色图片，文字的释录要采取繁体字的形式，对文书中的疑难字要根据文书的实际状况加以解释记录或说明，保留其基本信息。五是古文书的整理过程中要注重吸收学界研究成果，把学界关于每件文书的研究状况在文书整理中加以细致说明，方便学界人士研究之用。六是要注意对古文书残卷进行拼接，对文书进行辨伪、考证，同时文书之间要进行比较研究。[①]

目前，由于受年代、地域、文书本身内容等多方面因素的影响，不同的研究者所采用的分类标准也不同。为了忠实记录经济古籍文献的原貌，在经济古籍文献整理问题上应该形成一套切合实际的基本学术规范。

（一）书籍类

按照国家民委古籍办主持编撰的重点文化项目《中国少数民族古籍

[①] 魏郭辉：《古文书整理的学术标准——以敦煌文书、徽州文书、清水江文书整理为例》，《贵州师范学院学报》2013年第8期，第28页。

总目提要》的分类思想和原则，少数民族经济古籍文献的分类方法如下：

1. 按民族分卷，原则上每一个民族为一卷或若干卷。古代民族按文种立卷，一个民族有两种以上文字皆归入同一民族卷。

2. 每一民族分卷内按文献的载体形式依序排列。即书籍、铭刻、文书、口头文献等。

3. 根据少数民族经济古籍文献实际情况，每一载体形式下按文献的内容依序排列。如政治经济、农业经济、贸易经济、交通运输经济等。

（二）文书类

西南少数民族经济契约文书是物权所有人之间经济利益和经济关系的重要凭证，是（原创）少数民族解决物权纠纷的重要依据，在其内部形成了一套对其自主保存收藏和分类利用的传统知识体系，因此在整理民间经济契约文书的同时，要尊重少数民族物权和传统文化惯例，按其真实意愿开展相关整理工作。在分类标准上，要最大限度地保持文献本身的系统性和内在关联性，真实反映少数民族地区经济和社会发展历史。在编排体例上，依据少数民族契约文书自身特点和已取得的整理成果，借鉴和参考敦煌文书、吐鲁番文书、徽州文书及其他出土文献和民间文书的分类著录整理经验，应采用影像图片、释文、注释三方面内容统一编排、依次对应的编排模式。对于少数民族契约文书中涉及的本民族文字、特殊文字、符号等信息内容，由于其代表着不同时期、不同民族、不同区域下的深层次经济文化内涵，需要我们在深入开展田野调查的基础上，对文书中涉及的各种经济文化事象各种事物类型及名称、分类方式、象征符号进行系统的研究分析。这样才能保持记录文书的原貌，以及整理工作的规范化、标准化和实用化。

以清水江契约文书的整理为例。已整理出版的清水江文书资料汇编主要有三种。第一种是唐立、杨有赓、武内房司主编的《贵州苗族林业契约文书汇编》（1736—1950）三卷本，东京外国语大学国立亚非语言文化研究所2001年出版。本汇编收录了锦屏县文斗寨和平鳌寨文书853件。该书并未保留文书归户系统和信息，而是把这853件文书统一分为7类，然后按年代顺序排列。这7类分别是：山林卖契、含租佃关系的山林卖契、山林租佃契约或租佃合同，田契，分山，分林，分银合同，杂契，民国卖契。

第二种是张应强、王宗勋主编的《清水江文书》（第一辑），广西师范大学出版社2007年出版。至今《清水江文书》已出版三辑，公布文书约15000件，是目前公布清水江文书最多的资料汇编。本书编者主张尽量保持文献和档案原来的系统和内在联系，不打乱文献原有的系统，因而不主张对文书进行分类。其编辑整理体例是以村寨为单位，每个村寨给定一个顺序号（卷宗号）；村寨之下根据不同家族或家庭分卷，即来自同一家族或家庭所收藏的文书编为一卷，而同一卷之下依照文书收藏者的原有分类，又分别列为若干帙；每一帙内的文件则依照时间先后顺序排列。因此，每一件文书的编号所包含的信息为卷宗号—卷号—帙号—文件号，分别对应于村寨—家族—文书类别—文件。此处的"帙号"所对应的"文书类别"是指收藏者对文书的分类保存，比如收藏者根据文书的多少可能捆为一捆、两捆或三匣、四匣不等，分类的随意性很大。

第三种是陈金全、杜万华主编的《贵州文斗寨苗族契约法律文书汇编——姜元泽家藏契约文书》，人民出版社2008年出版。该书收录文斗寨姜元泽家藏文书664件。本书在编辑体例上只简单地把文书分为"契约"和"其他文书"两类，然后按年代顺序排列，基本上未对文书进行分类。不过编者在该书的前言中认为文书分为以下几类：（1）佃契（含山林佃契，山林佃种分成合同，田土佃契）；（2）卖契（含田土卖契，山林卖契）；（3）分合同（含佃种分成合同、众山主内部的分山合同，分银合同，分关文书）；（4）法律文书（含调解文书和诉状抄本）；（5）其他（借当字、典当字、借讨字、山场清单、山林登记簿、山场地图、官府通告等）。

在上面介绍的三种文书分类方法中，《清水江文书》是按归户性进行分类，以户为基本单位的文书分类办法是一条重要的原则。但在坚持这条原则的前提下，进一步对文书进行必要的合理分类，将有利于文书的检索利用和专题研究；《贵州苗族林业契约文书汇编》（1736—1950）是按生产活动的内容对文书进行简单分类；而《贵州文斗寨苗族契约法律文书汇编——姜元泽家藏契约文书》的前言中，编者是按生产关系性质对文书进行简单归类。三种分类办法各有优点，如能把三种方法统一起来，则文书分类标准将会更加科学完善。归户性是清水江文书的特色和价值所在，因而归户性的原则是必须坚持的。由于清水江文书以田土山林买卖和租佃契约为主,因而对经济类文书的分类是重点。由于经济类文书主要体现的是封建社会生产关系,因而应该首先按生产关系性质来分类。可以先按生产关系性质对文书进行分类之后,再按生产活动内容进行二级分类。则经济类文书一级分类为:卖契;佃契;财产与山林析分合同、清单;典当借贷契;土地执照与赋役文书;然后再按生产活动内容进行二级分类,如"卖契"又可再分为卖田契、卖山林契、其他卖契。一般来说,如果是作文书目录索引,可以细分到第三级,但对于文书出版整理或数据库建设,只要分到第二级就够了。具体分类体例是先按村名和户名对文书进行归户,然后再分为如下几类。

1. 卖契:卖田契;山林卖契;其他卖契。

2. 佃契:佃田;佃山。

3. 财产与山林析分合同、清单:分山合同、山场清册、山场地图等;佃种分成合同;分银清单、账簿等。

4. 典当借贷契:田土典当;山林借抵契;其他借当契;信用借贷。

5. 土地执照与赋税文书:土地执照;粮册;税单等。[①]

(三)铭刻类

铭刻类经济古籍是少数民族经济古籍分类中的一大类,在整理的过程中,应当注意其编排体例的一致性。对每一处铭刻古籍介绍时,应包括以下五个要素。一是碑况及社会历史背景简介。二是作者简介。三是碑文全文句读,这部分是进行铭刻古籍整理的重点,是古籍价值的综合体现之处,也是工作难度最大的地方。经过对碑文的整理、辨别,然后认真句读,使其成为一篇篇可读性较强的文章。四是注释,包括名称注释、所属民族和时代以及当时的历史情况的解释说明、具体内容的注释、铭刻所载典章制度的说明、注明名物词义和说明语义、注明读音、注明方言、注明错别字等。五是古籍价值研究。

经济古籍文献作为一个民族的集体记忆,它是在各族先民的社会实践活动中直接产生和形成的,真实地记录着本民族的历史原貌,是原汁原味的民族经济文化记忆载体,民族的精神和文化在其中得到最真实、最全面

---

① 龙泽江:《清水江文书整理的分类标准探析》,《兰台世界》2012 年第 14 期,第 5—6 页。

的体现。可以说，少数民族经济古籍文献积淀着各民族的丰富经济文化要素，是我们展示少数民族经济文化真实面貌，传承民族经济文化精髓的重要遗产，在保持和发扬少数民族传统经济文化特色方面具有不可替代的作用。因此，推进规范化整理工作势在必行，这将对经济古籍文献的保存和检索利用大有裨益。

二　少数民族经济古籍文献的编研

古籍文献编研是通过各种手段编纂、浓缩和加工提炼古籍文献资料，是积极、主动、系统地开发古籍文献信息资源的主要方法之一，是对古籍文献信息资源进行高层次和深度开发的有效方式。古籍文献编研工作的基础是文化生产，编研活动的过程便是文化产品的生产过程，古籍文献编研的成果是可以传播的文化成果。古籍文献是一种静态文化，我们要使得它成为活态文化，编研就是其中最重要的方式之一。

少数民族经济古籍文献中蕴藏着丰富的经济文化资料，它们是民族传统经济发展的可续资源，各民族地区应有紧迫感，积极组织专业人员对其进行整理编目，并把这项工作视为少数民族经济发展的首要工作和重要环节而持续、深入地进行下去。目前各地对少数民族经济古籍文献的编研工作已取得了一大批成果。总结来说，其形式上主要有以下几种编研方法：

1. 全文刊录少数民族经济古籍文献

这种方法是将历代所产生的少数民族古籍文献史料的全文收录于一部文献中公布出版。全集、全文数据库就是这种编研方式的典型。目前档案部门开发的契约文书档案编研成果主要有中国第一历史档案馆编的《清代地契档案史料》，四川自贡档案馆编的《自贡盐业契约档案选辑》等。运用这种方法，我们可以编研"少数民族经济档案资料库""少数民族经济契约文书汇编"或"少数民族经济古籍文献典藏全书"等。

2. 辑录少数民族经济古籍文献

辑录的方式是指对少数民族古籍文献史料进行筛选和编辑，仅刊录部分史料内容。如《少数民族经济史料辑录》《少数民族碑文契约资料辑录》《少数民族经济契约选编》《少数民族文字经济古籍辑录》等。

3. 译注少数民族文字的古籍文献

这一方式是将用少数民族文字形成的古籍文献进行整理、翻译、注释之后出版的一种编研成果。如藏文的《中甸藏文历史档案资料汇编》《铁虎清册》，等等。

4. 引录或结合其他三种方法对少数民族经济古籍文献进行编研

这一方式是综合多种相关古籍文献史料、采用多种方法汇编出来的，其成果自成体系，基本看不出古籍原件的原貌。比如《云南少数民族土司契约研究》《明清少数民族地区买卖契约整理研究》，等等。

少数民族经济古籍文献的编研，除了要立足于各少数民族经济古籍文献的整理编目和编制联合目录这一基础性工作，还要对所收集的各少数民族经济古籍文献进行著录，必须按照国际标准《古籍著录规则》，并结合本民族文字书写规则进行，然后编制古籍文献目录以及古籍文献内容提要，为读者提供更多的方便。对于口碑文献的编研，云南省第一次对26个民族口传文化遗产以目录学方法进行了编目，整理出版了云南少数民族口传文化遗产的集大成者——《云南民族口传非物质文化遗产总目提要》，为我国抢救保护和发掘整理少数民族经济口传古籍文献提供了很好的范例。

当然，图书馆、档案馆、博物馆等机构不仅要汇编反映各民族经济古籍史料原始面貌的一次文献产品，为科技研究和各方面工作提供依据、参考，同时要通过传世文献与馆藏文献相结合、传世文献与地下出土之新材料相结合、自然科学与社会科学的研究方法相结合的要求，从社会的实际需求出发，对这些珍贵的古籍文献遗产进行筛选、提炼、综合和归纳加工，编研出具有一定系统性、指导性的二次、三次文献产品。

三 民族经济古籍文献信息资源平台的建设

民族经济古籍文献的科学化管理，将走上信息化道路，它通过提供一个方便、快捷、可靠的信息获取途径，来发掘利用民族经济古籍文献遗产的信息资源，促进民族经济古籍文献信息资源的共享，从而将固化的古籍文献信息变成鲜活的信息资源，使之成为社会的直接生产要素。

要做好民族经济古籍文献遗产信息资源开发工作，就要从规范民族经济古籍文献接收与管理工作做起，要有序推进民族经济古籍文献的数字化进程，科学整合各民族经济古籍文献信息资源，促进民族古籍文献经济信息资源总量增加、质量提高、结构优化；同时，要加强多形式多层次共享平台建设，创新服务机制，全面提升民族古籍文献经济信息资源开发利用水平和公共服务能力，促进民族经济古籍文献遗产信息资源的共享和再利用。为此，可以从以下几个方面加强对少数民族经济古籍文献遗产信息资源平台的构建。

第一，将民族经济文化遗产资源纳入各省区民族历史文化资源指南库。比如在1999年出版的《云南历史人文资源研究》一书中，将云南丰富的民族历史文化资源具体分为：云南社会政治制度资源、云南社会经济形态资源、云南宗教文化资源、云南道德文化资源、云南民俗文化资源、云南节日文化资源、云南历史名人资源等20类来进行研究。[①] 其后在1999年出版了《云南民族文化大观丛书》，[②] 这一历史文化信息资源指南库的建立，无疑为各省区历史文化的发掘利用提供了宝贵的思路和可行的做法，使我们进一步针对各民族宝贵的文化遗产开发信息资源指南库，储存大量原始信息，引导用户正确、快捷、有效地利用这些信息资源。当然，"历史文化信息资源指南库"的建立是一个动态的过程，它需要随着各民族优秀文化资源的深入发掘而不断丰富其内容。长期以来，各族人民历史上形成的经济古籍文献遗产并没有引起相应的重视，也没有将其作为一种重要的文化资源进行全面深入的调研、挖掘和利用，民族经济文化遗产的特色和价值随着近几年研究的深入才逐渐走入公众视野，为人们所关注。当前，随着我国民族经济事业的发展，发掘利用各民族经济资源的重要性和必要性日渐凸显，因此将包括民族经济在内的民族经济文化资源纳入各省区少数民族历史文化资源信息库，顺应时代需要，切实为民族地区经济建设提供信息指导服务，是当下我们建设民族经济信息平台面临的首要问题。

第二，实现民族经济古籍数字化。目前中国对文献遗产保护的法律依

[①] 该书将云南丰富的民族历史文化资源具体分为：云南社会政治制度资源、云南社会经济形态资源、云南宗教文化资源、云南道德文化资源、云南民俗文化资源、云南节日文化资源、云南历史名人资源、云南历史名城资源、云南文物古迹资源、云南风景旅游资源、云南服饰文化资源、云南饮食文化资源、云南民居文化资源、云南交通文化资源、云南民族歌谣资源、云南民族音乐资源、云南民族舞蹈资源、云南民族戏剧资源、云南名特产品资源、云南图书文献资源等20类。见宋光淑《云南民族研究文献资源与其特色文献数据库建设》，《云南师范大学学报》2001年第3期。

[②] 云南民族事务委员会编：《云南民族文化大观丛书》，云南民族出版社1999年版。

据主要是《中华人民共和国文物法》《中华人民共和国档案法》及一批地方或行业性法规或文件，但因其体系的不完备和条文的不清晰、不细致，有关文献遗产保护的立法工作仍任重道远。因此，需在现有基础上，对文献遗产保护的法律加以充实调整；协调国际法和国内法的关系；补充制订《可移动文化遗产保护法》《图书档案文献遗产保护条例》等；制定文献遗产的评估、保护技术、保护教育和从业人员资质认定等国家标准；敦促地方或行业部门制定图书档案文献遗产保护条例。少数民族经济古籍文献数量众多，价值珍贵，原生性强，具有很高的经济理论研究和社会经济利用价值。现今少数民族地区许多图书馆、档案馆和民间个人都收集珍藏有藏文、彝文、傣文、东巴文、壮文、苗文、瑶文和水书等少数民族经济古籍文献遗产，这些古籍文献保存手段良莠不齐，残损、流失也时有发生。此外，根深蒂固的"重藏轻用"思想尚未彻底消除，妨碍了古代经济文献资源的保护、传播、使用和普及，不利于古代经济文献资源的成果转化。

实现民族经济古籍数字化的前提，是著录标准的规范化。目前国内外收载有大量的少数民族经济古籍文献。随着计算机和网络技术在古籍资源建设和编目中的应用，加快了国内外经济古籍数字化联合编目的进程，也为更好地利用少数民族经济古籍创造了条件。但是，计算机检索、传递、下载、引用等功能对经济古籍编目的要求也越来越高。因此编制一个能够更好地体现客观著录要求的《少数民族经济古籍著录规则》是数字化和编目工作的重点。汉文《古籍著录规则》《中国文献编目规则》和《中华古籍总目编目规则》是依据国际标准著录格式和汉文古籍特点编制而成的，因此可以参照这个规则的总体框架和成熟的著录细则，编制一个既与汉文古籍著录标准接近，又能真实反映少数民族经济古籍特点的著录规则。数据的标准化和规范化是实现数字图书馆资源共享的前提和基本保障。中国高等教育文献保障体系即CALIS（China Academic Library and Information System）是一个多点联合信息资源共享系统。为实现"分散建设，统一检索，资源共享"的特色数据库建设目标，CALIS制定了数据制作相关规则，包括《CALIS描述型元数据规范及其著录规则》《CALIS管理型元数据规范》和《特色库元数据仓储唯一标识符命名规则》等，用来统一规范特色库的建库标准和服务功能。CALIS发布的描述性元数据规范有 11 种，其中的拓片描述元数据规范及其著录规则、期刊论文描述元数据规范及其著录规则、家谱资源描述元数据规范及其著录规则、古籍描述元数据规范及其著录规则、地方志资源描述元数据规范及其著录规则是少数民族经济古籍数据库建设要严格遵循的。只有严格按照以上相关规则著录，才能与其他数字图书馆的数字化资源兼容，实现资源共享。

少数民族在历史上产生的文字种类很多，目前一些高校、研究所和计算机中心等机构已针对少数民族文字开发出了数字化系统，在少数民族文字处理技术及应用系统方面已经取得了重要成果。例如早在 1986 年有关机构就已开发出藏文数字化技术。2000 年清华大学和中国民族信息技术研究院合作研制了"多字体印刷藏文（混排汉英）文档识别系统"，另外西藏大学也在进行"藏文文字识别技术研究与实现""木刻藏文经书识别系统中特征提取算法的研究"，以及美国藏传佛教资料信息中心也开展了多年的研制工作。彝文，有北大方正和西南民院合作开发的彝文系统书版软件；西南民院自行开发的 VCDOS 汉彝文双语平台和 SPDOS 汉彝文版汉字操作系统，后又推出了 Win95 彝文文字平台；由云南省民语委和云大计算中心合作开发的云南规范彝文排版系统。傣文，有北大方正开发的傣文电子出版系统；潍坊华光开发的傣文电子排版系统。现今这些研究开发机构开发出的部分少数民族文字键盘输入系统，如藏文、彝文、傣文、壮文、苗文等少数民族文字键盘输入法已开始使用，为实现少数民族经济古籍文献资源信息数字化提供了重要的技术支持条件。不管使用什么软件系统，国内最好使用统一数字化软件和格式，以利于信息的存储与使用。目前亟待解决的问题，一是统一采用国际标准编码 ISO – IEC 10646（GB13000/Unicode）。这个国际标准编码容纳了数十种世界上最复杂的文字，已是国际公认的标准，字形、输入法、编辑器、程序语言、浏览器以及数据库管理系统都获得支持。因此，汉文古籍专家一致呼吁汉文古籍采用这个古籍标准编码。少数民族古籍数字化也应当使用这个标准，使少数民族经济古籍文献数据库能够国内外一致，达到共建共享的目的。二是统一使用光学字符识别技术（OCR）。少数民族古籍文献数字化的方法有两种：一种是录入法，即手工用键盘逐字逐句地输入。这种方法的好处是节约存储空间，方便转载、传递、检索等。不利之处是效率低、成本高，需要强大的资金支持，建设周期较长。而少数民族经济古籍文献数量庞大，民族聚居区经济落后，现阶段无力采用此法进行经济古籍数字化建设。另一种是扫描法，即光学字符识别技术扫描输入。这种方法资金投入相对少，建设周期较短，还能如实反映古籍的面貌，是一种省时省力的方法。这个方法的不利之处是需要海量存储空间，传递、转载、检索等也不如文本数据方便快捷。此外，大部分经济古籍文献质量参差不一，存在漫漶、墨浅、载体多样、尺寸长短不一等情况，文字识别率和检索精确度不高，扫描文件在电脑上还存在阅读不方便的问题。以上两种方法，常用的是扫描法。用扫描法制作的经济古籍文献数据库，通过检索查找获得的资料包括原文图像数据和文本数据，二者可相互切换，这既可查看原书，弥补文本可能存在的错漏，又可使用引用方便的文本数据。

第三，建立民族经济古籍文献数据库。数据库是对大量的规范化数据进行组织管理的技术，它的运用极大地促进了海量信息资源的优化和组织管理能力的提升。当前，随着社会信息化的高速发展，民族经济古籍文献的检索、查阅、传递、再现都离不开数据库。

民族经济古籍文献资源是各省区文化资源的重要组成部分，要实现民族经济古籍文献资源的数字化，首先要对少数民族经济古籍文献书目进行普查，按照确定的著录标准和著录格式进行登记，然后是书卡核对。其次要建立民族专题经济古籍文献资源保障体系。民族经济籍文献数据库的种类，可分为民族经济古籍文献目录数据库、民族经济古籍文献专题数据库和民族经济古籍文献多媒体数据库。按形式再细分为书面文献、口碑文献、铭刻、图画、照片、录像等。按照数据库的结构，又可分为目录型、目录提要型、全文型三种。其中，目录型民族经济古籍文献数据库，对文献收集齐全，简明扼要，能最大限度地提供文献的查找途径，对于查找那些长期无人使用的古籍文献很有助益，是宣传报道民族经济古籍文献全貌的最佳方式之一，也是数据库建设必不可少的方式之一。而目录提要型民族经济古籍文献数据库，则应该把那些具有一定研究利用价值的民族经济古籍文献、某一专题的全部民族经济古籍文献以及那些具有研究级的民族经济古籍文献进行收载，以便用户加深对文献的理解和深度检索。当然，如果要直接反映古籍文献的内容特征，则要建设全文型民族经济古籍文献数据库。通过全文数据库，可以把那些具有较高研究利用价值，并且价值珍贵、濒危、重点的民族经济古籍文献、图片资料、音像档案进行妥善保存。总之，无论是目录型、目录提要型还是全文数据库，应该按照少数民族经济古籍文献的多样性和特殊性，将三种数据库有机地结合起来，分层次、分轻重、分类别地揭示民族经济古籍文献的全部内容，实现信息资源的共建共享。

开放性和公益性是数字图书馆建设的基本原则。民族经济古籍文献数据资源要能够支持用户在复杂的网络环境中方便地使用，同时它还需要集成其他分布、异构和自主资源服务来为自己的用户提供服务，所以数据库建设平台应是一个开放的平台。数据库建设应尽量采用先进、成熟的技术平台构建自己的系统，遵循我国数字图书馆的标准规范建设，使整个系统具有开放性和可移植性。虽然自己开发的数据库软件的成本可能较低，但是不易与网上其他数据库资源兼容，达不到资源共享的目标。因而，国内数字图书馆建设大多选用技术发展比较成熟的专业数据库软件作为建库平台。目前，我国数字图书馆建设的两大技术平台是清华同方光盘有限公司开发的 TPI 系统和北京拓尔思公司开发的 TRS 系统，两者占有国内图书情报领域的绝大部分市场。TPI 和 TRS 在数据的采集和加工，数据库的发布与检索，资源整合等方面的功能并无显著差别。我国高校图书馆大多数采用 TPI 系统，而公共图书馆则使用 TRS 系统较多。少数民族经济古籍数据库建设是选择 TPI 还是 TRS，需要看它们提供的技术服务水平，以及考虑相关建库模板的价格。

第四，实现少数民族经济古籍文献信息资源的网络化。随着社会利用需求的不断扩大，民族经济古籍文献要实现有效利用，发挥其更大的社会效益和经济效益，并使之成为国家和社会的一项重要资源和财富，传统的人工处理和信息传递方式已经不能适应客观形势发展的要求。我们要紧紧抓住网站这个新型媒体，依靠计算机网络实现少数民族经济古籍信息资源的网络传播，从而有效地减少古籍原件提供利用频次、延长古籍原件使用寿命，节省大量的成本。如以各省图书馆、博物馆、档案局为中心建立信息发散点，通过通信设备和线路，将不同地理位置具有独立处理功能的多个计算机系统连接起来，运用功能完善的网络软件按照网络协议进行数据通信，实现资源共享，进一步扩大古籍文献信息资源的利用范围。可见，在信息时代把经济古籍文献编研成果进行网络传输是一种必然的选择，也是时代发展所需。

四 民族经济古籍文献资源的开发利用

目前相关机构和个人发掘整理出的大量少数民族经济古籍文献遗产，为世人展示了其所蕴藏的珍贵资源及其价值。经过整理研究，许多民族经济资源都能够进行推广利用。

（一）经济古籍文献的开发。少数民族经济古籍文献的开发，主要是指少数民族经济古籍文献的收集、整理和翻译，是少数民族科技古籍文献开发与利用的第一步，或者叫开发利用的前期工作。

收集。收集工作需要从两个方面来着眼。一是少数民族经济古籍文献的内容构成，通常情况下，少数民族经济古籍文献分为散记在各类古籍文献的章节部分和专门著述两种。前一种要把经济内容分门别类辑录出来，辑录时必须注明出处。后一种虽为专著，但在流传过程中也有许多抄录版本，要把这些版本搜集在一起，并注明这些不同版本的来源。

第二个着眼点是少数民族经济古籍文献的载体构成，它包括常规载体少数经济古籍文献的收集和非常规载体少数民族经济古籍文献的收集。根据国家标准局于1985年公布的国家标准定义，"文献是记录有知识的一切载体"。也就是说，文献的收集和整理的范围，包括所有以文字、图像、声音、符号、视频等若干手段记录下来的一切知识及其载体。最常见的文献载体类型是纸质文献、民族文献的特殊载体（如贝叶）等。就少数民族经济古籍文献收集而言，需收集少数民族经济专著和手抄本、民族志、地方志、民族书、通史、野史和笔记小说、经济文献中有关的少数民族经济内容。

纸质及常规少数民族经济古籍文献的收集工作需要民族地方政府的大力支持、各级图书馆的配合和专业人才的参与。在政府支持下，开展普查、征收等工作，是民经济古籍文献的一大来源。民族地方图书馆开展订购、交流、接受捐献、访查线索等工作，对古籍文献及其信息获取有重大价值。收集人员要能做到掌握民族语言、熟悉当地情况和把握民族经济古籍文献源，有计划地收集古籍文献。

非常规载体古籍文献是指除纸质及民族常见文献载体外，如声、像、金石等其他记录有知识的一切载体。非常规少数民族经济古籍文献的收集是少数民族经济古籍文献收集中需要高度重视的问题。过去很多从事文献有关工作的人员,都忽略了录像、照片、实物、音频和视频等文献,与纸质文献同样都是文献收集整理的对象。由于少数民族经济古籍常规文献存世数量较少,且存在有严重的亡佚、流传错漏以及持有人秘而不传以及收集开展较晚,工作少计划,经费人员短缺等情况,造成了收集工作中一些困难和较多缺憾。并且,随着民族传统文化的变迁和现代化的迅速推广,为数不多的各民族文化承袭者的逝世和后继无人情况日益严重,如不重视并及时开展非常规少数民族经济古籍文献的收集、保护,少数民族经济史料将更多地成为"研究者构想的影像",而不是它本身。

在少数民族非常规经济古籍文献的收集上,要特别重视各民族文化承袭者、地方人士等活文献和遗址、工具等实物文献的价值,要高度重视口述文献和碑、拓片等历史非常规文献。采用录音、录像、专访、座谈会、跟师等多种手段,并结合人类学和民族学的调查记录方法,尽量做到存真存实。和常规经济古籍文献的收集一样,非常规文献的收集同样需要政府大力支持、各级图书馆的配合和专业人才的参与,所侧重的是,非常规文献更需重视查寻线索、密切联系文献源和及时采集。[1]

整理。少数民族科技古籍文献的整理包括考订著者、成书年代和校勘三个方面。考订少数民族经济古籍文献的著者,首先必须知道该经济古籍文献出自哪一少数民族之手,然后再根据其世系考订具体著者。知道该经济古籍文献的著者后,将著者的世系结合内容史实对照,考订成书的大体年代。少数民族经济古籍文献的整理,务求不能失真,不能改变原来的面目,包括原著或前人编的文集书名、书内的每一个标题,书中的每一个字。校勘是整理少数民族经济古籍文献不可缺少的工作。文字校勘主要是错别字和字句的增脱,必须严格区分错别字和假借字、转注字、古今结构不同的字。少数民族经济古籍文献在传抄过程中,可能有抄重或抄脱的字句,或删或补,务必加上符号。在内容方面,各种不同的版本,内容有详略。在整理时,必须多用几家的版本进行校勘,进行删重补漏更误。校勘底本的原书原文不能改动,勘误、增删或跋疏应该有出处,应该持之有据。

---

[1] 龚谨、李昕:《论少数民族医药文献收集整理的举措与目标》,《中国民族民间医药杂志》2009年第1期,第44页。

翻译。翻译少数民族经济古籍文献，是通过汉文媒介，使不懂少数民族文字的工作者读得懂，认得准确，可信、可用。因此，翻译必须达到信、达、雅。翻译过程中应该做到：翻译整理校勘本，必须原文、勘误、增删或跋疏同时翻译；翻译必须规范，文句既要准确，不失原意，又要符合汉语语法，除人名、地名及物名等实译外，切忌音、意混杂，直译意译掺用，既不符合少数民族语语法，又不符合汉语语法，人名、地名及物名所用汉字应该前后统一，以免造成混乱；书名或标题，可意译，可音译。意译不能离题万里，改变其本意。音译可适当加注和略加诠释；不能硬译和编造，译不出的文句以原文或音译存之，并作说明；要充分肯定前人翻译的成果，不能盲目否定，更不能在否定的同时，又攘为己用。总之，整理翻译少数民族经济古籍文献，是一门综合性极强的学问，不但要精通少数民族语言文字，对汉文要有相当高的水平，而且要具备一定的版本学、校勘学、翻译学及历史学、民族学、哲学等学科的知识，还要有一定的各门类的经济知识，整理翻译处理的经济古籍文献才能经得起实践的考验，才能派得上用场。

（二）经济古籍文献的利用

一是利用经济古籍文献研究少数民族经济活动。例如：林芊《从清水江文书看近代贵州民族地区土地制度——清水江文书（天柱卷）简介》，该文认为从天柱文书看凸洞侗族地区土地产权转移，自乾隆四十六年（1781）到1950年169年间，发生了2098次地权转移，有465人购进土地，反映出地权转移相对自由、活跃；其参与地权转移人多、规模小、土地量不大的特征，抑制了激烈的土地兼并，保持起一个庞大的自耕农小土地所有者群体，自耕农小土地所有制占主导地位的封建经济在这里根深蒂固。土地契约透露出许多民族地区经济关系信息，如乡村的阶级结构，田赋、地价等的演变；地权转移大都在周首（首士）或寨老等宗族权力规范下进行，经济关系与民族地方传统政治结合，是一个依靠民族传统维系的小农社会。余宏模《清代水西彝族土目和彝文田契试析》（《贵州民族研究》1979年第1期），作者研究了清代水西彝族由于土司制度的推行等原因，对水西彝族地区的社会生产力和生产关系产生影响的情况。文章引用大量彝文田契进行详细说明论证。王明东《清代彝族地区土地买卖、典当和租佃分析》[《云南民族学院学报（哲学社会科学版）》2002年第3

期]一文认为清代彝族地区多种社会经济形态并存,口头约定或者立写契约作为土地买卖、典当和租佃的依据,体现出政治上的不平等以及经济上的剥削关系。朱艳英《元明清时期西南少数民族地区土地所有权制度的变迁》(《玉溪师范学院学报》2008年第12期),作者认为土地租佃和典卖的形成与发展是元明清时期西南少数民族地区土地所有权制度变迁的主要体现。元明清时期国家基于西南边疆的稳定而对其土地所有权关系予以法律调整,而西南少数民族则在其固有习惯法不能有效维护其土地所有权的情况下逐步主动移植汉族的所有权制度,二者互动的结果使西南少数民族土地所有权的变迁表现为国家主导下法律的主动移植。

二是利用经济古籍文献研究少数民族乡村社会。少数民族经济古籍文献是研究中国乡村社会,尤其是少数民族地区乡村社会发展的第一手素材。例如:张国钢《中国最古老的股票——四川自贡盐业契约档案文献》(《中国档案报》2004年11月15日)着重论述了自贡盐业契约档案文献入选《中国档案文献遗产名录》的重要意义,以及对中国近代半封建经济过渡到半殖民经济的作用。陈丽《自贡盐业契约"出山约"与"出丢上中下节约"研究》(《四川理工学院》2009年第1期)对自贡地区的井盐生产能形成独特的生产模式,以及长盛不衰的原因进行了探讨。张应强《清代契约文书中的家族及村落社会生活——贵州省锦屏县文斗寨个案初探》(《广西民族学院学报》2005年第5期)展示了特定区域历史背景条件下家族成长及村落社会生活若干方面的大致情形。从中可以了解到,在区域社会以木材的种植与伐运为中心的经济生活中,王朝国家推行的土地制度及相关政策,塑造或改变了地方社会的地权观念以及以地权关系为中心的社会关系李三谋《清代四川盐井土地买卖契约简论》(《盐业史研究》2001年第1期)反映了四川盐田盐井契约作为一种特殊的田契在民间生活中的重要性。①

三是利用经济古籍文献研究少数民族法律制度。例如:郭大烈的《纳西族法制史研究》(云南民族出版社2011年版),该书利用翔实的纳西族经济古籍文献探索了纳西族财产继承、农事生产中的习惯法、纳西族

---

① 刘洋:《近三十年清代契约文书的刊布与研究综述》,《中国史研究动态》2012年第4期。

所有权习惯法、债权习惯法等问题。此外还有张晓辉、方慧《彝族法律文化研究》（民族出版社 2005 年版），在这本书中，作者通过丰富的彝族经济史料，呈现了各个时期彝族地区的经济发展面貌。方慧《云南法制史》（中国社会科学出版社 2005 年版），作者基于云南少数民族的经济文献史料，分析研究了云南历史上的土地法律、赋税法律、货币法律、农业法律、矿业法律、屯田法律、商业法律和交通法律等问题。

总之，在浩如烟海的古籍文献中，经济古籍文献的独特价值是无法替代的，它对于研究政治史、经济史、法制史、商贸史、社会史、交通史等各方面都是不可多得的实证材料，我们应从各个方面挖掘其中蕴藏的社会价值和学术价值并为各界所用。

第三节　西南少数民族经济古籍文献的检索

少数民族经济古籍文献历史悠久、数量庞大、种类繁多、版本庞杂，在长期流传过程中存在诸多复杂现象，如散佚、伪托、讹误、增删以及同书异名、同名异书等。另外，还有相当数量的经济古籍文献散存于其他类别和综合性丛书或类书之中。要全面、迅速、准确地了解古代各民族经济古籍文献的源流、存佚、收藏以及学术内容、学术价值等情况，就必须掌握其检索规律和方法。

一　少数民族经济文献的检索工具

查找经济文献和经济资料必须借助于检索工具。检索工具是指用以揭示、积累和查找文献的工具。经济文献检索工具分为两个基本大类：检索工具和参考工具。

检索工具通常并不给予读者确切的答案，但是却能指示找出答案的线索。书目、索引、文摘是人们查找文献资料的三大检索工具。参考工具所录资料广泛，内容概括，可直接为读者提供所需的答案。因此，参考工具也称为资料型工具。这一类型的检索工具，主要有词典、百科全书、类书、政书、年鉴、手册、表谱、图录、名录等。

这两种类型的工具又都可进一步分为综合性的和专门性（专科或专题）的两类。综合性是指内容广泛，不限于任何单一学科，而对所有学科或至少对多学科领域都是适用的。专门性工具则只收专门学科领域内的资料，如经济等。我们查找经济文献和经济资料，不仅要利用综合性的工具，更要利用经济类的专门工具。

此外，还存在着一种被人们称为"边缘工具书"的专题资料汇编。所谓专题资料汇编，就是把其他文献中有关某一问题的零散资料集中起来，按一定专题加以编排的一种资料性图书。这种"边缘工具书"既可用来阅读，又可用来检索文献资料，它们可视为检索工具的补充类型。

下面将各种类型的工具作一简略介绍。

（一）检索工具

1. 书目

书目是图书目录的简称，是著录一批相关的文献，并按照一定的次序编排而成的以便揭示与报道文献的工具。

书目是人与文献资料之间的桥梁。其主要功用是：介绍文献概况，提供文献线索，指导阅读范围，并能反映某一历史时期、某一国家或地区的社会和科学文化发展概貌。

书目的种类繁多，可按其所收的文献类型、时间范围、地区领域、服务对象、检索途径以及文种、载体等不同的角度予以划分。按文献涉及的学科内容可分为综合性书目和专门性书目。如《四库全书总目》。

2. 索引

索引又名引得，我国古代称之为"通检""备检"。它是将文献中某些重要的、有检索意义的信息（如篇名、著者、语词及主题等）摘录出来，按照一定方法编排组织并指明出处，以供查检的工具。

索引和书目虽然都是二次文献，但二者也有不同之处。书目是以一种完整的文献出版物（如一书、一刊、一篇论文等）为著录单位，而索引则是以文献中的具体事项为著录单位，因此，虽然索引与书目都是人与文献资料之间的桥梁，但索引可满足人们多种途径检索和对文献的微观检索要求，从而在提高文献的标引深度和检索效率方面比书目更进一步。

索引的种类很多，可按其标引对象、文献类型、时间范围等不刚角度来划分。按文献涉及的学科内容可分为综合性索引和专门性索引。

3. 文摘

文摘是以简练的形式摘取文献的主要内容，并按一定著录规则编排起来，系统报道和检索文献的重要工具。

文摘是索引的延伸，是现代文献迅速增长的产物。文摘在指出资料出处方面与索引起相同的作用，而且文摘浓缩了原始文献的主要内容、基本观点，因此比书目和索引提供更为丰富具体的信息，提供快速准确的阅读与检索，从而提高了文献检索的效率，节约了检索者的时间与精力。

文摘除可以按照书目、索引那些划分的标准予以划分外，据其摘录文献方式可分为指示性文摘和报道性文摘。

(二) 参考工具书

1. 词典。词典是汇集词语，解释词义及其语法的工具书。其主要功用在于查找词语的意义和用法。人类有丰富多彩的语言，也就必然会有各种各样的词典；近、现代的词典并不都是关于语言文字的。词典大体上可分为两类：一类是综合性同典，另一类是专门性词典。综合性词典主要解释语文词语和一般的百科知识词语，如上海辞书出版社出版的《辞海》(1979年版)

2. 百科全书。百科全书被称为"工具书之王"，它在一定程度上包容了各种工具书的功能，因此它的功用也是多方面的，主要是寻检查阅、系统学习和浏览，百科全书以知识的丰富性和编排的系统性引人入胜。

3. 类书、政书。类书、政书是我国古代重要的资料工具书。类书是辑录古籍中的有关文献资料，分门别类（少数按韵）加以编纂，以便人们寻检和征引的工具书。政书是汇编历代或一代政治，经济等方面有关典章制度的工具书。政书实际上也是一种专科性类书。政书只是辑录原始资料，不加改动，按撷来的原始史料加以组织熔炼，使之成为一个整体。由于类书、政书的编排是以类编排相关文献资料，因此保存了经济方面的文化遗产。

类书的种类，可按内容性质，编排体例等划分，按取材范围可分为综合性类书（如《古今图书集成》）和专科性类书（如《册府元龟》）。

4. 年鉴、手册。年鉴、手册都是资料型便览参考工具书。这些工具书内容广泛，编排形式简明，便于查检。

年鉴也称年刊、年报，是系统汇集一年度重要时事文献，学科进展与各项统计资料，并按年度连续出版的工具书。年鉴的主要功用是可以查检适时新颖的事实资料，以补百科全书之不足，又可以了解历史，研究事物新的发展趋势。

手册（包括指南、便览、要览、宝鉴、必读、必备、大全等）是汇辑有关的常用文献资料或专业知识，以供随时翻检的参考工具书。手册对日常工作、生活及解决学习，科学研究中出现的问题都有实用价值。其主要功用是作为某一知识领域的便捷参考资料，提供专科领域的基本知识，迅速答复事实性的问题。

5. 表谱、图录

表谱、图录浓缩了有关的知识文献或提供形象性资料，是文献检索中的一种提要型工具书。

表谱包括年表、历表和其他历史表谱，是以编年或表格形式记载事物发展的工具书。其作用是为人们提供某一方面的概括知识。

图录包括地图、历史图谱，文物和人物图录等，是以图像表示事物形象的工具书。其作用是为人们提供生动具体、形象直观的资料。

6. 名录

名录也是一种便览参考工具书，是简明介绍有关个人或者专业机构的清册。

名录有时像专科词典、词表，有时又像手册、指南。但是，名录有其自己的特点：编排格式化、固定化，文字简单明了，内容都是最新的资料，具有专门性和实用性。其功用是可以一目了然地提供某人或某机构的通信地址及有关简况，为相互之间的联系、协作、交流提供方便和信息。

（三）边缘工具书

1. 法规汇编、文件集。各国政府的文件选编、汇编，法规、法令、法律，条例选编汇辑本：条约集等，这是一种政治类方面的专题资料汇辑，但这种资料社会性强，使用面广，又有法律为后盾支持其实施，所以通常都单独提出来置诸各种专题资料汇编之首。这一类专题资料很多，有关经济政策，法规汇编占有相当大的比重。

2. 统计资料汇编。统计资料是根据调查统计结果汇编成的资料。统计资料汇是把社会经济和社会生活各方面的统计数字资料系统地加以收集、整理、排比，从中反映出社会现象的全貌和规律性。因此，在经济研究中，无论是定性分析或是定量分析，都离不开统计资料。

3. 其他专题资料汇编

某些专题资料摘编的汇辑不能算作工具书，但在实际查找文献时却往往被当作工具书来利用。少数资料汇编，如三联书店出版的《中国近代农业史资料》，该书编者在各种原始资料的基础上重新加以改编，用自己的话来叙述，所以这类专题资料摘辑，实际上也起到了工具书的作用。

另外，在实际查找资料的过程中，不可避免地要用到一些原始文献（如论文）的选编本和汇编本，或一个时期文献的汇总本，如《建国以来经济核算论文选》。如果检索者的问题比较明确（范围、时限等），其目的又在于最终获得原文出处，则这类资料往往能发挥很大作用。

二　少数民族经济古籍文献的检索

检索少数民族经济古籍文献的主要目的：一是了解某一民族或某一专业有哪些图书；二是了解某一经济古籍文献的主要内容、学术价值以及流传、版本和收藏情况；三是获得所需知识的详细资料等。

（一）利用书目

书目是图书目录的简称，是揭示和报道图书的工具。它是以文献的出版单元为著录对象，系统揭示图书的名称、著者、出版者、出版时间、收藏者及内容提要的检索工具。

目录是目和录的总称。目指篇目，即一本书篇章或卷次的名称。将诸多篇章和书名汇集编排起来就叫做"目"；录指叙录，又称序录、书录，是对目的说明，即逐一介绍某书或某篇的内容提要、学术源流等。目录是目和录的合称，即著录一批相关的文献，按一定的方式编排，用来揭示文献内容的工具。

少数民族经济古籍文献书目是指经济专科目录以及综合性目录中涉及经济内容的部分。利用各种书目是检索少数民族经济古籍文献的主要途径，其形式可以概括为以下几个方面：

1. 利用综合性的古籍名录

检索古籍图书最常用的古籍书目工具是《四库全书总目》（清纪昀主编）。《四库全书总目》又称《四库全书总目提要》，清代乾隆年间，在朝廷主持下将编纂《四库全书》过程中撰写的古籍提要汇编而成。《四库全书总目》著录书籍 10254 种，其中包括收录《四库全书》的书籍 3461 种，存目 6793 种。全部书籍按经、史、子、集四部 44 类 60 多个字母编排。《四库全书总目》是我国古代最大、最完备的一部解题目录，是检索乾隆以前古籍的重要工具。该书附有中华书局编排的书目索引和著者姓名索引。使用时可按类查找，也可按书后索引查找，近年来，湖南电子音像出版社、上海人民出版社、武汉大学出版社分别推出《四库全书》电子版，分为按古籍原样录入光盘的"图形版"和根据原著以现代印刷字体将全部文字输入电脑的"全文版"，后者更便于文献检索和史料查找。

2. 利用史志目录

史志目录是中国历史学家为反映一定时期和朝代的文献传世和出版情况而编制的统计登记性书目，主要是历代史籍中的"艺文志""经籍志"，如《汉书·艺文志》《隋书·经籍志》以及后人依据前代的官修书目编撰的正史艺文志、地方志中的艺文志或政书中的书目部分等。史志目录反映历史上图书典籍存佚和刻印情况，著录齐全，对后人了解当时文献的收藏或著述情况以及学术思想的发展有直接帮助。查找史志目录可利用《艺文志二十种综合引得》（哈佛燕京学社编，中华书局 1960 年影印）。该书将 15 种艺文志、经籍志以及其他 5 部书目编成综合索引，共收先秦至清末图书四万余种，可以称得上是我国封建社会的总书目。

（二）利用丛书

丛书是根据一定的需要，把两种以上的图书汇集在一起，用统一的书名出版，各书均保持原来的面目，称丛书，也称丛刻、汇刻、丛刊、合刊等。

丛书的分类随着丛书的不断发展，数量越来越大，种类也越来越多，体例也随之越来越完备。丛书的种类大体上可分为两大类，即综合性丛书和专门性丛书。

综合性丛书又称汇编类丛书，系将内容不同，性质不同的多种部类的书汇编在一起的丛书。从我国古典目录学的角度看，它包括经、史、子、集四个部类，或者其中的两三个部类。从现代目录学的角度来看，它包括政治、经济、哲学、历史、文学、军事、地理、农学、医学、数学、艺术等各个方面或者其中的几个方面，门类较多，内容丰富。

专科性丛书又称类编或专门性丛书。是汇辑一个门类、一个学科的多种著作为一编的丛书。如按经、史、子、集四个部类中的一个部类编成的丛书,即为专科性丛书。专科性丛书基本能反映出目录学的每一个领域。同时,随着专科性丛书的不断完善,对于特定学科、特定学术文化领域的图书来说,这一图书形式,最能集中、完备而又系列地将其汇编、组织在一起,展现在读者面前。这对某一方面的学者、专家来说,要比门类繁多的综合性丛书更为切合实用。从这一点来看,专科性丛书更有发展前途,更有利于文化的昌盛、学术的繁荣和促进科技的发展。

丛书是将许多种书按一定体系编辑整理,并冠以总书名的成套大型书籍。我国丛书的编撰自南宋俞鼎孙、俞经合编的《儒学警语》始,至清代中叶发展到鼎盛时期。据《中国丛书综录》统计,我国47个主要图书馆所藏的图书中,共有古籍丛书2797种,合计38891种著作,是一个丰富的古代文献宝库。这些丛书及其子目中,经、史、子、集各部类都有,其中包含着大量的经济史料,有些本身就是经济学的专题著作,能为我们从事经济学术研究,特别是经济史学研究提供重要的资料。有些古人的著作或没有单刻本印行,或刻本失传,只是由于被汇刻于丛书之中才得以保存流传,因此弥足珍贵。

索引丛书文献,最常用的书面工具就是《中国丛书综录》。由上海图书馆编,上海古籍出版社1982—1983年重印。该书分为3册。第1册是《丛书总目》,分"汇编"和"类编"两部分,每种丛书均详列其子目。第2册是《子目分类目录》,将《中国丛书综录》收录的全部子目(单刻本古籍)按经、史、子、集四部,分类编排,按下又分类、属。第3册是《子目书名索引》和《子目著者索引》。均按四角号码编排,书前有笔画检索和拼音检索。该书第1册书后附《全国主要图书馆收藏情况表》,反映了全国大型图书馆的丛书收藏情况,为检索者提供了查找原书的线索。除《中国丛书综录》以外,另有《中国丛书综录补正》(阳海清编撰)和《中国丛书目录及子目索引汇编》(施廷镛主编),可配套使用。

(三)利用方志

地方志是记录一个地区自然和社会情况的专门文献,简称方志。地方志多按行政或地域区划收集记录文献,具有鲜明的地方色彩,且因后人续修,可系统、连续地反映该地区的自然和社会(如政治、经济、文化、教育、人物、灾情等）情况；其内容以史实为主，多取自地方档案和实地调查、采访，较客观地反映了实际情况，足资信赖。我国地方志是古籍中很有参考价值的文献，其中蕴含丰富的经济史料。据《中国地方志联合目录》报道，我国现存的宋代以来的方志约8500种，11万多卷，是一个十分丰富的资料宝库。对于中国经济史，特别是区域经济、地方经济和部门经济的研究及相关问题具有重要的参考价值。

查找地方志最常用的工具书有《中国地方志联合目录》（中国科学院北京天文台主编，中华书局1985年版）。该书以《中国地方志综录》（朱士嘉编，商务印书馆1958年版）为蓝本，与有关单位馆藏进行核实并补充修订后成书。该书著录1949年以前编纂的通志、府志、州志、厅志、县志、乡土志、里镇志、卫志、所志、关志、岛屿志以及具有方志性质的志料、采访册、调查笔记等8200余种，著录书名、卷数、版本等，且反映了全国190个图书馆、博物馆、文史馆、档案馆的方志收藏情况。查找方志还可以利用《中国古方志考》（张国淦撰，中华书局上海编辑所1962年版）。该书从《太平寰宇记》《舆地纪胜》《大元一统志》等书中辑录旧方志佚文，与历代公私藏目录的记载加以比较、考辨汇编而成，收录秦汉至元末历代存佚方志颇详，对于搜集和研究方志史料颇有帮助。此外，《天一阁藏明代地方志考录》（骆兆平编著，书目文献出版社1982年版）以及一些地方和单位编辑出版的"方志目录"和"方志考"也可参考利用。

(四) 利用群经索引

我国自汉武帝罢黜百家、独尊儒术以来，在两千多年的封建社会里，把儒家所必读的几部书一直奉为经典，就是通常说的"十三经"。经部图书中不乏渗透有关经济思想和反映经济活动的文献，对于我们研究远古时期的经济，了解我国的经济演进过程，追溯中国社会经济历史状况及其发展规律有着重要参考价值。其中《易经》《书经》《诗经》《周礼》《春秋穀梁传》《论语》《孟子》等著作就含有大量的经济史料。据统计，被奉为儒家经典的"十三经"共有60多万字。因其文字古朴深奥，不易理解，历代文人对其进行注、疏、校、释，阐明音义等方面的著作繁多。"十三经"及其注释、说明的文献中包含的经济思想和经济史料，经常为学者所利用。

人们在查找检索"十三经"中的史料出处时，使用《十三经索引》最为方便。该书由叶绍钧编撰，开明书店1934年初版，中华书局1983年修订重印。《十三经注疏》是注释说明"十三经"的著作中最有代表性的。

（五）利用"食货志"

"食货志"是我国古代纪传体史书中专门记述历代田亩、户口、农业生产、工商贸易等基本情况及经济制度的志书。《汉书·食货志》对食货作了说明："洪范八政，一曰食，二曰货。食谓农殖嘉谷可食之物；货谓布帛可衣，及金刀龟贝，所以分财布利通有无者也。二者，生民之本，兴自神农之世。""食足货通，然后国实民富，而教化成。"可见，"食货"二字是中国古代对人民生产活动的统称，即今天的经济和一切经济活动。而"食货志"则是主要记述生产和商品交换的古代经济制度和社会经济的发展史。

我国古代文献中有关食货的专门记载始于司马迁的《史记》，《史记·平准书》叙述了自汉初到汉武帝时一百多年财政经济的发展过程，着重说明了商品货币的发展沿革以及如何控制商品与货币的流通，阐述了货币政策的变动和得失，可以称得上是我国最早的经济史著作。《史记·货殖列传》则是为春秋末期至汉初的经商人士如范蠡、子贡等富商巨贾所作的传记，同时叙述了当时各地的生产情况和社会经济发展的特点，可以称得上是我国第一部工商贸易史。

自《史记》以后，历代王朝修史，大部分有食货的记载，使之成为历代正史的重要组成部分。在正史中，除《史记》以外，记载有食货的还有《汉书·食货志》《汉书·货殖列传》，以及《晋书》《魏书》《隋书》《旧唐书》《旧五代史》《宋史》《辽史》《金史》《元史》《新元史》《明史》《清史稿》等正史的食货志。这些食货志记述了历代社会经济状况及政府的政治经济政策，反映了我国历史上经济思想家的经济思想和理财家们施行的各种改革措施，涉及古代经济的各个方面。例如：土地制度、租佃关系、农村社会结构、人口、赋役、农田、水利、耕作技术、自然灾害、收成情况、国家财政支出、货币制度、手工业生产、商品贸易、交通运输等，内容十分丰富。"食货志"大多直接取材于朝廷的档案文献，基本上概括了当时国民经济的特点，而且各代"食货志"的经济记事大致可以说前后相接，首尾相沿。因此具有准确性、全面性和连贯性的特点，为中国经济史的研究工作提供了清晰的线索和系统的基础史料。

查找正史中的"食货志"，可以利用《食货志十五种综合引得》（哈佛燕京学社1938年版，中华书局1960年重印）。该书是一部专门检索十五种正史中"食货志"的综合索引。此外还可以利用《历代食货志》（大光书局）和《食货志汇编》（伪满铁会社调查部）等书，帮助查找食货志的资料。至于二十六史中有的未编撰"食货志"的问题，可以参考《二十五史补编》《开明书店1936年版，中华书局1956年重印》，也许能解决其缺憾。

（六）利用政书

政书是专门记载叙述我国历朝典章制度及其发展沿革的史书，它汇编历代或某一朝代的政治、经济、军事、文化制度等方面的资料，并分门别类地加以叙述和编排，对于阅读、研究古籍和历史具有重要的参考价值。

政书分为两种类型，一是通记几个朝代的通史政书，以"十通"为代表，即《通典》《通志》《文献通考》《续通典》《续通志》《续文献通考》《清通典》《清通志》《清文献通考》《续清文献通考》；二是专记某一朝代的断代政书，以历代"会要""会典"为代表。

政书记载了我国历代典章制度的沿革以及政治、经济、文化发展情况，也揭示了几千年来我国农业、手工业及其他部门经济的发展状况和历史演变，包含着研究中国经济史和中国古代经济思想史的十分丰富的重要史料。

《十通索引》（商务印书馆编印1937年版，中华书局1984年重印）是查找"十通"资料的有效工具书。该书分四角号码索引和分类索引两部分。其四角号码索引类似于主题索引，将"十通"中所载制度名物、篇章节目，凡成一名词或可独立为条目者，均作标目，标明其在"十通"中的初见处、论列最详处或其兴废沿革为参考利用者必须检索到的地方，著录书名、页码和栏次。分类索引分三编，分别为三通典、三通志和四通考的详细目录。每编均按类编排，类下再分子目。

（七）利用类书

类书是辑录众多文献中的原文资料，按所述内容的类别或语词的韵目加以编排，以供寻检征引的资料工具书。自魏《皇览》始，我国先后出现的各种类书，可考者不下 500 种。这些类书为人们查找原始资料，开展校勘、考据、辑佚和学术研究等工作提供了丰富的文献。

类书中辑录的文献中包括大量经济史料。有些类书如《初学记》《太平御览》《册府元龟》《永乐大典》《古今图书集成》等还列有专门的经济类目，这些资料都是从各种史籍中摘引汇集而来的。尽管类书不是专门为经济研究者编纂的，然而许多珍贵的经济资料对于经济研究工作都有着重要的参考价值。

人们在利用类书检索资料时，用得较多的是《古今图书集成》。该书是我国现存最大的一部类书。该书于雍正六年（1728）刊印而成，中华书局1934年影印出版。后有中华书局和巴蜀书社1986年影印本，台湾鼎文书局1977年缩印本等，分别编有索引和简目，便于查检使用。另外，由超星公司将《古今图书集成》制成的电子版，更加便于社会使用。[①]

《古今图书集成》中《经济汇编》的"食货典"纪户口、农桑、田制、蚕桑、荒政、赋役、漕运、贡献、盐法、杂税、平准、国用、饮食、布、帛、珠、玉、金、银、钱钞等；"戎政典"纪屯田等；《方舆汇编》的"职方典"分纪清代各省府地理。

有关少数民族经济史料的工具书目前可以利用的有：

《中国民族工具文献辞典》（刘光宏主编，改革出版社1995年版），该书收录上起古代、下讫1992年12月间问世的有关民族及民族学研究方面的工具书2000多种，称之为民族工具文献，并根据文献类型分为民族常规性工具文献（字典、词典、年鉴、手册、书目、索引、图表等）、民族资料性工具文献（方志、专志、法规、资料汇编、传记等）、民族期刊性工具文献、民族篇章性工具文献和民族相关性工具文献五种。所收各种工具书在内容上涉及了民族经济方面。该辞典虽包括各种文字及各国出版物，但只收少数民族文字出版物中已汉译者，以及外文出版物中已中译者。各条目下除提供作者及出版信息外，均对内容有所揭示。

《云南近现代社会科学研究书目》，（宋光淑编著，云南人民出版社1995年版），该书除收录了200多篇已收入《云南书目》的图书外，还收

[①] 胡原民：《中国古代经济文献史料的检索》，《中南财经大学学报》1999年第3期，第110—113页。

录了编者所能收集到的1912—1949年间出版的有关云南的社会科学方面的书籍，包括线装书和手稿。所收图书按学科分为12个类。各条目著录内容包括总序号、书名、著者、出版信息、页数、提要等。书末有著者索引。云南为少数民族聚居区，该书对研究少数民族经济有一定查考价值。

《丝绸之路研究文献书目索引》（岳峰、周玲华编，新疆人民出版社1994年版），该书所收录的书籍文献起于《汉书》，论文起于刊载在1875年《万国公报》上的文献，均止于1991年年底。在地域跨度上，起于长安，跨越陕、甘两省，止于新疆境内。总计著录文献23084种（篇），其中图书5152种，论文17938篇。文献内容涉及13个学科，其中不乏经济内容的文献。各大类下又分若干类。各类中有涉及地域及民族的文献，按先地区、后民族、再其他的顺序排列。各条目著录项目包括书名或篇名、著者、版次、出版地、出版者、出版时间或卷期数。书末附著者索引。

《广西文献资料索引》（广西通志馆旧志整理室、广西壮族自治区图书馆编，广西人民出版社1991年版），该书包括广西壮族自治区图书馆收藏、出版于1949年以前的有关广西的书刊资料，其中涉及许多广西少数民族经济的内容。所收文献分为12个部分。各条目著录信息包括题名、作者、出处、出版信息等。

《广西地方史志文献联合目录》（广西壮族自治区通志馆等编，广西人民出版社1983年版）该书目录收录编纂、出版与1949年以前的关系地方史志文献，包括图书资料、地方志、报纸期刊三大部分。分上、下两册。上册为图书部分，包括有关广西的各类线装书及平装书、广西籍作者的著作、广西公开或内部出版的图书、文告、文件汇编及学校、机关、团体编印的各种资料。共分为14个类别。各书条目下著录内容有书名、著译者、出版者、出版地、出版时间、卷册、开本、藏书单位、附注等。下册包括地方志目录及报纸期刊目录。地方志部分包括通志、府州县志及杂志三大类。各书著录内容包括书名、纂修年代或记事所止时间、卷数、纂修者、版本、藏书单位、附注等。

《云南史料目录概说》（方国瑜著，中华书局1984年版），全书共三册，包括文献资料五卷，文物资料五卷。收录对象以书为主，兼及其他，共著录史料800余种。著者对每种史料的出处、内容及前人论述都作了较为详尽的提要，并附个人意见。这是一部较为完整而详细地记录历史上有关云南著述和云南少数民族历史活动的著作。

《贵州史料目录》（史继忠编，贵州省民族研究所，1980年），该书收录有关贵州的史料2000余种，共分为四大部分。第一部分为历史部，所收文献按时间顺序编排；第二部分为民族部，所收文献按问题分类；第三部分为方志部，所收文献按时代和地区编排；第四部分为附录，收录不属于前三部分者。

《广西地方资料索引——解放前部分（政治、经济、科技）》（广西壮族自治区第二图书馆，1965年印）。

《我国少数民族的原始、奴隶、封建、农奴社会情况资料索引》（民族文化宫图书馆，1961年编印）。

《贵州地区少数民族资料索引》（贵州省图书馆，1958年编印）。

《四川省所存西藏和藏事档案史料目录（1388—1949）》（四川省档案馆、中国藏学研究中心合编，中国藏学出版社2000年版），该目录共有档案条目1559条，其中明代4条，清代1448条，民国3107条，是从四川省档案馆、甘孜藏族自治州档案馆以及康定、德格、巴塘、马尔康、木里等县档案馆所藏有关西藏和藏事档案中选辑出来的。所收档案大部分为汉文，也有部分为藏文或汉藏合璧。档案条目按文献形成的时间顺序排列，内容涉及政治、经济、军事、宗教等方面，是检索新中国成立前藏族经济史料的重要目录。各条目下列有收藏单位的简称。目录末附有分类索引。

《中国第一历史档案馆所存西藏和藏事档案目录（汉文部分）》（中国第一历史档案馆、中国藏学研究中心合编，中国藏学出版社2000年版）该目录所收档案条目为中国第一历史档案馆馆藏有关西藏和藏事和汉文档案，共17213条，起于康熙十一年（1672），迄于宣统三年（1911），内容十分丰富。所收档案所属部门分为十九类。各类档案按时间顺序排列，目录末附有分类索引。

《中国第二历史档案馆所存西藏和藏事档案目录》该书由中国藏学研究中心与中国第二历史档案馆合编。该书的编译出版，为藏学研究工作提供了可信的文献资料信息，为国内外学者查阅利用有关档案资料提供了方便的检索工具，对开展藏学研究发挥了积极作用。

《英国图书馆斯坦因藏文手稿第一卷：图版》（联合国教科文组织东亚文化研究中心，东洋文库1997年版）本卷提供的是 Sir Aurel Stein 在塔里木盆地及周边诸绿洲旅行期间所购买的大量藏文照片及复制品。本卷共收录了 702 种手稿及残片，都是 Stein 从各挖掘遗址获取的。主要是个人或准官方文件，如公文、私人信件、交易、租借和雇佣合同、法律、经济和军事条文等。这些文献的详细信息收录在这部两卷集本之第二册，即"描述部分"。

《清实录藏族历史资料汇编索引》[顾祖成等编，（咸阳）西藏民族学院历史系，1982 年编印]。

三　检索少数民族古代经济事件资料

我国古代经济事件资料的检索，按其检索内容可分为两种：一是有关事件的名称、内容、时间等一般性史实的检索，一般可利用辞书、百科全书、大事记等查找途径；二是查找事件的过程和细节等较复杂的史实检索，查找途径则是先利用一般性史实检索的成果，再充分利用史籍和后人的研究成果。

如何查找少数民族近代经济史料？中国近、现代反映各经济部门和各项经济工作的统计资料，无论是综合性的还是专业性的，大都散见于各种杂志之中，而且比较分散杂乱，因此对这一专题资料的查找多是利用一些年鉴、资料汇编、报纸杂志等，同时也可以利用一些笔记、日记、杂抄、回忆录及有关公文、档案和书信等。

参考文献

1. 修订编辑委员会编：《广西少数民族地区碑文契约资料集》，《中国少数民族社会历史调查资料丛刊》，民族出版社2009年版。
2. 杨毓才：《云南各民族经济发展史》，云南民族出版社1989年版。
3. 国家民委全国少数民族古籍整理研究室：《中国少数民族古籍总目提要·白族卷》，中国大百科全书出版社2004年版。
4. 陈金全、杜万华：《贵州文斗寨苗族契约法律文书汇编——姜元泽家藏契约文书》，人民出版社2008年版。
5. 张公瑾：《中国少数民族古籍集解》，云南教育出版社2006年版。
6. 李晋有等：《中国少数民族古籍论（四）》，巴蜀书社2001年版。
7. 何丽：《中国少数民族古籍管理研究》，辽宁民族出版社2005年版。
8. 包和平、包爱梅：《中国少数民族古籍的收藏与研究现状》，《内蒙古社会科学（汉文版）》2004年第6期。
9. 王恒杰：《迪庆藏族社会史》，中国藏学出版社1995年版。
10. 郭大烈：《纳西族法制史研究》，云南民族出版社2011年版。
11. 张晓辉、方慧：《彝族法律文化研究》，民族出版社2005年版。
12. 方慧：《云南法制史》，中国社会科学出版社2005年版。
13. 徐晓光：《藏族法制史研究》法律出版社2001年版。
14. 香格里拉县人民政府驻昆办事处编：《中甸藏文历史档案资料汇编》，云南民族出版社2003年版。
15. 潘志成：《西南民族传统法文化的历史与现状考察》，民族出版社2010年版。
16. 林芊：《凸洞三村：清至民国一个侗族山乡的经济与社会——清水江天柱文书研究》，巴蜀书社2014年版。

17. 《自贡盐业契约档案选辑（1732—1949）》，中国社会科学出版社1985年版。
18. 杨国桢：《明清土地契约文书研究》（修订版），中国人民大学出版社2009年版。
19. 李倩：《民国时期契约制度研究》，北京大学出版社2005年版。
20. 楚雄彝族文化研究所编：《清代武定彝族那氏土司档案史料校编》，中央民族学院出版社1993年版。
21. 华林：《藏文历史档案研究》，云南大学出版社2006年版。
22. 华林：《傣族历史档案研究》，民族出版社2000年版。